《中国榜样：永远的雷锋》大型丛书

编委会主任　冷　宽　王保安

雷锋精神与社会主义核心价值体系建设

李新仓　李建森　鞠凤琴

编著

中国财政经济出版社

图书在版编目（CIP）数据

雷锋精神与社会主义核心价值体系建设/李新仓，李建森，鞠风琴编著 .—北京：中国财政经济出版社，2013.2

（《中国榜样：永远的雷锋》大型丛书）

ISBN 978-7-5095-4263-7

Ⅰ.①雷… Ⅱ.①李… ②李… ③鞠… Ⅲ.①雷锋精神—研究②社会主义建设—价值论—研究—中国 Ⅳ.①D64②D616

中国版本图书馆 CIP 数据核字（2013）第 022447 号

责任编辑：卢关平　　责任印制：张　健
封面设计：逸品文化　　版式设计：逸品文化

中国财政经济出版社出版

URL：http：//www.cfeph.cn

E-mail：cfeph@cfeph.cn

社址：北京市海淀区阜成路甲 28 号　邮政编码：100142

营销中心电话：88190406　北京财经书店电话：64033436　84041336

北京富生印刷厂印刷　各地新华书店经销

710×1000 毫米　16 开　21.5 印张　280 千字

2013 年 3 月第 1 版　2013 年 3 月北京第 1 次印刷

印数：1—5000　定价：34.80 元

ISBN 978-7-5095-4263-7/D·0216

（图书出现印装问题，本社负责调换）

本社质量投诉电话：010-88190744

《中国榜样：永远的雷锋》
大型丛书编委会

总 序

一个人无法选择自己所处的时代，但可以选择自己的人生道路。人所从事的职业可能要双向选择，而人生的态度完全由自己决定。雷锋，一个年轻的士兵，影响了几代人的成长，成为全国人民学习的榜样。50 年来，学雷锋活动经久不息，这足以证明雷锋精神具有多么强大的渗透力和感染力。现在，几乎整个民族都在呼唤雷锋。面对社会上不尽如人意的现象，就是不情愿学习的人，也希望别人都学习雷锋了。更有人说，雷锋精神具有普世价值，是中华民族精神的集中代表，雷锋可做中国人的形象代言人。

在经过 50 年的学雷锋活动后，问起有关雷锋的事迹、雷锋精神的实质，仍有许多人不甚了了。这就促使雷锋的战友们、雷锋的传人们、长期坚持研究雷锋的学者们感叹不已。感叹之余，有了一个共识——组织起来，为全国的学雷锋活动做一点事情：一是还原雷锋，把一个真实可信的雷锋的光辉形象奉献给人们，使更多的人知道一个简单的道理：雷锋的一生是平凡的，谁都可以学习雷锋；雷锋精神是伟大的，谁都需要努力，才能把雷锋精神学到手。二是集 50 年研究成果，把理论层面上对雷锋新的认知告诉人们，使人们从中悟出道理，鼓励人们都来做社会进步的“正能量”。三是针对不同人群，编委会成员多次讨论，力求选准书名和写作内容，就这样，汇集50年的思索和探讨的成果，经过近一年的归纳和整理，就有了这样一套学雷锋的系列读物献给广大读者。这既是献给毛泽东等老一辈革命家为雷锋题词50周年的一份厚礼，更是为贯彻落实党的十八大精神，推动学雷锋活动常态化作出的一份贡献。

这套丛书有以下特点：一是具有权威性。雷锋身边的战友、培养雷锋的领导干部、看着雷锋成长的亲朋好友直接参与写雷锋，是用第一手材料叙述雷锋，其中还纠正了社会上对雷锋不恰当的传闻，还原了雷锋的真实性，维护了雷锋精神的纯洁性。二是具有完整性。有人说，这是一套既用多种形式全面地介绍雷锋事迹、系统地多专题研究雷锋精神的书籍，又是注重研究雷锋精神的时代价值，对当前学雷锋活动常态化提出了建设性意见的读物。三是具有针对性。该大型丛书分别对领导干部、企业家和职工、大学生、部队士兵等不同职业的人群如何结合本职工作学雷锋提出了参考意见，其中不乏独到之处。这些意见和看法在作者所作的多场报告中已与听众形成共识。这是一套值得收藏和系统研读的作品。对不同的读者来说，也是一套可各取所需的读物。

特别应该提到的是，2013年1月12日，中国社会福利基金会学雷锋基金管委会、辽宁省雷锋研究会、中国财政经济出版社在2013北京图书订货会上为本套丛书联合举行的推介会上，雷锋亲密战友乔安山，全国“五一”劳动奖章获得者、全国劳模李素丽，“京城活雷锋”孙茂芳，“雷锋班”现任（第二十五任）班长毕万昌等应邀亲临会场，发表了热情洋溢的讲话。“当代雷锋”郭明义虽未到会，但通过现场连线对出版本套丛书给予了很高的评价。学雷锋基金管委会名誉主任、雷锋生前战友、海军原副政委冷宽中将，学雷锋基金管委会名誉副主任、总参原兵种部政委田永清少将，分别就自己对“雷锋精神”的认识以及对本套丛书的期待作了精彩的发言。媒体及有关领导赞赏出版单位的社会责任感，高度评价图书出版活动传递的“正能量”。

学习雷锋，在于学实质——全心全意为人民服务；学习雷锋，在于行动——一言一行都为别人更幸福；学习雷锋，在于持久——一生一世讲奉献；学习雷锋，要有表率——领导干部应走在前列。

愿这套丛书助大家在追求成功的路上走得更远、更坚实。

衷心感谢在组织编写本套丛书及其开展的相关活动过程中给予我们大力支持和帮助的所有同志。

《中国榜样：永远的雷锋》编委会

2013 年 2 月

前言

建设社会主义核心价值体系，是建设中国特色社会主义不可或缺的方面，是中国特色社会主义理论体系的重要组成部分，是把社会主义推向前进的根本着力点和切入点。正因为如此，党的十六届六中全会第一次明确提出“社会主义核心价值体系”的科学命题，指出“马克思主义指导思想，中国特色社会主义共同理想，以爱国主义为核心的民族精神和以改革创新为核心的时代精神，社会主义荣辱观，构成社会主义核心价值体系的基本内容”。这标志着我们党对中国特色社会主义的认识已经从制度层面深入到价值层面，深化了对中国共产党执政规律、社会主义建设规律和人类社会发展规律的认识。党的十七大报告指出：“社会主义核心价值体系是社会主义意识形态的本质体现。要巩固马克思主义指导地位，坚持不懈地用马克思主义中国化的最新成果武装全党、教育人民，用中国特色社会主义的共同理想凝聚力量，用以爱国主义为核心的民族精神和以改革创新为核心的时代精神鼓舞斗志，用社会主义荣辱观引领风尚，巩固全党全国各族人民团结奋斗的共同思想基础。”只有这样，才能“建设中华民族共有的精神家园”。党的十七届六中全会进一步强调了构建社会主义核心价值体系的重要性问题。党的十八大对社会主义核心价值体系建设提出了新部署新要求，强调“要深入开展社会主义核心价值体系学习教育，用社会主义核心价值体系引领社会思潮、凝聚社会共识”，“倡导富强、民主、文明、和谐，倡导自由、平等、公正、法治，倡导爱国、敬业、诚信、友善，积极培育社会主义核心价值观”。

当前，我国正处于社会转型和改革发展的关键时期，经济体制深刻变革，社会结构深刻变动，利益格局深刻调整，思想观念深刻变化，各种思想文化相互激荡，人们思想活动的独立性、选择性、多变性、差异性增强，人们的价值取向呈现多样化的趋势。国内形势的发展，迫切要求我们通过建设社会主义核心价值体系增强全民族的凝聚力和向心力；国际形势的变化，迫切要求我们通过建设社会主义核心价值体系提高国家的影响力和核心竞争力。社会主义核心价值体系为构建和谐社会提供思想指南和精神动力；是化解社会矛盾、维护社会和谐的重要纽带；是建设和谐文化的根本。在全面建设社会主义和谐社会和小康社会的进程中，面对新形势、新任务，只有立足国内现实、把握时代潮流，坚持用社会主义核心价值体系引领多样化的思想观念和社会思潮，才能为构建社会主义和谐社会和全面建设小康社会提供强有力的思想保证。

雷锋是实践社会主义、共产主义思想道德的楷模，以短暂的一生谱写了无比壮丽的人生诗篇，树起了一座令人景仰的思想道德丰碑，是全国人民学习的光辉榜样。雷锋精神是中华民族精神的重要内容，哺育和激励了一代又一代人成长。几十年来，在毛泽东、邓小平、江泽民、胡锦涛等中央领导同志亲切关怀和大力倡导下，学雷锋活动在全国各地蓬勃开展，雷锋精神在广大干部群众中广为传扬，涌现出了一大批雷锋式的先进集体和模范人物，产生了广泛而深远的社会影响。雷锋精神体现了中华民族的传统美德，顺应了社会进步的时代潮流，彰显了我们党的先进本色，内涵十分丰富、意蕴十分深刻，是一面永不褪色、永放光芒的旗帜。正因为如此，党的十七届六中全会形成的决议中，隆重地提到一个人名，那就是雷锋，决议要求“学习雷锋常态化”。有人梳理雷锋日记，发现有100多处提到“人民”。雷锋“像春天般温暖”对待同志，“把有限的生命投入到无限的为人民服务之中去”。他对自己抠门对别人大方，攒钱捐给灾区，送给有困难的战友，时常义务劳动，在火车上帮旅客端茶送水……雷锋带来的“温暖”，简单质朴，却抵达人

心。正因为如此，1963 年 3 月 5 日，毛主席发出“向雷锋同志学习”号召，“威力无穷的精神原子弹”迅即温暖全国，50 年来，全国学雷锋活动坚持不断，历久弥新。2003 年近 20 家媒体大型调查中，雷锋入选 20 世纪“十大文化偶像”。“十大”之中，8 人是鲁迅、梅兰芳等杰出文学家、艺术家，1 个是科学家钱学森，还有 1 名普通士兵，那就是雷锋。伟人毛泽东一生中，曾只为三人题词：白求恩、刘胡兰、雷锋。新中国成立后，毛泽东仅为一人题词，那就是雷锋。曾经的年代，工人有王进喜，农民有陈永贵，士兵有雷锋……而今，几乎所有人仍经常会提起，不少人仍经常在学习的，却仅剩一人，那就是雷锋。雷锋精神是道德建设的宝贵资源，是建设社会主义核心价值体系、推动社会主义事业健康发展的强大精神力量。

那么，如何构建社会主义核心价值体系呢？我们提出用雷锋精神推进社会主义核心价值体系建设，这主要是因为，雷锋精神传承了中华民族的优良品德，体现了社会主义思想道德的本质要求，展示了中国共产党人的光辉品格，彰显着社会主义核心价值体系的精髓要义。正因为如此，党的十八大提出，在推进社会主义核心价值体系建设的途径中以雷锋精神推进社会主义核心价值体系的建设，将雷锋精神有效地融入到社会主义核心价值体系的建设中。党的十七届六中全会明确提出，要深入开展学雷锋活动，采取措施推动学习活动常态化。这是我们党积极适应时代发展进步要求、顺应人民群众期待发出的有力号召，是传承弘扬雷锋精神的重大举措，是推进社会主义核心价值体系建设、提升全社会文明程度的战略部署。雷锋精神是建设社会主义核心价值体系所需要的，与社会主义核心价值体系内涵相一致，是社会主义核心价值体系的一个生动的彰显，是一个具体的载体。社会主义核心价值体系的基本内容是四个方面：马克思主义指导思想，中国特色社会主义共同理想，以爱国主义为核心的民族精神和以改革创新为核心的时代精神，社会主义荣辱观。这四个方面的基本内容在雷锋精神中都有具体的体现。雷锋是我们学习科学理论的楷模，他当时学习毛主席著作，今天我们要学习毛泽东思想，特别是要学习中国特色社会主义理论体系；雷锋有坚定的理想信念，今天我们强调要树立中国特色社会主义的共同理想；雷锋精神彰显着我们的民族精神同时也体现着我们的时代精神；雷锋又是我们的道德楷模、弘扬社会主义荣辱观的榜样。雷锋精神与社会主流价值相一致、与中华传统美德相契合、与时代进步节律相衔接，是构建社会主义核心价值体系的内在元素，是社会主义核心价值体系的生动展现，二者本质上是一致的、内涵上是相通的。深入开展学雷锋活动，其实质就是要把社会主义核心价值体系所蕴含的科学理论、理想信念、主流价值和道德追求，传递给人们、传导给社会。可以说，大力弘扬雷锋精神、深入开展学雷锋活动的过程，也是社会主义核心价值体系建设的生动过程。

我们把雷锋精神与社会主义核心价值体系进行系统研究，在新形势下大力开展学雷锋活动，有助于引领人们树立正确的世界观、人生观、价值观，激发人们思想道德建设热情，引导人们做中华民族传统美德的传承者、社会主义道德规范的实践者、良好社会风尚的创造者；有助于凝聚全社会的理想信念、价值追求和道德取向，弘扬伟大的民族精神和时代精神；有助于引导党员干部自觉加强党性锻炼和党性修养，保持党的先进性和纯洁性；有助于凝聚干部群众的思想和意志，确保学雷锋活动坚持不懈、常抓常新，推动经济社会又好又快发展。

编　者

2013 年 1 月

目 录

第一章

雷锋精神的基本内涵及时代价值

任何崇高的精神，都是其所处时代的产物。雷锋精神的产生也绝非偶然，它是扎根于社会主义中国这片沃土，形成于我们党长期坚持社会主义精神文明建设、探索社会主义核心价值体系的实践之中。雷锋精神本身所体现的崇高的思想、理想、信念、道德、立场和境界，是我国社会主义精神文明建设与社会主义事业的有机结合，是社会主义制度的产物。雷锋身上所具有的共产主义远大理想和建设社会主义的巨大热情，是党的理想信念教育的必然结果，是社会主义伟大事业的热切召唤，体现了社会主义一代新人心系人类未来的远大理想和脚踏实地的务实态度。雷锋精神的内涵丰富，关于雷锋精神的科学内涵，李长春在纪念学雷锋活动40周年大会上的讲话和《人民日报》在2003年3月5日的社论《发扬光大雷锋精神》中作了概括和总结：学习雷锋，就要像雷锋那样，志存高远，胸怀宽广，牢固树立远大理想……党的十六大报告站在历史高度，对弘扬民族精神的深远意义做出精辟论述，由此也更加突出了我们坚持开展学习雷锋活动、大力弘扬雷锋精神的重大意义。本章节系统归纳了雷锋精神产生的历史条件，深入挖掘出雷锋精神的丰富内涵，进而揭示出雷锋精神的时代意蕴。

第一节　雷锋精神形成的社会背景

雷锋精神产生于20世纪五六十年代，那是我们国家历史上一个特殊而辉煌的时代。人民共和国刚刚成立，百废俱兴，人民实实在在地感受到了当家做主的喜悦和幸福。党和政府在人民群众中有着巨大的凝聚力和号召力。新生的共和国以雷霆万钧之势迅速扫荡了旧社会留下的一切污泥浊水，社会风气为之焕然一新。建立在社会主义公有制基础之上的人与人之间的关系淳朴而诚挚，是一种真正的同志似的平等、互助、友爱的关系。红红火火的社会主义建设事业、各条战线捷报频传、各种英雄模范人物辈出，这些都激励、教育着那个时代的青年人。即使是在三年困难时期，群众对于党和领袖也有着诚挚的信任，并坚信只要听党的话就没有战胜不了的困难。50年代末60年代初，国内国际的困难不仅没有压倒中国人民，反而增加了民族的凝聚力，激起了人们的干劲。

一、雷锋精神产生的社会背景

从1949～1959年，新中国经历了一个恢复国民经济、巩固人民民主专政和向社会主义过渡的恢复和发展时期，这期间虽然也有某些曲折和失误，但全国人民在中国共产党的领导下取得了举世瞩目的光辉成就。在经济建设上，超额完成了第一个五年计划，工农业产值和全国居民的消费水平都显著提高。1956年，我国基本上完成了对农业、手工业和资本主义工商业的社会主义改造，社会主义经济成分确立了牢固的统治地位，控制了整个国家的经济命脉，社会主义制度已经基本建立起来。20世纪60年代初期，由于国际帝国主义对中国采取孤立政策、实行长期经济封锁，苏联背信弃义，导致国民经济比例严重失调，国民经济面临严峻的形势，面对严峻的困难中国人民既没有被困难吓倒，也没有屈服于外来的压力，而是更增强了自力更生、战胜困难、共渡难关的信心，激发了建设祖国的极大热情。在各条战线上涌现出许多英雄式的

人物。在政治上，阶级斗争的暴风雨时期已经过去，国内的主要矛盾已经转变为人民对于经济文化迅速发展的需要同经济文化不能满足人民需要的状况之间的矛盾。党的主要任务是领导人民发展生产力，实现国家工业化，逐步满足人民日益增长的物质文化的需要。

二、雷锋精神产生的社会历史条件

一个古老东方大国摆脱了近百年的屈辱历史，走上了生机勃勃的社会主义道路。新中国成立初期，党领导人民用了很短的时间肃清了国民党反动派的残余，镇压了反动派的捣乱，国民经济建设得到迅速恢复与发展，取得了举世瞩目的辉煌成绩。共产党、毛主席在中国人民心中的威望得到显著提高。

1. 雷锋精神是社会主义政治、经济、文化的产物。新中国成立后，我国确立了人民当家做主的政治制度；1956 年社会主义改造的完成，建立了公有制的经济基础；在革命和建设的实践中，马克思列宁主义和毛泽东思想的指导地位也在我国人民群众中逐步确立起来。社会主义的经济、政治、文化条件的确立，极大地改变了中国人民的精神面貌。一个社会主义的中国屹立在东方，以崭新的面貌出现在世界民族之林。但是反映这个时代的一代新人到底是个什么样子？这种新人的精神状态是什么样子？无论是过去的战斗英雄还是经济恢复时期的模范，都很难典型地体现这一代新人的面貌。雷锋的出现，正是这个新的社会和新的时代各方面条件孕育的结果。

2. 雷锋精神是社会主义社会教育和实践的产物。雷锋与一切革命道德传统的模范人物一样，具有“毫不利己、专门利人”的特点。他的思想不是天生的，而是在具体的实践活动中形成的。雷锋的一生虽然短暂，但他接受了新中国的学校教育，特别是懂得认真学习和实践当时最先进的、中国化的马克思主义——毛泽东思想。雷锋得自毛泽东思想的精神财富是显而易见的。同时，他又在工作中经受了实践锻炼，逐渐成长为一个具有社会主义和共产主义觉悟的模范人物。雷锋的言论和行动，与旧社会体现的“人性是自私的”谬论划清了界限，他不愧为马克思列宁主义、毛泽东思想哺育的战士。

3. 雷锋精神是社会主义国家新型人际关系孕育的产物。雷锋作为一个典型的社会主义新人的出现，与其周围的社会环境和具体经历有关。他对人民像春天般的温暖，对敌人像冬天那样严酷，对个人主义像秋风扫落叶一样无情。这样爱憎分明的立场，推动他把有限的生命溶入到无限的为人民服务中去。他到处助人为乐，到处做好事，表现了他对人民的真诚热烈的爱。这种热烈而真挚的爱，其实来自新社会体现的社会主义人际间的温情。雷锋在旧社会体验到的是私有制社会的残酷和冷淡，他的父母和其他亲人相继在旧社会去世，这个孤儿体验到了旧社会的黑暗和专制。新社会建立后，他得到了党和政府的关心和哺育，到处充满了他不曾想象到的关爱和真诚。雷锋在旧社会形成的冰凉的心被新社会人民大众的互相关爱暖化了、升温了。面前这个新社会使雷锋充满了希望，他觉得自己无论怎么奉献都无法报答这个社会带给自己的关爱。他忘我的奉献、高度的道德责任感，都是从这里涌流出来的。人民对他的爱，唤起了他对人民的无限热爱。这种对人民无限的热爱，又转化为他为人民服务的高尚精神。

三、雷锋精神形成的社会历史文化基础

雷锋精神是一种文化现象。什么是文化？文化是一个很宽泛的概念，有许多解释，众说纷纭、莫衷一是。马克思主义认为，文化是一种精神创造，是人类通过劳动将在精神中积淀着的思维方式、抒情方式和价值观念等转化为物质形式或非物质形式的精神对象。因为这些物质形式的对象中沉积着人的种种观念，诸如国家观念，民族观念，宗教观念，审美观念等。至于社会意识形态及各种精神文明，如科学、艺术、社会伦理、宗教、哲学等非物质形式的对象，更是人类精神创造的产品，则是一目了然的。

雷锋的言行及其产生的巨大社会影响，他的行为所产生的物质的、精神的成果，以及雷锋遗物、遗言、日记等，都已打上了时代的印记，凝聚着雷锋精神。此外，雷锋纪念馆、雷锋公园、有关雷锋的塑像、题

字碑等，标志着人们对雷锋的敬仰，纪念、学习雷锋成为一种社会风尚。这一切说明雷锋、雷锋精神已成为一种文化现象。从雷锋精神的产生来说，应当说它是中华民族优秀传统文化与革命的社会主义新文化结合的结果，具体来说，它是中华民族优秀传统文化与革命优良传统的结晶，从这个意义上来说，它又是一种文化的继承。雷锋、雷锋精神，已成为新时期精神文明建设中的一份宝贵财富。从这个意义上来说，它又是一种思想文化现象。

（一）雷锋精神与中华民族的传统美德

雷锋精神影响着人们的思想、行为。它作为一种思想境界，激发人们的进取心；作为一种精神支柱，是激励和促进个人、民族、国家进步的内在力量。雷锋精神就是一种社会道德观念，是朴素而高尚的美德。

中华民族的优秀道德传统源远流长，博大精深。其“舍生取义、杀身成仁”，勇于牺牲的道德传统，造就了无数令人仰慕的民族英雄和志士仁人；其公而忘私、“鞠躬尽瘁、死而后已”的道德追求，形成了以集体为本、以国家利益为重的爱国主义精神，教育鼓舞了一代又一代中华儿女为了国家和民族的利益不惜抛头颅、洒热血；其“恭、宽、信、敏、惠”的道德准则，“己所不欲、勿施于人”的道德信条，在社会生活实践中形成了诸如尊敬师长、友爱兄弟、诚实守信、廉洁奉公、严于律己、勤俭节约的传统美德。这种道德产生的强大凝聚力，使中华民族历经五千年风雨沧桑而不衰。雷锋精神是在中国这块土壤上产生的，所以，雷锋精神又凝聚着中华民族的传统美德。在我们民族的历史上，克己奉公、舍己为人、勤劳俭朴、不畏艰难等从来就是为人们所称颂的美德。“大道之行也，天下为公”，“老吾老，以及人之老；幼吾幼，以及人之幼”的社会理想，曾经长期为中国人民所憧憬。大禹治水三过家门而不入的故事，为人们千秋传颂。孔子把“博施于人，而能济众”视为“仁”的最高境界。墨子把“兴天下之利，除天下之害”看做一切事物中最可宝贵的“义”。诸葛亮“鞠躬尽瘁、死而后已”的精神，范仲淹“先天下之忧而忧，后天下之乐而乐”的胸怀，激励着一代又一代的志士仁人……我们从雷锋公而忘私的共产主义风格、艰苦奋斗的革命精神和助人为乐的高尚情操等方面，都可以看到雷锋精神对中华民族传统美德的继承和发展。

雷锋一生做了许许多多平凡的帮助别人的事，他真诚地爱人、关心人，成为在我们国家里爱人的精神象征。在人伦关系上提倡爱人，是中华民族古老人生哲理中的优秀部分。中国传统文化中，十分重视调谐人际关系，早在《尚书·尧典》中，就提出了人和人之间的相处问题，孔子《论语》中提出“有朋自远方来，不亦乐乎?”“己所不欲，勿施于人。”“己欲立而立人，己欲达而达人”可谓中国古代社会所遵循的基本道德原则，其核心就是“仁”。仁者人也，即人与人、人与社会的和谐关系，“仁”即爱人，包含着舍己为人、舍己爱人，强调的是从无私的动机出发的爱，主张“老吾老，以及人之老；幼吾幼，以及人之幼”。中国传统中的“爱人”思想，在雷锋身上得到充分体现，他说：“我觉得人活着，就是为了使别人过得更美好”，“对待同志要像春天般的温暖”，这概括了雷锋的爱人思想，这是中华民族传统美德与革命优良传统相结合的产物。

1963 年 3 月 5 日，毛泽东同志发出“向雷锋同志学习”的伟大号召。几十年来，在毛泽东、邓小平、江泽民、胡锦涛等中央领导人的亲切关怀和大力倡导之下，全国学雷锋活动从风生水起到如火如荼，持续着旺盛的生命力；雷锋精神，早已融入了中华民族文化的精神血液和道德肌体，汇进了社会主义核心价值体系，滋养着一代代人的心灵，成为全中国人民昂扬前进的内驱力量。

（二）雷锋精神与共产主义道德

雷锋精神闪耀着共产主义道德的光辉。共产主义道德作为迄今最先进的道德，是人类历史上一切进步的、文明的和有价值的道德观念的继承和发展。早在古希腊罗马时代，亚里士多德就认为，人们应该为高尚的事业而生活，人生的目的就在所从事的事业之中。他说：“真正高宏之人，必能造福人类”。文艺复兴以后，早期空想共产主义者则进一步提出了他们的社会理想，希望消灭私有制，在公有制的基础上建立起人与人之间新型的道德关系，使人类同享幸福和欢乐。他们认为个人妨碍他人的幸福，损害公共利益，是不道德的；反之，牺牲个人所得以资助和成全他人，则是道德的。

在近代，为人类造福，为社会造福的思想，在歌德的《浮士德》中，在马克思中学时代的作文《青年在选择职业时的考虑》中也有所反映。少年马克思写道：“如果我们选择了最能为人类福利而劳动的职业，我们就不会为它的重负所压倒，因为这是为人类所作的牺牲；那时我们感到的将不是一点自私而可怜的欢乐，我们的幸福将属于千万人，我们的事业并不显赫一时，但将永远存在；而面对我们的骨灰，高尚的人们将洒下热泪。”由此我们可以看到马克思主义产生以前人类追求崇高的理想和美德所达到的高度，也可以看到共产主义道德对人类传统美德的继承关系。虽然，共产主义道德作为代表着未来的无产阶级的道德，是以马克思主义的科学思想为指导的，它超越了历史上一切道德的阶级局限性，比以往的和现存的其他阶级的道德更先进、更崇高，“拥有最多的能够长久保持的因素”，因而必然引起一切热爱真理、富于正义感的人的向往。明白了这个道理，我们就不难理解雷锋精神何以能在广大人民群众中薪火相传。雷锋精神的强大生命力，体现着共产主义道德的强大生命力。

随着马克思主义的广泛传播和中国共产党的诞生，中华民族的优秀儿女和无产阶级先进分子在长期的革命斗争中发展了这一道德。毛泽东同志在《纪念白求恩》、《为人民服务》等一系列著作中，对中国革命实践中形成的新型的道德作了科学的概括和总结。在毛泽东同志的论述中，共产主义道德和中华民族的传统美德得到了有机的结合。比如，毛泽东同志谈到生死问题时，引用了司马迁的话：“人固有一死，或重于泰山，或轻于鸿毛。”接着指出：“为人民利益而死，就比泰山还重；替法西斯卖力，替剥削人民和压迫人民的人去死，就比鸿毛还轻。”这里阐述的是共产主义的人生观，又完全是中国作风和中国气派的，这种民族性和科学性相统一的思想，成为雷锋精神直接的思想源泉。

任何一个时代占统治地位的思想，都是统治阶级的思想，道德也是这样。在全国解放以前，共产主义道德还不可能成为在全社会占主导地位的道德。社会主义制度的建立，为社会主义道德（按历史类型来说，它实质上就是共产主义道德）的形成开辟了道路。50年代中期，我国社会主义改造基本完成。社会主义经济基础的确立，带来了人与人之间、个人与集体之间、个人与社会之间、企业之间、部门之间关系的一系列新变化，这些变化客观上要求在全社会建立一种新型的道德规范和行为准则。于是，建立在新的经济关系上的“思想社会关系”，即社会主义的道德关系开始形成。劳动人民当家做主地位的确立，要求人们以新的态度对待自己的社会和国家，于是爱党、爱国、爱社会主义的精神得以发扬光大；生产资料的全民所有和部门、行业之间的新型关系，要求人们以新的观念和态度来对待人民自己的财产，一心为公、克己奉公，发扬共产主义风格，用集体主义原则处理国家、集体、个人三者之间的利益关系；人与人之间在政治上经济上的平等，共同占有生产资料和在共同理想指导下的同志关系，使得我们祖先的某些道德理想开始成为现实，全社会开始形成助人为乐的良好风尚，急他人所急，想他人所想，把困难留给自己，把方便让给别人被视为基本的道德常识。此外，社会主义经济要求人们立足本职工作，干一行、爱一行、钻一行。人民共和国的蒸蒸日上以及社会主义建设的困难和艰巨，要求人们艰苦奋斗、奋发图强。在社会主义按劳分配原则的基础上，社会先进分子进一步倡导无私奉献。

这一切表明，社会主义道德观念已经形成，并逐步成为全社会的道德规范；社会主义的新一代公民正在成长。在他们的行列中，出现了雷锋的名字。这位平凡而又伟大的共产主义战士的典型意义，就在于他集中地体现了社会主义的时代精神，是新兴的社会主义道德的一个全面的实践者，是具备新型的社会主义道德的理想人格。社会主义经济关系所要求的一切道德规范和行为准则，他都默默地、一丝不苟地、全心全意地实践着。他用自己的一生总结了社会科学工作者需要用文字来概括和总结的社会主义道德体系。

雷锋精神的思想道德价值是永存的。这不是空话，不是简单的逻辑推论，而是现实，活生生的现实生活。1998年的“抗洪”中，解放军战士跳进江中，以血肉之躯阻挡汹涌的洪水，保护人民生命财产安全的公而忘私、舍己为人的精神；战“非典”中，广大医护人员出生入死、舍己救人的高尚品质，不都是新时期新环境中雷锋精神的熠熠生辉吗！实际上，在我们的生活中，在我们的身边，每时每刻都涌现出公而忘私、舍己为人的事例。

（三）雷锋精神与民族文化

雷锋精神深深扎根于中华民族优秀文化传统，集中体现了爱国主义、敬业奉献、自强不息、艰苦奋斗的时代精神。雷锋既是中国共产党的优秀党员、伟大的共产主义战士，同时也是中华民族的优秀子孙。雷锋平凡、短暂但又光辉的一生，既体现了共产主义精神，也体现了中华民族的伟大民族精神。党的十六大报告强调指出：“民族精神是一个民族赖以生存和发展的精神支撑。一个民族，没有振奋的精神和高尚的品格，不可能自立于世界民族之林。在五千多年的发展中，中华民族形成了以爱国主义为核心的团结统一、爱好和平、勤劳勇敢、自强不息的伟大民族精神。我们党领导人民在长期实践中不断结合时代和社会的发展要求，丰富着这个民族精神。”

中华民族精神，是维系中华民族团结和国家统一的精神纽带，也是促进中华民族与时俱进、不断走向兴盛繁荣和文明进步的重要精神动力。在人类历史上，中华文明之所以能延续不断、生生不息，成为没有发生过断裂的社会文明；中华民族之所以能连续进步、自强不息，自立于世界民族之林，其重要原因之一就是我们中华民族具有一种源远流长、一以贯之并不断丰富发展的伟大民族精神，作为团结统一的文化纽带与精神支柱。而这种民族精神以及它所包含着的种种传统美德和高尚品格，都是由众多的中华儿女前赴后继地用自己闪光的思想和行为来塑造和形成的，并在历史的演进中不断地得到丰富和发展。

应该说，能够体现和发扬我们民族精神的，不仅有历代优秀的领袖人物和其他杰出人物，而且更为基本和重要的，则是那些默默无闻地为着中华民族的生存发展而辛勤劳动和不懈奋斗的中华儿女，雷锋就是其中的优秀代表。他没有身居高位，也没有轰轰烈烈的业绩，而只是用自己极为平凡的言行，努力做好自己的本职工作，关爱国家、集体和他人，把有限的生命投入到无限的为人民服务之中去。雷锋精神的生命力，既在于它的无私和伟大，也在于它的平凡和一贯。所以，学习和弘扬雷锋精神，就具有普遍的社会意义。

任何一种文化都具有民族性，都是以自己的民族精神为依托的。这种民族精神是文化传统的基础，是一个人、一个国家、一个民族的精神支柱。民族的优秀人物创造出的精神成果，成为该民族的文化象征。中华民族传统文化的精华，比如，“天行健，君子以自强不息”；“富贵不能淫，贫贱不能移，威武不能屈”；“先天下之忧而忧，后天下之乐而乐”；“天下兴亡，匹夫有责”；“国而忘家，公而忘私”；等等，就是雷锋精神的根基和来源。雷锋精神既吸纳了中华民族传统文化的精华，又通过新的实践丰富了中华民族的民族精神。其中最宝贵的东西，比如，以国家与集体利益为重的责任感，自强不息、顽强拼搏的精神，先人后己、助人为乐的道德情操等，无不体现了中华民族传统文化的博大精深，体现着东方文明的独特魅力。也有人这样总结雷锋精神在当代的体现，即：知难而进、一往无前的精神；艰苦奋斗、求真务实的精神；淡泊名利、无私奉献的精神；等等。总之，中华民族的民族精神的独特魅力，正在通过雷锋精神以鲜明的个性丰富着世界文明。

雷锋精神体现了人类美好的精神追求。人类是由为数众多的民族组成的。各个民族之间存在着这样或那样的差别，存在着各自的优点和弱点，但是每个民族的人们总是向往真善美，向往和谐的社会，向往人的自我完善。雷锋精神在世界的传播，说明雷锋精神具有普遍意义，说明雷锋精神已经成为一种跨越国界的文化精神、时代精神，成为社会进步的一种标志。雷锋精神所蕴涵的永恒的东西，就是雷锋精神为世界上很多人所认同的基础。

从雷锋精神形成的历史轨迹看，得益于中华民族优秀传统文化的哺育，雷锋从中汲取“爱国、忠诚、自强、勇敢、勤俭、友善、助人”以及“礼义廉耻”、“仁者爱人”、“乐善好施”等等积极道德文化元素，在社会主义社会实践的陶冶中，逐渐历练成“一心为公”的雷锋精神。正因为雷锋精神植根于中华民族传统美德，又是共产党人先进性和先进文化的体现。雷锋精神是中华民族宝贵的精神财富。雷锋精神向全世界展示了中华民族精神的瑰宝和深厚底蕴，是民族文化走向世界的一个桥梁。

（四）雷锋精神与先进文化

党的十六大报告指出："发展先进文化，就是发展面向现代化、面向世界、面向未来的，民族的科学的大众的社会主义文化。"对于先进文化的认识，产生于抗日战争年代，这是我党对于文化精髓的科学概括，几十年的实践证明，这样的认识是正确的。雷锋精神恰是我党所代表和倡导的先进文化的很好体现。

1. 雷锋精神是民族的。它深深植根于中华民族传统文化的沃土。雷锋同志的言论和行为可以说处处体现了中华民族的文化特征，比如雷锋同志的先进事迹，只有在中国这个特殊的国度里才能产生。毛泽东同志讲，只有民族的才是世界的。雷锋精神也是如此，雷锋同志的事迹是具体的历史，但雷锋精神的实质却是永存的。

2. 雷锋精神是科学的。雷锋同志是在毛泽东思想哺育下成长起来的，雷锋精神的内涵，属于共产主义思想体系，是共产主义思想在中国社会的具体实践，因此，雷锋精神的科学性是不言而喻的。

3. 雷锋精神也是大众的。雷锋同志没有做过什么惊天动地的大事，他的先进事迹都是日常人人几乎都可以做到的小事，在这些小事中体现了雷锋人格的伟大和思想境界的高尚。类似这样的事情，普通人都可以做到。所以，雷锋精神并不是高不可攀，它不仅可敬，而且可学，从这个意义上说每个人都可能是雷锋。这一特点也是学雷锋活动长久不衰的重要原因。因此中国共产党代表和倡导的先进文化，雷锋精神是一个很好的具体体现。

四、雷锋精神产生的根基

雷锋精神是在社会主义建设的实践中形成的，绝不是天生的。

（一）雷锋精神的社会基础

雷锋精神的社会基础就是我国的社会主义制度及其实践。教育部编辑的《中国革命道德·德行卷》分类介绍了100多名革命道德模范人物，把雷锋列入“毫不利己，专门利人”一类，与吴玉章、白求恩、张思德、焦裕禄、孔繁森等人并列，其根据就是这些人都是在革命、建设和改革的实践中涌现出来的，他们的思想不是天生的，而是在具体的实践活动中形成的。雷锋的一生虽然短暂，但他接受了学校教育，在工作中经受了实践锻炼，逐渐成长为一个具有社会主义道德的模范人物。

经济体制的转换，而不是社会制度的质变。不论是在计划经济时期，还是社会主义市场经济条件下，社会主义制度都能提供雷锋式模范人物成长的社会基础。雷锋精神传播和弘扬的社会基础仍然存在，雷锋精神既适应于计划经济时期，也同样适应于社会主义市场经济时期，具有恒久的生命力。雷锋是社会主义时期一大批优秀人物的典型代表，由此蕴含和升华的雷锋精神，并不仅仅是雷锋个人的品质，而是社会主义时代精神和中华民族优秀传统的完美结合。同时，雷锋精神也蕴含着人类对应有的理想人格、高尚道德追求的价值取向，从这个意义上看，雷锋精神中蕴含着许多永远不会过时的中华民族优良传统和人类共有的价值追求。

当然，我们也应该看到，由于我国社会经济成分的多样化，带来了组织形式、就业方式、利益关系和分配方式的多样化，传播和弘扬雷锋精神的具体条件也必然发生了相应的变化。因此，雷锋精神和学雷锋活动也有一个随着时代、社会和实践的发展而与时俱进的问题，这是当前和今后传播和弘扬雷锋精神必须解决的重大课题。

（二）雷锋精神的现实基础

弘扬雷锋精神与发展社会主义市场经济是相适应的。社会主义市场经济是雷锋精神的现实基础。

1. 弘扬雷锋精神与发展社会主义市场经济本质上是一致的。社会主义市场经济体制是社会主义基本制度与市场经济体制的有机结合，以公有制为主体、多种所有制经济共同发展是社会主义市场经济的基本特征，发展社会主义市场经济的目的，是通过市场机制实现社会资源的优化配置，解放和发展生产力，增强我国的综合国力，提高人民的生活水平，消灭剥削，消除两极分化，最终达到共同富裕。雷锋精神的实质则是自觉地全心全意为人民服务和无私奉献。发展社会主义市场经济也需要良好的社会道德风尚，其社会道德建设需要弘扬雷锋精神，而雷锋精神在新历史条件下的弘扬，又必须以社会主义市场经济为现实的社会基础，彼此是相互协调、共同促进的关系，绝不能把二者对立起来。

2. 雷锋精神与实行社会主义初级阶段分配原则是能够统一的。按劳分配和奉献精神，是在不同领域实行的不同原则，但在社会主义市场经济条件下，二者能够统一起来。社会主义市场经济的又一个重要特征，是坚持按劳分配为主体、多种分配方式并存的分配制度。贯彻这个分配制度，一方面要坚持按劳分配和生产要素按贡献参与分配的原则，一切合法的劳动收入和合法的非劳动收入都受国家法律保护。但是，另一方面又要坚持效率优先、兼顾公平的原则，既要反对平均主义，鼓励一部分人通过诚实劳动、合法经营先富起来，又要防止收入相差悬殊，提倡先富带后富，逐步达到共同富裕；既要落实分配政策，又要提倡奉献精神。由此可见，坚持按劳分配为主体、多种分配方式并存的分配制度，是以诚实劳动、合法经营为前提，以为社会做贡献为基础，以实现共同富裕为目标，这同雷锋的爱岗敬业精神、自觉遵纪守法的品德以及关爱他人、服务人民、奉献社会的精神，在本质上是一致的。

3. 雷锋精神中的“螺丝钉”精神有利于个人主动性的发挥。有一种观点认为，雷锋精神中的“螺丝钉”精神不利于人才流动和职业竞争，因而不利于个人主动性的充分发挥，这是对雷锋的“螺丝钉”精神的一种误解。其实，雷锋的“螺丝钉”精神就是爱岗敬业的职业精神，雷锋对待工作“像夏天般火热”，他干一行、爱一行、专一行，精益求精。在每一项平凡岗位的工作中都做出了出色的成绩，这是任何从业人员都应学习的工作态度和敬业精神。今天发扬“螺丝钉”精神，不是要让人们放弃岗位流动和职业竞争，而是要人们树立爱岗敬业的职业道德。在社会主义市场经济条件下，劳动力市场化的作用不是使人们随心所欲地变更工作和职业，频频“跳槽”，而是通过市场机制优化社会人力资源的配置，实现“人尽其才”。随着现代社会分工的发展和专业化程度的增强，人才市场竞争日趋激烈，整个社会对从业人员职业观念、职业态度、职业技能、职业纪律和职业作风的要求越来越高，只有把竞争意识同“螺丝钉”精神结合起来，自觉遵守“爱岗敬业、诚实守信、办事公道、服务群众、奉献社会”的职业道德，才能在人才流动和职业竞争中掌握主动权，为社会发展和进步做出最大的贡献。

第二节　雷锋精神的基本内涵

任何崇高的精神，都是其所处时代的产物。雷锋精神的产生也绝非偶然，它是扎根于社会主义中国这片沃土，形成于我们党长期坚持社会主义精神文明建设、探索社会主义核心价值体系的实践之中。雷锋精神本身所体现的崇高的思想、理想、信念、道德、立场和境界，是我国社会主义精神文明建设与社会主义事业的有机结合，是社会主义制度的产物。雷锋身上所具有的共产主义远大理想和建设社会主义的巨大热情，是党的理想信念教育的必然结果，是社会主义伟大事业的热切召唤，体现了社会主义一代新人心系人类未来的远大理想和脚踏实地的务实态度。雷锋精神的内涵丰富，关于雷锋精神的科学内涵，李长春在纪念学雷锋活动40周年大会上的讲话和《人民日报》在2003年3月5日的社论《发扬光大雷锋精神》中作了概括和总结：学习雷锋，就要像雷锋那样，志存高远，胸怀宽广，牢固树立远大理想……党的十六大报告站在历史高度，对弘扬民族精神的深远意义作出了精辟论述，由此也更加突出了我们坚持开展学习雷锋活动、大力弘扬雷锋精神的重大意义。本章节系统归纳了雷锋精神产生的历史条件，深入挖掘出雷锋精神的丰富内涵，进而揭示出雷锋精神的时代意蕴。

一、雷锋精神的丰富内涵

雷锋精神，从狭义上讲，是对雷锋言行事迹所表现出来的先进思想、道德观念和崇高品质的理论概括；而从广义上讲，它已经升华为以雷锋的名字命名的、以雷锋的崇高品质为基本内涵的、在实践中不断丰富和发展着的、为雷锋传人所敬仰和追求的文化精神。随着时代的发展，雷锋精神的基本内涵也不断得到丰富与升华，进而表现出新的时代内容。具体而言，雷锋精神的丰富内涵主要表现为：新时期投身民族振兴的爱国精神，为公为民的奉献精神，忠于职守的敬业精神，刻苦钻研的学习精神，艰苦奋斗的创业精神，团结互助、助人为乐的合作精神。同时，雷锋精神又具有与时俱进的品质，在我国从计划经济到市场经济的转型中、从步入小康社会向全面建设小康社会的转变中，不断地得到丰富和升华，它又是个人价值与社会价值的统一，先进性和广泛性的统一，知与行的统一。

（一）投身民族振兴的爱国精神

“坚持以热爱祖国为荣，以危害祖国为耻。”这是胡锦涛总书记提出的“八荣八耻”的第一句话，在我国社会正处于转型期、改革进入攻坚期的历史新阶段，大力弘扬爱国主义精神，不仅鼓舞人心催人奋进，而且意义重大而深远。

中华民族历来是个爱国的民族，弘扬爱国奉献精神，要与继承发扬中华民族传统美德统一起来。在历史长河中，多少仁人志士为了中华振兴奔走呼号，壮怀激烈，从屈原的“路漫漫，其修远兮，吾将上下而求索”，到范仲淹的“先天下之忧而忧，后天下之乐而乐”；从陈子昂的“前不见古人，后不见来者。念天地之悠悠，独怆然而涕下”，到孙中山的“革命尚未成功，同志仍需努力”……中华民族的传统美德处处闪烁着爱国奉献的光辉，这些爱国奉献精神，是促进民族发展进步的宝贵精神财富，推动着中华民族不断走向文明和进步。伟大的共产主义战士雷锋就是从其中吸取了丰富的营养，获得了立身做人的精神动力。我们学习雷锋、弘扬爱国奉献精神，就一定要学习发扬中华民族的传统美德和优良传统。

爱国精神是民族精神的体现，更是强国之基。在新的历史时期，进一步弘扬爱国主义精神，用爱国精神凝聚民族志气，激励中华儿女投身改革开放和现代化建设，同样是一项十分紧迫的战略任务。弘扬爱国奉献精神，要有正确的人生观、价值观作基础。爱国主义精神体现在很多方面，是传统美德与时代精神的结合。牛玉儒、任长霞、郑九万等一个个廉洁奉公、勤政为民的时代典型，正是新时期爱国精神的生动诠释和完美体现，他们是时代的精英，是中华民族实现伟大复兴的希望。

雷锋的童年是艰苦的，虽然在旧社会只生活了9年，但却饱尝了阶级压迫、家破人亡的痛苦。通过新旧社会的对比，他懂得了应该爱谁恨谁，深切感到党的伟大和社会主义好。雷锋精神最核心的内容就是一心向着党、向着社会主义、向着共产主义的坚定政治信念。它是雷锋精神经久不衰的灵魂所在。在20世纪60年代，这种精神具体表现为，对中国共产党深厚的阶级感情和强烈的情感认同，为创造社会主义新生活的献身精神，为建设社会主义大厦添砖加瓦的忘我工作热情，为实现共产主义奋斗到底的远大理想和献身精神。在我国进入全面建设小康社会、实现中华民族伟大复兴的新世纪新阶段，雷锋精神进一步升华为，对拥护中国共产党领导地位和执政地位的理性思考和认识，坚持走中国特色社会主义道路的坚定信念，投身改革开放和现代化建设伟大事业的实际行动，为实现国家繁荣、民族振兴而拼搏奋斗的强烈责任感和使命感。

（二）为公为民的奉献精神

无私奉献精神作为一种古已有之的传统美德，在人民群众中历来就有广泛深厚的基础。现今，建设中国特色社会主义的共同奋斗目标，更为弘扬无私奉献精神提供了巨大的动力资源。无私奉献精神的具体内容和表现形式是多种多样的，有共产主义的奉献精神，也有爱国主义的奉献精神，还有基于朴素的爱心和同情心的奉献精神。宣传和弘扬无私奉献精神，可以引导人们在不同的层次和程度上、以不尽相同的具体形式来发扬无私奉献精神。

江泽民同志曾指出，要大力宣传和弘扬淡泊名利、无私奉献精神。无私奉献精神，反映和体现的是社会成员对国家、集体和其他需要帮助者的一种纯洁高尚的道德义务关系。以全心全意为人民服务为宗旨、以实现共产主义为最终目标的共产党人首先应当发扬这种精神。在新的历史时期，江泽民同志的这一要求对于党风建设以及党员干部的自身建设，教育党员正确处理发展市场经济与坚持党性原则的关系，防止党内政治生活商品化、市场化，防止以党性原则取代市场经济原则，具有十分重要的意义。

无私奉献精神的实质，是把国家和人民利益放在首位，全心全意为满足社会需要贡献自己的力量，而不是指从事任何劳动都不要报酬。在这里，“无私”与“无酬”是两个不同的概念，道德高尚的人可以做到不带任何自私自利之心地进行工作，但无法做到任何工作都不要报酬。如果把无私奉献精神理解成从事任何劳动都不要报酬，那么，具有无私奉献精神的人就根本无法生活了，这实际上就等于从根本上否定了无私奉献精神存在的理由和价值。弘扬无私奉献精神与目前我们实行的分配制度并不矛盾，弘扬无私奉献精神，同样要尊重个人的合法利益，要求人们自觉把国家和人民利益放在首位，把个人利益融入国家和人民利益之中，而不是要求人们完全放弃和无谓地牺牲个人利益。

雷锋在《论联合政府》一文最后一节的空白处写道：“无数革命先烈为了人民的利益牺牲了他们的生命，给我们换来了幸福。今天，我们没有理由不好好工作和学习，没有理由不改正缺点和错误，没有理由只顾自己不顾集体，没有理由只顾个人眼前利益，而忘记了整个无产阶级的最大利益。”翻开《为人民服务》一文，雷锋在最后一页的空白处写道：“我觉得一个革命者活着，就应该把毕生精力和整个生命为人类解放事业——共产主义全部献出。我活着只有一个目的，就是做一个对人民有用的人。生为人民生，死为人民死。”雷锋同志在他的日记中还写道：人的生命是有限的，可是为人民服务是无限的，我要把有限的生命投入到无限的“为人民服务”之中去。雷锋同志是这样说的，更是这样做的，雷锋在工作中，热心公益，乐于助人，从不计得失，为了党和人民的利益，雷锋献出了自己的青春与热血，乃至生命，正是他的这种奉献精神，激励着千千万万中华儿女奋发向上，为了祖国的富强与文明奉献自己的青春与力量。雷锋精神的核心是为人民服务。雷锋二字，已成为人们心目中热心公益、乐于助人、扶贫济困、见义勇为、善待他人、奉献社会的代名词。雷锋走到哪里，就把共产主义道德新风带到哪里。他乐于助人，出差时，行程一万里，好事做了一车；他平时勤俭节约，但为了支援灾区人民和帮助战友，却毫不犹豫，慷慨解囊。总之，只要是人民所需要的，不管分内分外，他都干，以“助人”为乐，付出自己的全部力量去工作、去助人，把自己有限的生命无私地奉献给了党，奉献给了祖国和人民。

全心全意为人民服务是雷锋精神的实质，它集中地体现了我们党的根本宗旨，表现了共产党人的崇高品德和高尚风格，是雷锋精神能够保持旺盛生命力和持久活力的根本原因。雷锋精神成长在社会主义计划经济的土壤中。在计划体制环境中，作为雷锋精神实质的全心全意为人民服务精神主要体现在：对人民群众朴素的阶级感情，憎爱分明的阶级立场，先人后己的集体观念，乐于助人的团结友善风格，不计较个人得失的大公无私精神。社会主义市场经济条件下，全心全意为人民服务作为雷锋精神的实质并没有改变，但其为公为民奉献精神的时代内容却有了新的要求。具体地说，要树立正确的义利观，淡泊名利，时刻把人民的利益放在首位；树立正确的人生观、价值观，增强主人翁责任感；摆正个人利益与国家利益、集体利益的关系，坚持党和人民的利益高于一切，提倡先公后私、公而忘私、大公无私；处理好奉献与索取的关系，增强社会责任感，倡导无私奉献。

（三）忠于职守的敬业精神

中华民族历来有“敬业乐群”、“忠于职守”的传统，敬业是中国人民的传统美德。早在春秋时期，孔子就主张人在一生中始终要勤奋、刻苦，为事业尽心尽力。他说过“执事敬”、“事思敬”、“修己以敬”等话。北宋程颐更进一步说：“所谓敬者，主之一谓敬；所谓一者，无适（心不外向）之谓一。”宋朝朱熹说，“敬业”就是“专心致志以事

其业”，即用一种恭敬严肃的态度对待自己的工作，认真负责，一心一意，任劳任怨，精益求精。敬业精神是个体以明确的目标选择、朴素的价值观、忘我投入的志趣、认真负责的态度，从事自己的主导活动时表现出的个人品质。敬业精神是做好本职工作的重要前提和可靠保障。“不到西天，死不回国”、“不得真经，永堕沉沦”，是什么使玄奘立下如此的誓言？抛开利欲、拒绝美色，是什么注定他的超俗与不凡？一片诚心，一往无前，不到灵山，不回不还！十世修行的深厚积淀，十七载坎坷的千锤百炼。是什么精神使玄奘不违天命，不负皇恩，迎取真经？金海峰教授带您一起解读《西游记》管理精神的精髓——敬业，向唐僧那样去工作！

爱岗敬业具有鲜明的自觉色彩，集中表现人们在职业活动中的品质、人格和内心世界。雷锋在日记中写道：“革命需要我炸碉堡，我就去学董存瑞，革命需要我堵枪眼，我就去做黄继光”，保证听党的话，服从组织调配，这种强烈的服从、自觉意识，贯穿于雷锋的一言一行、一举一动。为了忠于党的事业，听从党的教导，雷锋用自己的行动践行了“党叫我干什么，我就干什么，决不讲价钱”的誓言。处处以党的利益为重，从革命的需要出发，党指到哪里就到哪里，党叫做什么就做什么，在任何工作岗位上，都是勤勤恳恳，埋头苦干，全心全意为人民服务。当农业战线需要的时候，雷锋同志毅然地离开学校，走向农村，当社员，当拖拉机手。当工业战线需要的时候，他从湖南家乡奔赴东北鞍钢，当推土机手，当建筑工人。当国防战线需要的时候，他又报名参军，当一个普通的士兵，雷锋从入伍当新兵到当炊事员、驾驶员、班长，换了几个岗位。正如雷锋在日记中写的：

“我是党的儿子，人民的勤务员。我走到哪里，哪里就是我的家，我就在哪里工作。”

“我要像柳树一样，插到哪里都能活，紧紧与人民连在一起，在人民中生根、长大、结果，做人民最忠实的勤务员。”

不怕苦、不怕累，干一行、爱一行、钻一行的“螺丝钉”精神，是雷锋精神在事业上的具体体现。其核心是把个人融于集体和人民的事业之中，具有服从性、平凡性的特点，主要表现是服从组织分配，热爱本职工作，自觉忠于职守，甘居平凡岗位。从表现形式来看，“螺丝钉”精神同计划经济的人才资源配置方式存在某种相适应性，反映了个人志愿与国家社会发展需要的一致性，成为计划体制下鼓舞人们热爱本职，尽职尽责，在平凡的岗位上埋头苦干、忘我劳动的精神力量。同时，它并不有悖于市场经济的人才观，尽管市场经济在人才资源配置上相对计划经济来说，具有较多的自主选择性，而当个人选择与社会需要发生冲突时，恰恰需要服从性。因此，今天的“螺丝钉”精神体现着服从性和选择性的统一，它要求人们把个人的自主择业与服从社会和人民的需要有机结合起来，切实做到甘居平凡岗位而又不安于现状、甘于平庸，提倡岗位竞争而不能忘记勤勉敬业、忠于职守。

（四）刻苦钻研的学习精神

中国共产党的历史，是一部不断学习、不断前进的历史，是一部埋头苦干、为民谋利的历史。胡锦涛同志在中国共产党十七大的报告中提出：“一定要刻苦学习、埋头苦干，不断创造经得起实践、人民、历史检验的业绩。”这一号召，在广大代表中引起强烈反响。当前，经济社会的发展越来越快，新的形势对广大党员的学习提出新的要求，党的十七大把建设学习型政党的要求写进报告，这是我们党立足于世情、国情、党情的发展变化而作出的战略性举措。福建省福州市委书记袁荣祥曾指出：“在农耕时代，读几本书、几年书，就可以管用一辈子；到了工业时代，读十几年的书，可以管用一辈子；到了知识经济时代，只有终身学习，才能够用一辈子。我们必须重视引导广大党员形成终身学习的理念，努力建设学习型政党。”同时，在学习中要坚持理论联系实际，学以致用，这是马克思主义学风的根本要求。安尼瓦尔·阿木提认为：“胡锦涛同志对广大党员提出刻苦学习、埋头苦干的要求，这两个方面是辩证统一的。一个党员不能不讲学习只顾埋头苦干，埋头苦干要建立在具备一定能力的基础上。但是，一个党员也不能学了很多知识却不愿意为群众干事，这样即使学得再多也没意义。”

雷锋在学习上非常勤奋，当他听到有人说：工作这样忙，实在没有时间学习。他根据自己的学习体会，在日记中写下这样一段话：有些人说工作忙、没有时间学习。我认为问题不在工作忙，而在于你愿不愿意学习，会不会挤时间。要学习的时间是有的，问题是我们善不善于挤，愿不愿意钻。一块好好的木板，上面一个眼也没有，但钉子为什么能钉进去呢？这就是靠压力硬挤进去的，由此看来，钉子有两个长处：一个是挤劲，一个是钻劲。我们在学习上，也要提倡这种“钉子”精神，善于挤和善于钻。同志们称赞雷锋这种“钉子”精神。正是他的这种“钉子”精神，促进了全连干部战士在繁忙的运输任务中坚持学习马列主义、毛泽东思想，树立全心全意为人民服务的人生观，这对于战胜60年代初期部队建设所面临的各种困难，起了一定的作用。

“钉子”，大家都知道既是一种建筑工具，又是一种建筑材料。“钉子”精神可以这样来解读。“挤”侧重横向的角度，不挤时间去学习就没有时间或很少有时间；不挤时间去学习，知识就会老化，知识面就会狭窄。挤时间去学习，去看书，去交流，去探讨，基础才会扎实，知识面才会宽，“挤”和“博”联系在一起；“钻”侧重纵向的角度，不钻进去，基础就不会扎实，知识就理解不透，就无法掌握事物的内在联系和本质，就无法做到融会贯通，“钻”又和“专”联系在一起。这就是人们广为称道的雷锋刻苦学习的“钉子”精神。正是凭着这种可贵的“钉子”精神，雷锋掌握了科学的世界观和方法论，练就了一身过硬的本领。今天，“钉子”精神仍与时代脉搏一起跳动，推动和鼓舞着我们不断前进。

俄国作家屠格涅夫说过：“没有一种不幸可与失掉时间相比了”。高尔基也说过这样的话：“世界上最快而又最慢，最长而又最短，最平凡而又最珍贵，最容易被忽视而又最令人后悔的就是时间”。“钉子”精神，就是雷锋利用生活中的一点一滴时间去学习、看书，一日一日、一月一月积少成多、日积月累，得出了许许多多学习的时间。

用“挤”和“钻”的“钉子”精神，努力学习革命理论，刻苦钻研业务和技术，苦练为人民服务的本领，这是雷锋精神所具有的优秀品质的突出写照。当今世界以经济为基础、以科技为先导的综合国力的竞争更为激烈。科技进步、经济繁荣和社会发展从根本上取决于劳动者素质的提高。因此，“钉子”精神所具有的时代内涵，集中体现在勤奋学习马克思主义，努力掌握现代科学文化知识，刻苦钻研本职业务，大胆吸收和借鉴世界各国的一切优秀文化成果以及先进的经营方式和管理方法，尤其要把“挤”和“钻”的“钉子”精神用在理论和实践的不断创新上，自觉地提高自身的综合素质和创新能力。

（五）艰苦奋斗的创业精神

所谓艰苦奋斗，可以从物质层面和精神层面来理解，即：所谓物质层面看，艰苦奋斗要求我们的消费要节制在一个合理的限度内，与社会生产发展水平和个人的收入状况相适应。从精神层面看，艰苦奋斗是指不畏艰难困苦、锐意进取、坚忍不拔、奋斗有为的精神状态和为人民利益甘于奉献的思想品德。艰苦奋斗是人类一种永恒的精神力量，任何时代、任何民族、任何国家、任何个人都需要这种精神。

艰苦奋斗是共产党人的政治本色，是保持和加强党的执政地位的关键所在。新时期保持共产党员先进性的问题，本质上就是每一个共产党员主观世界的改造问题，始终发扬艰苦奋斗的精神是改造主观世界的核心内容之一，是保持共产党员先进性的必然要求。毛泽东说：“坚定正确的政治方向，是与艰苦奋斗的工作作风不能脱离的，没有坚定正确的政治方向，就不能激发艰苦奋斗的工作作风；没有艰苦奋斗的工作作风，也就不能执行坚定正确的政治方向。”① 毛泽东1956年在谈到党的优良传统和作风时进一步强调指出：“根本的是我们要提倡艰苦奋斗，艰苦奋斗是我们的政治本色。”② 胡锦涛在新时期保持共产党员先进性专题报告会上的讲话中又强调指出：“谦虚谨慎、艰苦奋斗，作为我们党的优良传统和作风，作为马克思主义政党的政治本色，是凝聚党心民心、激励全党全国人民为实现国家富强、民族振兴、社会和谐、人民幸福而共同奋斗的强大精神力量，是保持党和人民群众的血肉联系的一个

① 毛泽东：《国民精神总动员的政治方向》，《新中华报》1939年5月10日。

② 《毛泽东文集》第7卷，人民出版社1999年版。

重要法宝。”①

雷锋精神的一个重要内涵，就是艰苦奋斗的精神、自强不息的精神。这是我们党的优良传统。艰苦奋斗是我们党的政治本色。不论是在革命战争年代，还是在受到外部封锁、经济十分困难的时期，我们共产党员临危受命、艰苦奋斗，都是为了人民的利益而拼搏，从而与人民群众保持血肉联系。党的十六大之后，胡锦涛在革命圣地西柏坡，重新强调了毛泽东在党的七届二中全会上提出的“两个务必”的思想，号召全党同志继续保持谦虚谨慎、不骄不躁的作风，继续保持艰苦奋斗的作风。实际上雷锋精神正是这一精神的光辉体现。因此，从这一角度看来，在目前的社会条件下，学习弘扬雷锋精神具有强烈的现实意义。

勤俭节约、艰苦奋斗，是雷锋精神极具特色的本质内容。它秉承了中华民族艰苦奋斗、发愤图强的民族精神，光大了艰苦创业、勤俭建国的革命传统，体现着强烈的主人翁意识。在发展社会主义市场经济的今天，随着改革开放和现代化建设的发展，生产力水平的不断提高，社会财富的日益增加，我们鼓励科学合理的消费，对人们求富求美求乐的需求已不再简单否定，也不再套用过去那种“新三年，旧三年，缝缝补补又三年”的消费观念，但这与艰苦奋斗精神并不矛盾。今天我们提倡的艰苦奋斗，是要反对那种过度的超前消费，那种大手大脚、铺张浪费、讲排场、摆阔气的不良风气，尤其是那种慷国家之慨、挥霍奢侈的腐败作风；是要在全社会大力倡导富国富民富家的科技创业、产业创业、服务创业等新时代的创业精神，自觉克服“小富即安”、不思进取的思想。

（六）团结互助、助人为乐的合作精神

马克思曾经在《关于费尔巴哈的提纲》中指出：“人的本质并不是单个人所固有的抽象物。在其现实性上，它是一切社会关系的总和。”②

① 中共山东省委先进性教育活动办公室编：《第二批先进性教育活动辅助教材》，黄河出版社2005年版。

② 《马克思恩格斯选集》第1卷，人民出版社1972年版，第18页。

人是社会生活的主体，更是和谐社会的主体，离开了人的交往关系，很难想象还能成其为社会；而一个社会的人际关系失去了和谐，也很难称之为和谐社会。人际关系和谐是和谐社会的基础。构建和谐的人际关系必须从多方面着手，包括经济发展、利益调整、民主法制建设、道德建设等等。

“以团结互助为荣，以损人利己为耻”，是胡锦涛同志“八荣八耻”论述的重要内容。团结互助、助人为乐是社会主义的基本道德准则，也是构建社会主义和谐社会的重要内容和条件。损人利己是违背团结互助精神的缺德行为，也是错误的人生观、价值观的典型表现。坚持和落实科学发展观，全面建设小康社会，大力促进社会和谐，必须发挥全党全国人民的团结互助精神，坚决抵制和消除损人利己行为。

团结互助、助人为乐是人类的生活需要，也是人类的生存发展优势。古人说过，人不能无群。人没有野兽的爪牙之利，也没有飞禽的翱翔之便，却能够成为“宇宙之精华，万物之灵长”，正是因为能够结成坚强有力的群体。“孤单容易折断，众多则难摧毁”，这是古人强调的道理。人们平时常说的“单丝不成线，独木不成林”、“人心齐，泰山移”等谚语、格言，也说明了团结互助作为一种源远流长的优良传统，是中华民族处理人际关系、发挥群体优势的重要道德准则，是华夏社会和炎黄子孙繁衍不息、繁荣昌盛、稳定统一的宝贵精神力量。

团结互助、助人为乐作为社会主义的新型人际关系，是以生产资料公有制和广大人民群众的根本利益一致为基础，以发展社会主义先进文化和民主政治为原则，以实现社会主义和共产主义为共同目标和最高目标而结成的同志式关系，因而是人类历史上最进步、最高尚、最现实的道德关系。从古至今，干任何事业都要讲“天时、地利、人和”，三者之中，关键是人和。在当前利益冲突不断加剧和社会矛盾日趋复杂的情况下，推动中国特色社会主义建设，建立和谐的人际关系尤为重要。而要建立和谐人际关系，就不能不重视发挥团结互助的作用。团结互助是人际关系和谐的表现，也是促进社会和谐的重要条件。构建社会主义和谐社会，必须努力营造团结互助、平等友爱、融洽和谐的新型人际关

系，坚决反对损人利己的行为。

雷锋的团结互助的合作精神，是雷锋精神的重要组成部分，是雷锋精神中值得我们认真学习、探讨研究并发扬光大的具有时代意义的精神。“一个人的作用，对革命事业来说，就如一架机器上的一颗螺丝钉。机器由于有许许多多螺丝钉的连接和固定，才成了一个坚实的整体，才能够运转自如，发挥它巨大的工作能力。螺丝钉虽小，其作用是不可估计的。”雷锋的这句话，表明了对集体的正确认识，摆正了个人在集体中的位置，反映了一种鲜明的公私观。雷锋把集体的、党和人民的利益永远放在个人利益之上，放在个人得失之前，正确地把个人利益融合在集体利益之中。个人是集体的一分子、集体是许多个体的统一。武汉长江大桥的桥身上有大大小小的铆钉170万个，每个铆钉都分担着整个桥身承受的压力，各自“肩负”着一定的重量。可以说每一个小小的铆钉都发挥了自己的作用。雷锋说过的“螺丝钉”精神，其中也包含了对集体主义合作精神生动而形象的比喻。“螺丝钉”的比喻是精辟而深刻的，它形象地阐明了个人与集体、局部与全局的辩证统一关系。

先人后己，助人为乐，诚实守信，与人为善，这是雷锋精神高尚道德行为的具体体现。它既发扬了中华民族的传统美德，又体现着社会主义的道德规范。这种道德行为所表现出的做好人好事不留名、助人济困不图利、舍己救人不求回报、互助合作不计报酬的革命的“傻子”精神，对于当时全社会形成平等互助、团结和谐的新型人际关系和良好道德风尚起了极好的示范和引导作用。在社会主义市场经济不断发展的今天，精细的社会分工和追求利益关系最优化、整体利益最大化的特点，要求市场主体进行科学分工、精诚协作、优势互补、公平交易。所以，竞争不但不能取代互助合作，反而更需要互助合作精神的提升。

二、雷锋精神内涵的新概括

中共宣传部（以下简称中宣部）2012年2月27日举行“践行雷锋精神”新闻发布会，中宣部常务副部长、中央文明办主任雒树刚表示，雷锋精神随着时代的发展也具有了时代的气息，对党、对国家、对社会主义的热爱是雷锋精神的第一位。

雒树刚称，雷锋精神是产生于50年前，但是50年来，雷锋精神始终传承在我们全党、全社会。在传承的过程中，随着时代的变迁和进步，人们对于雷锋精神的理解也越来越具有时代的特色，也在不断地挖掘雷锋精神中赋予了一些时代气息的元素。它的基本精神没有变，但是随着时代的发展也具有了时代的气息。雒树刚表示，把握雷锋精神，突出的主要有这么五个方面：

1. 要学习弘扬雷锋热爱党、热爱祖国、热爱社会主义的崇高理想和坚定信念。这是雷锋精神的第一位，是对党、对国家、对社会主义的热爱。这个理想和信念激励我们全党全社会自觉地把个人的追求和奋斗同党的事业、国家的命运、民族的前途联系起来，为祖国的繁荣发展贡献自己的智慧和力量。

2. 要学习弘扬雷锋服务人民、助人为乐的奉献精神。雷锋是以服务人民为最大幸福，以帮助他人为最大快乐，这是雷锋精神的一个典型的标志，也是我们今天仍然要弘扬的一个崇高品德。

3. 要学习弘扬雷锋干一行爱一行、专一行精一行的敬业精神。雷锋生前做过多种岗位，但是干一行他热爱一行、干一行他精通一行，这一点在今天这样一个时代仍然是需要的，仍然需要像雷锋那样立足本职、忠于职守、兢兢业业、精益求精。

4. 要学习雷锋锐意进取、自强不息的创新精神。雷锋总是把工作作为一种无穷的动力，要钻进去、要吃透它，而且还不断地提升自己、不断地通过学习丰富自己。这种刻苦学习、锲而不舍、锐意进取的精神仍然在我们今天这个社会中受到大家的推崇。

5. 要学习弘扬雷锋艰苦奋斗、勤俭节约的创业精神。过去叫做艰苦朴素不忘本，今天尽管我们国家发展了，人民的生活普遍改善了，但是勤俭节约、艰苦奋斗这种在雷锋身上所体现的作风我们今天仍然需要，要本着这种精神来从事今天崇高的社会主义事业。

三、辽宁石油化工大学“五个一”雷锋精神内涵

雷锋精神的内涵非常丰富，它是新时期投身民族振兴的爱国精神，为公为民的奉献精神，忠于职守的敬业精神，刻苦钻研的学习精神，艰苦奋斗的创业精神，团结互助、助人为乐的合作精神的具体体现。辽宁石油化工大学60年来坚持与时俱进学雷锋，用雷锋精神建校育人，结合雷锋精神的实质，总结、提炼出适合该校特点的“五个一”雷锋精神，使该校建校育人工作取得了丰硕的成果。

1. “一颗钉”的爱岗敬业精神。雷锋同志在日记中写道，我们在学习上要提倡“钉子”精神，要善于挤和善于钻。辽宁石油化工大学把雷锋的“螺丝钉”精神同大学生热爱专业、服从分配，干一行、爱一行、钻一行结合起来。在学习中，雷锋总是发扬钉子的挤劲与钻劲，忘我地努力学习政治、军事及科学文化，练就了一身过硬的本领，他干一行、爱一行、钻一行、专一行，立足本职工作，兢兢业业，忘我工作。雷锋学习非常刻苦，抓紧一切可以利用的时间刻苦学习，孜孜不倦。正是凭着这种可贵的“钉子”精神，雷锋掌握了科学的世界观和方法论，练就了一身过硬的本领。雷锋对待工作总是干一行、爱一行、钻一行，立足本职，尽职尽责，努力以钉子的“挤”劲和“钻”劲，使自己成为工作的内行。

2. “一滴水”的团结协作精神。雷锋同志在日记中写道，一滴水只有放进大海里才永远不会干涸，一个人只有当他把自己和集体事业融合在一起时才有力量。力量从团结来，智慧从劳动来，行动从思想来，荣誉从集体来。雷锋忠于党、热爱社会主义的坚定信念，并非只停留在口头上、日记里，而是体现在坚决听党的话，照党的指示办事，为党的事业努力奋斗的具体行动上。党号召大办农业，雷锋就主动申请从县委机关下到农业生产第一线，当一名新式农民；党需要加强工业建设，他就离开可爱的家乡，从南方来到北方当一名好工人；党号召青年应征服役，他又经过多次恳求，参军到部队。平时，他严守党的纪律，党要他干啥就干啥，忠实执行党的路线、方针、政策，自觉遵守部队的规章

制度。

3. “一团火”的无私奉献精神。雷锋同志在日记中写道，对待工作要像夏天一样的火热。在育人过程中，我们始终要求大学生要有火一样的热情，有火一样的襟怀，像火一样在工作岗位上默默燃烧自己，照亮别人，把自己的青春，把自己的才华，把自己的毕生精力全部献给石油石化事业。雷锋同志在日记中写道：人的生命是有限的，可是为人民服务是无限的，我要把有限的生命投入到无限的“为人民服务”之中去。雷锋同志是这样说的，更是这样做的，雷锋在工作中，热心公益，乐于助人，从不计得失，为了党和人民的利益，雷锋献出了自己的青春与热血，乃至生命，正是他的这种奉献精神，激励着千千万万中华儿女奋发向上，为了祖国的富强与文明奉献自己的青春与力量。雷锋精神的核心是为人民服务。

4. “一块砖”的普通劳动者精神。雷锋同志在日记中写道，如果你是金子，放在哪里都能发光，如果你是一块砖，放在哪里都能建设社会主义大厦。雷锋当过公务员、农民、工人、战士，可是不管在哪个岗位上，他都能从小事做起，注重点滴养成，就像一台机器上的螺丝钉，党和人民把他拧在哪，他就在哪发挥积极的作用，就在那里闪光，真正体现“共产党人一块砖，任凭党和人民搬”，他在平凡的工作中干出不平凡的业绩，正是平凡之中见伟大，细微之处显精神。在短暂的人生中，雷锋谦虚待人，甘于平凡，从点滴做起，从小事做起，服从革命的需要和组织的安排，党叫干啥就干啥，“革命需烧木炭，就去做张思德，革命需堵枪眼，就去做黄继光”。他把自己生命溶入党和人民事业的整体之中，立志在平凡中干出不平凡的业绩。

5. “一片叶”的感恩反哺精神。雷锋同志在日记中写道，我有向党说不尽的话，感不尽的恩，表不完为党终身奋斗的决心。亲爱的党，我慈祥的母亲，我要永远做您的忠实儿子……为建设社会主义和实现共产主义而献出自己的全部力量，直至生命结束。雷锋的童年是很苦的，饱尝了阶级压迫、家破人亡的痛苦。通过新旧社会的对比，他懂得了应该爱谁恨谁，深切感到党的伟大和社会主义好。他说：“党像慈母一样，哺育着我长大成人。是党给了我生命；是党给了我幸福；是党给了我无产阶级的思想；是党给我指出了前进的方向；是党给我开辟了前进的道路；是党给了我前进的力量；是党给了我一切。”①“为了党，我愿洒尽鲜血，永不变心。”②

第三节　雷锋精神的实质及特征

雷锋精神产生于20世纪60年代，就狭义而言，是对雷锋的言行和事迹所表现出来的先进思想、道德观念和崇高品质的理论概括和总结；就广义而言，它已经升华为以雷锋的名字命名的、以雷锋的崇高品质为基本内涵的、在实践中不断丰富和发展着的、为人们所敬仰和追求的精神文化。雷锋精神的实质在于全心全意为人民服务的无私奉献精神。无私奉献精神正是雷锋精神能够保持旺盛生命力和持久活力的根本原因。雷锋精神具有与时俱进的特征，因此，在市场经济条件下，准确把握雷锋精神的实质和特征，进一步弘扬雷锋精神，对于构建社会主义和谐社会具有十分重要的意义。

一、实质的概念及特征

1. 实质的概念。准确理解和把握雷锋精神的实质及特征，首先必须明确什么是实质，把握实质的概念是研究雷锋精神实质的基础，为研究雷锋精神的实质做好了理论铺垫和依据。

按照《现代汉语词典》和《辞海》的解释，实质就是本质，也指事物、论点或问题的实在内容③。本质，即事物所固有的、决定事物性

---

① 《雷锋全集》，华文出版社2003年版。

② 《雷锋全集》，华文出版社2003年版。

③ 李行健主编：《现代汉语规范词典》，外语教学与研究出版社、语文出版社2004年版，第1184页。

质、面貌和发展的根本属性。本质能说明事物的特性、事物内部最重要的方面、事物内部深处所发生的过程。本质潜藏于内容之中，最实在的内容亦即本质。本质和规律是同等概念。根据辩证唯物主义的观点，本质是事物的性质及事物之间的内部联系，它同事物外部显现的“现象”是对既对立又统一的范畴。列宁指出：“规律和本质是表示人对现象、对世界等等认识深化的同一类的（同一序列的）概念，或者说得更确切一些，是同等程度的概念。”[①] 因此，本质或者说实质，具有规律性意义，而这种规律性意义即反映了事物“本质的关系或本质之间的关系”[②]。从这个意义上说，揭示事物的实质，也就是揭示事物内在的规律性。而规律性正是精神遵循的状态的呈现，实质需要精神来体现。

2. 实质的特征。通过对实质的概念分析，我们知道实质是理论作用于客观实践所呈现的规律性特征的载体。根据理论实质的概念和要求，每一种理论的实质应具备根本性、指导性、简明性的特征。

（1）根本性。实质是指事物的观点、主张所体现出的最根本的精神，它反映这种理论的本质属性，反映这种理论区别于其他理论的内在规定性和独特性；理论实质的内容是理论的根本立场、根本观点和根本方法的体现。用理论的根本立场、观点和方法去分析实际问题、解决问题。实现理论的实效性，也就是毛泽东所说的“马克思主义在中国的具体化”，它不是马克思主义经典话语的简单转述，而是从中国的具体国情出发，立足于理论和实践的结合，运用马克思主义基本立场、观点、方法，回答和解决中国革命与经济社会发展中的重大现实问题。马克思主义的精神实质是什么，就是观察、分析、处理问题的立场、观点、方法[③]。实践证明，掌握了理论的实质，就是运用它的基本原理和立场、观点、方法观察分析问题。理论的实质是理论作用于客观实践根

---

① 列宁：《哲学笔记》，人民出版社 1974 年版，第 159 页。

② 列宁：《哲学笔记》，人民出版社 1974 年版，第 161 页。

③ 郑国玺：《再论马克思主义的立场、观点、方法》，《中共成都市委党校学报》2006 年第 4 期。

本内容的体现，具有根本性的特征。

（2）指导性。实质的内容是其理论的高度性的概括，指导性作用强，便于在实践中的应用和发展，是理论集中而深刻的体现，是对理论的高度提炼和升华，在社会发展建设中展示了理论的应用性和效能性。为了明白理论实质具有指导性，用现存一些实际的例子来说明这个问题，更具有现实依据和科学价值。

（3）简明性。实质的内容高度凝练、言简意赅，明显地突出理论的根本内容所在，使晦涩难懂的纯理论内容上升为简单、易懂的理念，这种简洁明快的表达方式能使人们快速领悟和把握其要旨，便于应用和记忆。实质的表述都是高度凝练、言简意赅，深刻地反映出理论的根本所在。而且，这种简洁明快的表达方式能使人们快速领悟和把握其要旨，便于记忆。

二、雷锋精神的实质

江泽民同志指出："雷锋精神的实质，是全心全意为人民服务，为了人民的事业无私奉献。"坚持学习雷锋精神的实质，新形势下就是坚持践行"三个代表"重要思想，落实先进性要求，立党为公，执政为民，坚持以经济建设为中心，不断提高人民的生活水平。这既是我们党的性质宗旨的要求，也是新时代对共产党人提出的要求，永不过时。

从20世纪60年代起，学习雷锋的热潮席卷全国，对雷锋精神的研究也成为人们关注的重要话题。在社会主义市场经济条件下，将雷锋精神最本质的内涵总结和概括出来，并与时代特点相结合具有重要意义。

1. 雷锋精神的实质是全心全意为人民服务。在哲学当中，实质作为事物的根本性质，它不同于广义的质，而是该事物具有质的规定性的内在根据，是更根本的质。全心全意为人民服务，是雷锋精神的实质，是雷锋精神丰富内涵的集中概括和根本体现。

（1）全心全意为人民服务是贯穿雷锋精神全部内涵的一条主线。例如，雷锋精神中一心向着社会主义、向着共产主义的坚定政治信念，是雷锋精神实质的政治基础和政治方向。没有远大的理想和坚定的政治信念，没有为国家富强、人民富裕、民族振兴而拼搏奋斗的使命感和献身精神，就不可能做到全心全意为人民服务。又如，雷锋精神中忠于职守、精益求精的敬业精神，是雷锋精神的实质在对待人民事业和本职工作上的具体体现；雷锋精神中刻苦钻研、勇于创新的进取精神，团结友爱、平等互助的合作精神，是雷锋精神的实质在价值追求和人际关系方面的生动写照；雷锋精神中艰苦奋斗、勤俭自强的创业精神，则是雷锋精神的实质在工作作风和精神状态方面的具体体现。

（2）全心全意为人民服务集中体现了雷锋精神的全部内涵。毛泽东曾经指出："世界观的转变是一个根本的转变"。雷锋生前曾经反复地向自己提出人生的根本问题："人为什么而活着？应该怎样做人？"有史以来，一切时代的有社会责任感的人都在寻求对这些问题的正确答案。但是，只有辩证唯物主义和历史唯物主义才能给出最完满的答案。雷锋在日记中写道："我学习了《毛泽东选集》一、二、三、四卷以后，感受最深的是，懂得了怎样做人，为谁活着……我觉得要使自己活着，就是为了使别人过得更美好。""人的生命是有限的，可是为人民服务是无限的。我要把有限的生命，投入到无限的为人民服务之中去。"这就是雷锋对人生根本问题做出的正确回答，他就是用自己找到的答案指导自己的人生实践。雷锋的一生是短暂的，但是他对人生根本问题的答案——为人民服务的精神，却是恒久的。

2. 雷锋精神的实质是中国共产党根本宗旨的生动体现。全心全意为人民服务是共产党人的特殊品格的生动体现。马克思和恩格斯指出，无产阶级是最富有组织性和纪律性、最有远见和最有前途的阶级，"无产阶级运动是绝大多数人的、为绝大多数人谋利益的独立的运动"。毛泽东也指出："共产党员是一种特别的人，他们完全不谋私利，而只为民族与人民求福利。"共产党作为无产阶级的政党，是无产阶级的先锋队。共产党始终代表无产阶级和广大人民的根本利益，为解放全人类、实现共产主义而奋斗。

雷锋在短暂的一生中，用一个普通共产党员的实际行动模范地实践了党的根本宗旨。他在平凡的岗位上和社会生活中，自觉践行共产党员

应该大公无私、“处处为党和人民的利益着想”的誓言。成长为一个“毫不利己、专门利人”的伟大的共产主义战士。

3. 雷锋精神的实质与社会主义公民道德建设的核心是一致的。雷锋精神的实质体现了党的根本宗旨和社会主义道德准则这样双重的要求，在本质上与社会主义公民道德建设的核心内容是一致的。对雷锋精神的实质的定位，有助于在全社会倡导为人民服务的精神，使每个公民在自己工作的岗位上做到为人民服务。

（1）为人民服务是社会主义公民道德建设的核心内容。经过中国共产党的长期实践和大力倡导，为人民服务的思想日益深入人心，已经具有广泛的群众基础。改革开放、发展社会主义市场经济这场伟大变革，又给为人民服务注入了新的时代内容；同时迫切需要把为人民服务的思想在全社会进一步推广开来，由党的根本宗旨扩展为公民道德建设的要求。中共中央颁发的《公民道德建设实施纲要》（以下简称《纲要》）指出：“为人民服务作为公民道德建设的核心，是社会主义道德区别和优越于其他社会形态道德的显著标志。它不仅是对共产党员和领导干部的要求，也是对广大群众的要求。”公民道德建设的主要内容，包括集体主义原则、“五爱”基本要求、社会公德、职业道德、家庭美德、社会主义的人际关系等，体现着个人与国家、个人与社会、个人与集体、个人与职业、个人与家庭等方面的辩证关系。归根到底，贯穿着为人民服务的要求。把为人民服务确立为公民道德建设的核心内容，是发展社会主义市场经济的必然要求，是建设中国特色社会主义文化的必然要求，也是广大人民群众的共同愿望。

（2）雷锋精神的实质体现了为人民服务的双重要求。为人民服务作为公民道德建设的核心内容具有两个层次的要求：一是对共产党员和领导干部的要求，二是对广大群众的要求。第一层次的要求，就是共产党员和领导干部要坚持党的根本宗旨，牢记历史使命，全心全意为人民服务，为人民利益而无私奉献；第二层次的要求，就是要求广大人民群众在本职岗位，通过不同形式做到为人民服务，体现以爱岗敬业、诚实守信、办事公道、服务群众、奉献社会为主要内容的职业道德要求。雷锋不仅以“干一行爱一行、专一行精一行”的职业行为，而且以大公无私、公而忘私、毫不利己、专门利人的光辉实践，模范地体现了为人民服务的双重要求。雷锋为人民服务的精神，既是伟大的、崇高的，又是平凡的、具体的。在社会主义市场经济条件下，每个人只要按照职业道德规范，兢兢业业地把自己的工作做好，就是在为人民服务。

（3）今天在全社会弘扬雷锋精神仍是重要和必要的。在改革开放和市场经济条件下，人们思想观念的多元化和由此导致的一些人的道德失范，说明了弘扬雷锋精神全心全意为人民服务这个实质的重要性和紧迫性。《纲要》强调：“在新的形势下，必须继续大张旗鼓地倡导为人民服务的道德观，把为人民服务的思想贯穿于各种具体的道德规范之中。”明确雷锋精神的实质，有助于把弘扬雷锋精神的实质和倡导为人民服务的道德观有机结合起来，努力提高公民道德素质，促进人的全面发展，培养一代又一代有理想、有道德、有文化、有纪律的社会主义公民。从以上分析可以看出，雷锋精神具有丰富的内涵，但其实质是为人民服务。今天为人民服务仍然体现着中国共产党的宗旨和公民道德建设的核心，具有重要的现实意义。将雷锋精神最本质的内涵总结和概括出来，并与时代特点相结合，可以更好地理解学习和宣传雷锋精神。

雷锋精神是我们时代精神的集中体现。1963 年 3 月，在党中央和毛泽东同志的号召下，全国人民掀起了向雷锋同志学习的热潮，对提高全国人民共产主义思想觉悟和道德品质，对我国社会主义革命和建设事业的发展都起到了不可估量的推动作用。二十多年来，在我们国家里涌现出数不完的雷锋式的先进人物，他们继承和发展着雷锋精神。今天我们所说的雷锋精神，已经成为雷锋和雷锋式的先进人物崇高思想和优秀品质的结晶，已经成为热爱祖国、热爱社会主义、热爱党，坚定共产主义信念，树立全心全意为人民服务的思想，发展人与人之间团结友爱互助的社会主义新型关系的理想人格。

2. “全心全意为人民服务”也是雷锋精神的核心所在。雷锋精神的核心是全心全意为人民服务。

（1）“全心全意为人民服务”是贯穿雷锋精神的主线。雷锋在他的一生中自觉地实践了全心全意为人民服务的思想。他说：“自己是一个共产党员，共产党员的全部任务就是全心全意为人民服务。”“人的生命是有限的，可是，为人民服务是无限的，我要把有限的生命，投入到无限的‘为人民服务’之中去。”

全心全意为人民服务思想属于无产阶级思想体系。就其内容来说，全心全意为人民服务思想包含三个层次：一是共产主义理想信念，解放全人类；二是社会主义工作态度，无私奉献；三是劳动人民传统美德，艰苦奋斗。雷锋精神的基本内容都是围绕全心全意为人民服务而展开的。雷锋精神的本质特征：一是雷锋精神闪耀着共产主义的思想光辉，具有无产阶级的先进性；二是雷锋精神体现了社会主义时期一代新人的精神风貌，具有鲜明的时代性；三是雷锋精神继承和发扬了中华民族优良传统美德，具有深厚的民族性；四是雷锋精神集中反映了人民群众的愿望和要求，具有广泛的群众性；五是雷锋精神体现了言行一致的高贵品德，具有强烈的实践性。这些都充分体现了雷锋忠于党、热爱社会主义，艰苦奋斗，助人为乐，无私奉献，全心全意为人民服务的精神实质。雷锋说得好：“我觉得要使自己活着，就是为了使别人过得更美好。”“我们吃饭是为了活着，可活着不是为了吃饭。我活着是为了全心全意为人民服务，是为人类的解放事业——共产主义而斗争。”

(2)“全心全意为人民服务”如实反映了雷锋的成长过程。雷锋长着一个心眼，就是要全心全意为人民服务。雷锋甘愿做“傻子”，把为人民做好事当做自己最大的快乐。雷锋干一行、爱一行、钻一行，当个永不生锈的“螺丝钉”。在他的一生中，处处以整体利益为重，做到说干就干，干就干好，事事拣重担子挑，扎扎实实地干，一定要把事情办好。

(3)“全心全意为人民服务”集中体现了我党我军的根本宗旨。雷锋在我们党内是个好党员，在我们军队是个好军人，在人民群众中是个好青年。雷锋之所以如此，关键在于他自觉地执行了我党我军的根本宗旨，做到一心向着党、向着社会主义、向着共产主义，全心全意为人民服务。具体来说，雷锋来自人民，与人民群众有着血肉的联系。因此，他从入伍那一天起，下定决心学习毛主席著作，争取做一个优秀的共产党员，全心全意保卫国防，做一个毫无利己之心的国防战士。雷锋始终听党的话，时刻准备着为了党和阶级的最高利益牺牲个人的一切，直到最宝贵的生命。雷锋刻苦学习革命理论，勇于实践，在改造客观世界的同时不忘改造主观世界。雷锋时时以英模人物为榜样，鞭策自己锻炼成为一个又红又专的革命战士，更好地为人民服务。

雷锋精神的这一核心内容——全心全意为人民服务，正确地反映了我党我军的宗旨。学习雷锋精神要密切联系当前实际，联系个人岗位工作，发扬艰苦奋斗、奋发向前的精神力量，把学习雷锋的活动深入持久地坚持下去。

三、雷锋精神的特征

当前我们所努力构建的社会主义和谐社会是以人为本的社会，是社会各个阶层和睦相处，社会各级成员各尽所能，人民的聪明才智得以全面发展的社会，是人与人、人与社会、人与自然相协调的社会。在当前和谐社会建设中，雷锋精神全心全意为人民服务的实质并没有改变，只是其奉献精神有了新的时代要求。在新的时代条件下，雷锋精神的时代特征具体表现为：

1. 时代性与民族性。雷锋精神的时代性，突出地表现在它与时俱进的时代内涵上。时代造就了雷锋精神，雷锋精神又丰富着时代精神。它形成于20世纪60年代我国社会主义制度确立后的大规模社会主义建设时期，发展于建设中国特色社会主义的伟大实践中，是具有鲜明时代内涵的新思想、新精神、新风尚。雷锋精神的民族性是指它吸纳了中华民族传统文化的精华，秉承了中华民族的传统美德，这些正是雷锋精神产生的文化根基和思想来源。

2. 先进性与群众性。雷锋精神的先进性，反映在它对崇高的理想目标的追求上。雷锋精神所具有的内在价值充分体现了共产主义的世界观、人生观、价值观，具有经久不衰的时代影响力。雷锋精神的群众性是指雷锋精神的现实性、群体性。雷锋精神形成和发展于当代，集中反

映着人民群众现实的愿望和要求，当代人的精神需求和价值指向决定着雷锋精神在实践上具有较强的可接受度和人民群众的普遍认同。

3. 实践性与拓展性。雷锋精神具有强烈的实践性。雷锋精神的可贵之处，在于把高尚的共产主义思想道德和为人民服务的具体实践相结合。它体现着平凡人生和伟大人格的完美统一。雷锋精神具有广阔的拓展性。从历史的角度看，雷锋精神的价值在于传承中华民族的优秀传统文化，体现当代社会主义的先进文化，昭示未来社会的精神文明。从空间的视角上看，中华民族的文化底蕴，中国特色社会主义的精神文明建设，为雷锋精神的价值实现和升华提供了广阔的人文空间；人类共同的道德追求，奠定了雷锋精神价值得以实现和延伸的坚实社会基础。雷锋精神是实践性与拓展性的统一。离开实践性，雷锋精神的价值就不会得以实现；离开拓展性，雷锋精神的价值就不会得到提升，就必然会失去生命力。所以，实践性与拓展性的统一，正是雷锋精神的本质特征。

第四节　雷锋精神的时代价值

雷锋精神作为一种独特的文化现象，50 年经久不衰，从毛泽东“向雷锋同志学习”，刘少奇“学习雷锋同志平凡而伟大的共产主义精神”、周恩来“向雷锋同志学习，憎爱分明的阶级立场，言行一致的革命精神，公而忘私的共产主义风格，奋不顾身的无产阶级斗志”、朱德“学习雷锋，做毛主席的好战士”、邓小平“谁愿当一个真正的共产主义者，就应该向雷锋同志的品德和风格学习”、江泽民“学习雷锋同志，弘扬雷锋精神”，到胡锦涛指出：“一个只有 22 年短暂生命的普通共产党员，能够赢得亿万人民如此崇高和长久的敬意；一个普通的战士所表现的高贵品质，能够激励几代人的健康成长；一个群众性的活动，能够在几十年历史进程中延续不断，影响一个时代的社会风尚，这表明雷锋精神对于我们这个民族和社会过去具有、现在仍然具有重大价值和时代意义。”[①] 雷锋精神已经跨越世纪，并将继续影响着中国的未来。

一、雷锋精神具有永恒的生命力

雷锋精神50年经久不衰，因为雷锋精神体现了我们党全心全意为人民服务的宗旨。改革开放以来，特别是党的十三届四中全会以来，经济成分和经济利益多样化、社会生活方式多样化、社会组织形式多样化、就业方式多样化日趋明显，人们的观念也发生了很大的变化，但是雷锋精神并没有过时。胡锦涛同志《在“三个代表”重要思想理论研讨会上的讲话》中指出：“‘三个代表’重要思想的本质是立党为公、执政为民”。全心全意为人民谋利益，是建设中国特色社会主义的出发点和落脚点，也是“三个代表”重要思想的根本出发点和落脚点。党的宗旨没有改变，共产党员和领导干部“吃苦在前，享受在后，克己奉公，多做贡献”的先进性没有改变，因此，越是发展社会主义市场经济，越要弘扬雷锋精神。从雷锋到李向群，从焦裕禄到牛玉儒，证明了雷锋精神在共产党人的血液里流淌，证明了雷锋精神植根于共产党人的细胞中。

雷锋精神50年经久不衰，因为雷锋精神是中华民族传统美德同共产主义思想相结合的典范。在中华民族的传统美德上，孔子就把“博施于人，而能济众”视为“仁”的最高境界。雷锋精神体现了中华民族的传统美德，因而雷锋精神不仅植根于共产党人的心中，也植根于中国人民和中华民族的心中。在21世纪，一定会有无数的志士仁人和中国特色社会主义的建设者继续弘扬雷锋精神，把雷锋精神化为巨大的政治价值和经济价值。

雷锋精神50年经久不衰，因为雷锋精神是人类的共同财富。雷锋精神属于全世界，这是因为西方也把助人为乐的雷锋当做像耶稣那样的神而顶礼膜拜。新时期的活雷锋张子祥在回答外国记者的提问时说：

---

① 胡锦涛：《在纪念毛泽东等老一辈革命家为雷锋同志题词30周年大会上的讲话》，《人民日报》1993年3月5日。

“我认为雷锋这种精神体现了人类的精华，他这种思想也是人类思想的精华。”雷锋是中国共产党和中国人民的骄傲。雷锋精神体现了中国共产党立党为公、执政为民的宗旨，体现了中国共产党人的先进性。

毛泽东、邓小平、江泽民、胡锦涛四代中央领导核心大力倡导雷锋精神。雷锋精神产生于20世纪60年代，雷锋精神能够跨越世纪，学习雷锋活动能够经久不衰，毛泽东、邓小平、江泽民、胡锦涛四代中央领导核心大力倡导雷锋精神并为雷锋题词是一个重要原因。1963年3月5日，毛泽东为雷锋题词：“向雷锋同志学习”。邓小平为雷锋题词：“谁愿当一个真正的共产主义者，就应该向雷锋同志的品德和风格学习”。刘少奇、周恩来、朱德、陈云也都为雷锋题词。以江泽民同志为核心的第三代中央领导集体在党的十三届四中全会后大力倡导雷锋精神，1990年3月5日，江泽民同志为雷锋题词：“学习雷锋同志，弘扬雷锋精神”正式发表。胡锦涛指出：“一个只有22年短暂生命的普通共产党员，能够赢得亿万人民如此崇高和长久的敬意；一个普通的战士所表现的高贵品质，能够激励几代人的健康成长；一个群众性的活动，能够在几十年历史进程中延续不断，影响一个时代的社会风尚，这表明雷锋精神对于我们这个民族和社会过去具有、现在仍然具有重大价值和时代意义。”雷锋的成长道路和雷锋精神得到毛泽东、邓小平、江泽民、胡锦涛四代中央领导核心的肯定和赞扬，雷锋精神必将跨越世纪，走进新时代。

二、雷锋精神在社会主义和谐社会构建中的功能

雷锋精神是中国社会主义精神文明建设的重要成果，发扬雷锋精神有利于克服市场经济负面影响、扶贫救困、建设节约型社会、培养利他和服务精神、对构建社会主义和谐社会具有重要的价值功能。

1. 缓和社会矛盾，维护社会稳定。目前，我国社会正处于市场经济发展和现代化建设的关键时期，经济发展的结构性矛盾凸显。其中贫富差距问题是社会经济结构矛盾的主要体现，是当代中国社会最突出的矛盾，是导致许多社会问题的症结。缩减贫富差距，最大限度地减少和

避免贫富差距引起的社会矛盾，增加社会和谐，维护社会稳定是我国现代化持续发展的保证，是当代和谐社会建设的一个重大任务。要在调节人际关系、促进社会和谐等方面弘扬雷锋精神，使之成为化解矛盾的有力武器。雷锋精神中蕴涵的扶贫救弱、扶危济困、助人为乐的精神以及其中包含的人文关怀，对支持欠发达地区的发展、解决比较困难的行业和群众的生产和生活问题、培养现代社会公民责任和公共精神，减少社会发展的矛盾和不平衡，构建社会主义和谐社会具有积极的作用。

2. 节约资源，推动社会可持续发展。市场经济的物质利益原则使近代消费主义盛行，助长了人们对物质财富的欲望，同时浪费现象和奢靡之风也在社会上泛起。适当提高物质生活水平是社会发展的标志，现代社会生产力的发展和科技进步也为此提供了可能性。但过度消费会造成社会资源消耗过快，使人类生存依赖的自然资源相对不足，甚至有些资源会面临枯竭的危险。雷锋精神中蕴涵的勤俭节约的精神符合现代社会发展中善待自然、节约资源、促进人与自然和谐的理念。当前，社会需要用雷锋精神引导公民道德实践，培育文明道德风尚；着眼于增强公民的社会责任意识，把雷锋精神体现到社会公德、职业道德、家庭美德、个人品德建设之中；不断发现、总结和宣传新的先进典型，用雷锋式的道德楷模引领时代新风；在文明创建活动中弘扬雷锋精神，不断提高公民的文明素质和社会的文明程度。

3. 克服市场经济负面影响，重塑价值观念。市场经济的负面影响给我国社会带来的现实危害已经越来越明显。随着市场规则的扩展，商品经济的交换关系渗透领域扩大，效益原则和资本约束加强，社会上实用主义和功利主义盛行，精神文化活动商业化；人和人之间爱的情感淡漠，忽略互助和友爱。倡导雷锋精神，加强社会主义市场经济的道德建设，是发展社会主义市场经济的一种内在要求。雷锋精神是规范市场，抵御拜金主义、享乐主义和极端个人主义，保证中国社会主义现代化和市场经济沿着正确方向前进的精神力量。在社会主义核心价值体系建设过程中，把弘扬雷锋精神同世界观、人生观、价值观宣传教育结合起来，以社会主义荣辱观引领社会风尚，引导干部群众自觉遵守社会基本道德规范，推动形成知荣辱、讲正气、促和谐的良好社会风尚。

三、提倡雷锋精神，能有效扶正祛邪，激浊扬清

匡正道德失范，矫正诚信缺失，提升道德水平，是我们今天弘扬雷锋精神的时代课题；学雷锋，倡导雷锋精神，是与时俱进的时代道德建设的需要。目前，我国改革开放到了关键时刻，一方面，我们的经济持续保持平稳较快发展，各项事业不断推向前进，中国特色社会主义建设生机勃勃；另一方面，社会利益关系更加驳杂，各种社会矛盾明显增多，发展不平衡、不协调、不可持续的问题依然很突出。一些领域道德失范，诚信缺失，造假欺诈，见利忘义的问题较为突出。什么毒奶粉、地沟油、瘦肉精，接二连三的食品安全危机在问责监督体系的同时，也在拷问当代国民的道德底线；一些地方封建迷信、黄赌毒等社会丑恶现象沉渣泛起，拜金主义、享乐主义、极端个人主义有所增长。凡此种种不良社会现象强烈刺痛了国人的道德神经，引起全社会的普遍关注，人民群众普遍要求在建立健全民主与法治、规范以法治国的同时，坚持以德治国，呼吁在推动科学发展的同时，促进社会和谐。人民群众一再呼唤在全社会掀起大力弘扬雷锋精神的热潮，用雷锋精神来教育广大党员干部，端正党风、改进政风、淳朴民风，促进国人的道德良心素质建设。

社会和谐是人类长期孜孜以求的理想，是中国特色社会主义的本质属性。建设和谐文化，培育文明风尚，促进社会和谐，是社会主义核心价值体系的题中应有之义。践行社会主义核心价值体系，就要发扬雷锋精神，培养文明健康人格，团结友爱、互帮互助，实现社会和谐。每个人都要像雷锋那样，继承和发扬中华民族的传统美德，言行一致、勤勉自强，胸怀宽广、谦虚忘我，常为善小、持之以恒。要像雷锋那样，继承和发扬宝贵的中国革命精神，光明磊落、襟怀坦白，立场坚定、憎爱分明，英勇无畏、无私奉献，抵制腐朽思想文化的侵蚀。

显而易见，深入开展学雷锋活动，大力弘扬雷锋精神，是社会的呼唤，是时代的呼唤。

四、弘扬雷锋精神，引导人们树立正确的世界观、人生观和价值观

广泛开展学雷锋活动，大力弘扬雷锋精神，就是要把雷锋作为一面旗帜，一面镜子，一尊时代的标杆，引导人们树立正确的世界观、人生观和价值观；就要大力弘扬爱国主义精神，大力倡导并建立健全“爱国守法，明礼诚信，团结友善，勤俭自强，敬业奉献”的公民基本道德规范。

1. 弘扬雷锋精神，就要像雷锋那样把有限的生命投入到无限的为人民服务中去。雷锋精神的可贵之处，就是平凡之中见伟大，细微之处见精神，在于他的忠诚、执著和对事业的持之以恒、一以贯之，不断地自我完善、提高和发展，不断地学习、不断地进行人生观、价值观、世界观的改造，不断地追求“生命自觉”，不断把有限生命投入到无限的为人民服务之中，甘做铺路石，甘做一滴水，少索取，多奉献。历史在前进，社会在发展。虽然今天我们所处的改革开放时代与雷锋成长的20世纪五六十年代相比，已经发生了很大的变化，但是，全心全意为人民服务，仍然是我们必须遵循的根本宗旨，仍然是现代社会需要大力倡导的价值观念和道德风尚。发展社会主义市场经济，根本目的是要解放和发展生产力，增强国家的综合国力，提高人民生活水平，消灭剥削，消除两极分化，最终达到共同富裕，与为人民服务在根本上高度一致。社会主义社会是一个全面发展的社会，这就同时要求我们大力弘扬为人民服务的思想，进一步树立社会主义的价值观念和道德风尚，使社会主义物质文明与精神文明发展相互协调，这才是有中国特色的社会主义。所以，广大人民群众在不断提高物质生活水平的同时，希望团结友爱、助人为乐、见义勇为在全社会蔚然成风，不正之风和腐败现象有效得到控制。

2. 弘扬雷锋精神，就要像雷锋那样发扬爱国主义精神，树立集体主义思想，坚定社会主义信念。雷锋常说：“一滴水只有放进大海里才能永远不干，一个人只有当他把自己和集体事业融合在一起的时候才能

有力量。”爱国主义是中华民族自古以来就有的优良传统，而这种传统美德在雷锋身上得到了充分的体现和全新的升华。他自觉把个人的前途命运与国家、民族，与社会主义的前途命运紧紧联系在一起，处处以国家、民族和集体利益为重，表现出主人翁的博大胸怀。爱国主义是历史的范畴，具有时代的特点。在新的历史时期，爱国主义是和建设有中国特色社会主义的伟大事业紧密相连的，发扬爱国主义精神就要像雷锋那样干一行爱一行，立足本职，忠于职守，艰苦奋斗，努力奉献，在平凡的工作中奉献青春和热血，尽显人生价值；发扬爱国主义精神就要像雷锋那样，努力把个人的价值追求融入民族振兴、国家发展的伟大实践，把个人理想抱负化作励志图强、创造崭新业绩的实际行动；发扬爱国主义精神就要像雷锋那样，树立正确的理想、信念、人生观和价值观，增强民族自尊、自信和自强精神，积极投身到建设有中国特色社会主义的实践中去，在各自的岗位上为改革开放和现代化建设作出积极贡献。

3. 弘扬雷锋精神，就要像雷锋那样艰苦奋斗，勤俭创业。历史和现实表明，一个没有艰苦奋斗精神作支撑的民族，是难以自立自强的；一个没有艰苦奋斗精神作支撑的国家，是难以发展进步的；一个没有艰苦奋斗精神作支撑的政党，是难以兴旺发达的。随着经济的发展和社会财富的增加，我国人民的物质文化生活水平有了明显的改善和提高。但应看到，我国的社会主义现代化建设，是在人口多、底子薄、基础差的条件下起步的，目前还处在社会主义初级阶段，需要有一个很长的艰苦奋斗过程，需要继续发扬勤俭建国、厉行节约的优良传统，坚决反对那种大手大脚、铺张浪费、讲排场、摆阔气的不良风气，尤其要反对那种挥霍奢侈的腐败作风。即便是我们的经济发展了，国家富强了，人民富裕了，也仍然应当像雷锋那样，保持和发扬艰苦奋斗的作风。在我们党80多年的历程中，艰苦奋斗的精神始终激励着我们顽强进取、百折不挠，在各种困难和考验面前巍然屹立、敢于胜利，成为激励全党和全体人民为实现国家富强、民族振兴共同奋斗的强大精神力量，是我们党保持同人民群众血肉联系的一个重要法宝。越是改革开放和发展社会主义市场经济，越要弘扬艰苦奋斗的精神。

4. 弘扬雷锋精神，就要像雷锋那样发扬“钉子”精神。新时期，弘扬雷锋精神，就要像雷锋那样发扬“钉子”精神，努力学习，刻苦钻研，用马克思主义中国化的最新成果武装头脑指导实践，提高自己、完善自己。当今国际竞争的实质是以经济和科技实力为基础的综合国力的较量。科技进步、经济繁荣和社会发展，从根本上说取决于劳动者素质的提高。中国特色社会主义是当代中国进步的一面旗帜，是全党全国各族人民团结奋斗的共同思想基础，坚定中国特色社会主义共同理想是践行社会主义核心价值体系的基本前提。只有不断加强学习修养，掌握科学理论，才能坚定共同理想。践行社会主义核心价值体系，就应当像雷锋那样，发扬“钉子”精神，善于挤时间学习中国特色社会主义理论，不断坚定中国特色社会主义共同理想。要与时俱进地发扬雷锋精神，坚持马克思主义的指导思想，自觉用中国特色社会主义理论体系指导客观世界和主观世界的改造，提高马克思主义理论水平，提高运用科学理论解决实际问题的能力。特别要认真学习、全面领会科学发展观的科学内涵、精神实质、根本要求，不断增强贯彻落实科学发展观的自觉性和坚定性，刻苦钻研本职业务，不断提高自身的素质，在现代化建设中发挥更大的作用。

5. 弘扬雷锋精神，就要像雷锋那样立足本职，忠于职守。人们知道，在现代化建设事业中做一颗永不生锈的螺丝钉，是弘扬雷锋精神的具体体现。雷锋无论在哪里，都能自觉服从社会主义建设事业的需要，在平凡的岗位上做出不平凡的成绩。当前，构建社会主义和谐社会是摆在我们面前的重要课题，社会和谐也是整个人类社会长期孜孜以求的理想，是中国特色社会主义的本质属性。建设和谐文化，培育文明风尚，促进社会和谐，是社会主义核心价值体系的题中应有之义。践行社会主义核心价值体系，每个人都要像雷锋那样，继承和发扬中华民族的传统美德，言行一致、勤勉自强，胸怀宽广、谦虚忘我，常为善小、持之以恒。要像雷锋那样，加强修养、知行统一，培养文明健康人格，团结友爱、互帮互助，抵制各种腐朽思想文化的侵蚀，实现社会和谐。在新的历史时期，改革开放为人才的健康成长和合理流动创造了良好的环境，为个人施展才华和抱负提供了广阔天地。但是，一个人只有当他的个人选择与社会的需要、人民的需要相一致，大力提倡和发扬立足本职、忠于职守、勤勉敬业、精益求精的“螺丝钉”精神，在具体工作岗位上发挥积极作用的同时，才能真正实现他的才能和价值。

第二章

社会主义核心价值体系的基本内容及功能

中国共产党的十六届六中全会通过的《中共中央关于构建社会主义和谐社会若干重大问题的决定》（以下简称《决定》）深刻揭示了社会主义核心价值体系的内涵，从战略高度第一次明确提出了社会主义核心价值体系的基本内容和战略任务，指出："马克思主义指导思想，中国特色社会主义共同理想，以爱国主义为核心的民族精神和以改革创新为核心的时代精神，社会主义荣辱观"，构成社会主义核心价值体系的基本内容，标志着我们党对社会主义思想文化建设规律的认识达到了新的高度，并把它作为社会主义和谐文化建设的根本。这里提到的"社会主义核心价值体系"，是指主体观念的层面，即社会主义的核心价值观。把核心价值观的建设上升到建设和谐文化，巩固社会的思想道德基础的高度，这在我们党还是第一次。社会主义核心价值体系的内容涵盖了中华民族的文化传统，也包含了中国共产党在精神和价值方面的探索。而核心价值观应该是核心价值体系最基础、最核心的部分。

第一节　社会主义核心价值体系的相关概念解析

社会主义核心价值体系作为社会主义意识形态的内核，是社会主义本质的精神体现。社会主义核心价值体系作为党的最新理论创新成果，首先是概念的创新。它与价值、价值体系及核心价值体系这些基础概念之间既有内在联系性又具有本质的差异性。而社会主义核心价值体系相关概念的界定是社会主义核心价值体系理论研究的基础和前提，能否对社会主义核心价值体系相关概念的内涵进行深入挖掘、清晰界定关系到进一步理论研究的深度和广度。对社会主义核心价值体系进行深入的理论探讨与研究，必须优先从理论上厘定社会主义核心价值体系与价值、价值体系及核心价值体系之间的关系，澄清这些基本概念。对社会主义核心价值体系进行系统研究，对于开拓价值哲学的研究领域，加强意识形态的建设，巩固马克思主义在意识形态的主导地位，具有重要的理论意义。

一、文化的内涵

笼统地说，文化是一种社会现象，是人们长期创造形成的产物。同时又是一种历史现象，是社会历史的积淀物。文化作为人类社会的现实存在，具有与人类本身同样古老的历史。人类从“茹毛饮血，茫然于人道”（王夫之《读通鉴论》卷二十）的“直立之兽”（《思问录·外篇》）演化而来，逐渐形成与“天道”既相联系又相区别的“人道”，这便是文化的创造过程。在文化的创造与发展中，主体是人，客体是自然，而文化便是人与自然、主体与客体在实践中的对立统一物。

确切地说，文化是指一个国家或民族的历史、地理、风土人情、传统习俗、生活方式、文学艺术、行为规范、思维方式、价值观念等。广义的文化是指人类生活的总称，即人类生活的方式，包括物质生活、精神生活和社会生活，是人类在社会历史实践中所创造的物质财富和精神财富的总和。狭义的文化是指人们创造的全部精神活动，包括意识、心态、观念、习惯、社会的意识形态以及与之相适应的制度和组织机构。作为意识形态的文化，是一定社会的政治和经济的反映，又作用于一定社会的政治和经济。一般地讲，地域、个体、群体乃至民族不同，就有了不同的地域、个体、群体乃至民族文化的不同。每一种社会形态都有与其相适应的文化，每一种文化都随着社会物质生产的发展而发展。社

会物质生产发展的连续性，决定文化的发展也具有连续性和历史继承性。

二、价值及其构成

马克思主义哲学认为，价值是揭示外部客观世界对于满足人的需要的意义关系的范畴，是指具有特定属性的客体对于主体需要的意义，是具体事物具有的一般规定、本质和性能。人和具体事物、主体和客体、事情和事情、运动和运动、物体和物体的相互作用、相互影响、相互联系、相互统一是价值的存在和表现形式。价值是对主客体关系的一种主体性描述，它代表着客体主体化的性质和程度，即客体的存在、属性和合乎规律的变化与主体尺度相一致、相符合或相接近的性质和程度。通俗地讲，价值问题，用我们生活中的语言来讲就是好坏问题，所谓“真假、善恶、美丑、得失、利弊、祸福、荣辱、应当不应当、值得不值得”等等，表达的都是客体对主体的意义。总之凡是能够用“好坏”来概括的这类现象，都属于价值现象。

价值源自生活，“在我们日常生活中，价值现象丰富多彩，价值关系千姿百态，价值评价随时发生”①。纵观人类所进行的全部实践活动，从目的性上无非存在两种：一种是科学认识活动，以达到对客观事物及其规律的认识和把握，揭示世界是什么的问题；另一种就是价值活动，人们通过各种各样的价值追求和价值选择来实现自身在世界之中生存的意义。在人们从事的这两种活动中不难看出二者相辅相成，科学认识活动推动价值活动的进行，而价值活动则能反过来提高科学认识的水平。从某种程度上来讲，人们所进行的科学认识活动正是为了能够更好地生存于世，追求并实现价值，以达到从根本上认识和改造整个世界。可以说，自从有人类，有了人们的实践活动，人们就开始着价值的追求和创造。

1. 价值的构成。关于价值，学术界从不同层次、不同角度对其进

---

① 阮青：《价值哲学》，中共中央党校出版社 2004 年版，第 45 页。

行深入研究，形成了各具特色的内涵阐释。而在众多的价值阐释中，我们较为赞同这样的价值定义：“价值不是实体，而是主体与客体之间的客体能否满足主体需要，是否有利于主体生存和发展的一种效用关系”①。价值归根到底是主客体之间的一种效用关系，这种效用关系来源于价值关系但并不等同于价值关系。它以客体在满足主体需要的过程中能否对主体自身的发展产生积极的促进作用为衡量标准。要形成这种效用关系，必须同时具备两个要件。

（1）价值的主体与客体。所谓主体即从事认识和改造世界的社会实践活动的人，只有从事实践活动的主体存在，他才能在改造世界中不断地明确并努力追求所需之物。所以价值是主体的价值，价值的产生离不开主体。所谓客体即主体活动的指向对象，客体的存在以及客体自身特有的结构、功能、属性使其在受主体的作用过程中，可以满足主体的需要。客体是价值得以产生的重要一方，丰富多彩的客体为人们提供了价值活动的客观内容。主体与客体相互依存、相互影响，共同构成价值生成的前提。

（2）客体对主体需要的满足。马克思在《评阿·瓦格纳的政治经济学教科书》中有这么一段话“人们实际上首先是占有外界物作为满足自己本身需要的资料……如果说，‘按照德语的用法’，这就是指物被‘赋予价值’，那就证明：‘价值’这个普遍的概念是从人们对待满足他们需要的外界物的关系中产生的，因而，这也是‘价值’的种概念”②。马克思在考察“价值”时充分肯定了价值产生于主体与客体之间的需要关系。主体、客体及主客体之间的关系共同构成了价值产生的重要因素，以其为前提价值才有了形成的可能性。

2. 价值的特征。

（1）价值具有主体能动性。价值是主客体之间的效用关系，在这

① 杨信礼：《马克思主义价值论与当代中国价值观的建构》，《山东社会科学》2008年第2期。

② 《马克思恩格斯全集》第19卷，人民出版社1963年版，第406页。

种关系中，主体不会被动、消极得到既定范围的满足。而是通过自身的实践活动不断认识和把握新客体，掌握新需要。正如马克思在《评阿·瓦格纳的政治经济学教科书》中曾说：“他们首先是要吃、喝等等，也就是说，并不‘处在’某一种关系中，而是积极地活动，通过活动来取得一定的外界物，从而满足自己的需要。”[1] 可见，关系并不是既定的，总是通过人们的活动创造出来。

（2）价值具有客观性。一方面主体的需要具有客观性，主体的需要总是基于一定社会发展状态而定，并且随社会存在的改变而改变。另一方面价值关系的建立具有客观性，虽然在关系形成中往往存在主体性因素，但这种主体性必须见之于客体才能完成。所以，价值关系是主客体之间相互作用的一种客观关系。

（3）价值具有不稳定性。价值形成于客体对主体需要的满足，价值虽具客观性，但它毕竟不是实体，不能像实体那样独立存在。这是因为主体的需要不是恒定的，一种需要满足后，新的需要就会产生。不同的需要必须通过不同的客体得到满足。所以，主客体之间的关系总在发生变化，由此生成的价值也总是处于生成—消失—生成这样一个循环往复的过程。

从总体上来看，价值就是“随着主体需要与客体之间的效用关系的展开丰富深化而日益展开丰富深化并在这个过程中获得自己的规定性”[2]。

三、价值体系与核心价值体系

1. 价值体系的内涵。价值体系即价值观念体系，是人们对价值关系认知和评价体系。理论界比较认同的看法是：“人们作为主体对客体价值的评价和认识就是人的价值观，价值观的总体理论被称为价值观体

① 《马克思恩格斯全集》第 19 卷，人民出版社 1963 年版，第 405 页。

② 阮青：《价值哲学》，中共中央党校出版社 2004 年版，第 84 页。

系或价值体系”①。它是价值观念的系统性存在。是主体对客观的价值关系的一种主观反映。这是因为在一定历史条件下，人们长期的价值追求中，总会进行着主观的认识与思考。思考什么是自身所需，什么对自身有意义。正是经过这样的实践、认识，再实践、再认识的过程，主观上便形成了关于价值的有无、大小等一些观念上的判断。长此以往，又会在各种具体的价值观念之上提炼出更具抽象性、简约性的价值观，形成了主体对价值带有根本性的认识、评价、判断和把握。最终形成一定主体的相对稳定、较为全面的价值体系。可见，所谓的价值体系就是一定主体在认识和改造世界中形成的带有主观性的价值观念体系。从根本上反映了主体的现实需要和切身利益，并表现主体的理想与追求。这种带有强烈主观色彩的价值体系与具有客观性的价值不同，前者是对后者的主观评价与认识。

价值体系是由相互联系的各种价值观念的系统性存在。但这些价值观念却并非完全平等、并列，既有具体层面的价值观念，又有抽象层面的价值观；价值观中又可进一步区分为核心价值观与一般价值观。一般价值观与具体价值观相连，更多地被人们日常生活所运用，是整个价值体系的基础，其功能较为灵活具体，例如，一般社会道德规范、公共生活准则等；核心价值观则与高度抽象性的价值观相联系，从更高层面反映出人们的理想与追求，在整个价值体系中发挥决定性的作用，其功能更加持久、恒定。但无论是一般价值观还是核心价值观都是相互联系、密不可分的。一般价值观是核心价值观的基础和具体体现，核心价值观是一般价值观的抽象和概括，二者共同构成了整个价值体系。

总之，价值体系形成于长期的价值活动中，是对各种价值关系形成的一般性认识。其功能具有稳定性和长久性，不仅可以指导日常生活，为人们提供一个较为普遍的道德准则与精神导向，而且还能为整个社会的发展规划出较为精准的蓝图。“价值体系作为一种意识形念……其基本特征和发展进程是为一定历史阶段上生产方式的基本特征和发展进程

① 周以侠：《论社会主义核心价值体系的构建》，《唯实》2007年第8期。

所决定。它必然伴随历史进程的推进而不断演变。”①

2. 核心价值体系及其特点。任何一个社会都因生活其中的不同主体长期的价值活动而必然在认识领域中形成多种多样的价值体系。然而，价值体系的多样性也难以掩盖其层次性。在众多的价值体系中总会有一种处于核心支配地位，这就是核心价值体系。所谓核心价值体系，就是为人们实践活动中所形成的各种价值、价值关系提供最根本的认识、评价、判断的价值观念体系，是整个社会最普遍的核心的价值准则。核心价值体系较之社会其他价值体系除具价值体系一般的功能和特点外，还具有鲜明的自身特色。

（1）核心价值体系具有强大的整合性和主导性。这主要是从核心价值体系与其他价值体系之间的层次性来考虑的。核心价值体系源于价值主体以其需求系统为基础，对价值客体的根本性、抽象性的认识。所以它也从根本上代表整个社会价值体系的最基本的价值倾向，成为整个社会的普遍认同体系。统率、引领、制约处于其他地位的价值体系，使之拥有一个共同的、根源性的衡量标准。从而检验其他价值体系的正确与否。总之，核心价值体系的高度整合性与主导性，从根本上规范了整个社会的价值体系，维持了社会的稳定。

（2）核心价值体系具有整体目标性。恩格斯在《社会主义从空想到科学的发展》中认为：“以往的全部历史，除原始状态外，都是阶级斗争的历史；这些互相斗争的社会阶级在任何时候都是生产关系和交换关系的产物，一句话，都是自己时代的经济关系的产物；因而每一时代的社会经济结构形成现实基础，每一个历史时期由法律设施和政治设施以及宗教的、哲学的和其他的观点所构成的全部上层建筑，归根到底都是应由这个基础来说明的。”② 作为观念形态的核心价值体系从根本上是对现实经济关系的深刻反映。不仅如此，它还集中地反映出了社会的主体政治制度、文化生活，是对社会总体特征最好的把握。因而，由此

① 李从军：《价值体系的历史选择》，人民出版社 2004 年版，第 77 页。

② 《马克思恩格斯全集》第 19 卷，人民出版社 1963 年版，第 225～226 页。

所设定的价值目标具有整体性。即：在遵循社会发展规律下，不仅可以依据社会现实，为社会成员提出现实的奋斗目标和价值导向，引导人们从事价值实践，进行价值选择。还可以在此基础上科学预测社会未来发展趋势，为个人以及社会发展规划出一个较为长远的价值目标，从而使人们树立更高层次的价值理想和价值信仰。

（3）核心价值体系具有鲜明的阶级性。任何价值体系都与一定的主体相关，都是一定阶级集团的价值体系。核心价值体系作为社会普遍认同的价值体系，作为主流意识形态的标志，它代表的当然是统治阶级的意志。这是因为统治阶级掌握着社会的主要物质财富，为进一步维护其根本利益与社会的主导地位，必然会凭借自己的经济、政治优势在精神层面上积极建立深刻反映本阶级利益的价值观，并将其作为社会的主流意识形态的内容，以达到对社会思想层面的控制。所以，每个社会的核心价值体系都反映统治阶级的利益，体现统治阶级的意志。

四、社会主义核心价值体系的界定

党的十六届六中全会第一次明确提出“社会主义核心价值体系”的科学命题，指出：“马克思主义指导思想，中国特色社会主义共同理想，以爱国主义为核心的民族精神和以改革创新为核心的时代精神，社会主义荣辱观，构成社会主义核心价值体系的基本内容。”这标志着我们党对中国特色社会主义的认识已经从制度层面深入到价值层面，深化了对共产党执政规律、社会主义建设规律和人类社会发展规律的认识。

党的十七大报告指出：“社会主义核心价值体系是社会主义意识形态的本质体现。要巩固马克思主义指导地位，坚持不懈地用马克思主义中国化的最新成果武装全党、教育人民，用中国特色社会主义的共同理想凝聚力量，用以爱国主义为核心的民族精神和以改革创新为核心的时代精神鼓舞斗志，用社会主义荣辱观引领风尚，巩固全党全国各族人民团结奋斗的共同思想基础。”只有这样，才能“建设中华民族共有的精神家园”。

任何一种核心价值体系都从属于一定的社会之中，都是对社会存在的反映，同时又因社会性质的不同而不同。社会主义核心价值体系就是基于核心价值体系所具有的一般性，着重突出从属的社会性质。恩格斯在《对英国北方社会主义联盟纲领的修正》中说“我们的目的是要建立社会主义制度，这种制度将给所有的人提供健康而有益的工作，给所有的人提供充裕的物质生活和闲暇时间，给所有的人提供真正的充分的自由”①。所以，我们建立的社会主义与资本主义有重大差别。这种差别既体现在根源上的即社会物质存在方式的不同，又体现在具体的社会制度、社会运行方式以及社会的价值选择和理想追求上的不同。因此在核心价值体系的形成和建构上存在着根本性的差别。

所谓社会主义核心价值体系，即社会主义价值体系中最基础、最具有引导性的部分。它是基于长期的社会主义实践，立足社会现实而形成的对社会主义建设和发展的根本原则在观念上的集合。由于对中国特色社会主义的本质把握，遂可以成为社会最普遍、最核心的价值认同系统。关于社会主义核心价值体系的内涵展现，党的十六届六中全会给出了具体的答案，即：“马克思主义指导思想，中国特色社会主义共同理想，以爱国主义为核心的民族精神和以改革创新为核心的时代精神，社会主义荣辱观”四个方面的基本内容。社会主义核心价值体系的内涵定位使社会主义核心价值体系不再仅仅是高度抽象的、远离生活的形态，而是可以成为具体的价值行为规范。

第二节　社会主义核心价值体系提出的时代背景及功能

建设社会主义核心价值体系，是党的十六届六中全会在思想文化建设上一个重大理论创新，是我们党深刻总结历史经验、科学分析当前形势提出的一项重大任务。2007 年 6 月 25 日，胡锦涛同志在中央党校省

① 《马克思恩格斯全集》第 21 卷，人民出版社 1965 年版，第 570 页。

部级干部进修班发表的重要讲话中再次强调，要大力建设社会主义核心价值体系。正确认识社会主义核心价值体系，进一步加强社会主义核心价值体系建设，对于全面推进中国特色社会主义伟大事业，具有重大而深远的意义。那么到底社会主义核心价值体系是在怎样的背景下提出的？社会主义核心价值体系的功能怎么样？要系统研究雷锋精神与社会主义核心价值体系之间的关系，就必须把握社会主义核心价值体系提出的时代背景，并对社会主义核心价值体系的功能进行系统分析。

一、社会主义核心价值体系提出的时代背景

核心价值体系是在一个国家或地区占据主导地位的社会价值体系，它涵盖社会发展的指导思想和价值取向。而“社会核心价值体系就是指在社会生活中居于引领、统治地位的社会价值体系，它能够非常有效地制约非主流、非核心的社会价值体系作用的发挥，对于社会政治、经济、文化等制度的稳定和发展能够起到很好的保障作用”。

一般来讲，社会核心价值体系都得到了统治者的认可、维护、推崇和巩固。以“三纲五常”为主要内容构成了我国封建社会的核心价值体系，以拜金主义、极端个人主义为核心的人文主义思想是西方资本主义社会的核心价值体系。我国社会主义核心价值体系代表了人民的根本利益，集中体现了中国特色社会主义经济、政治、文化和社会发展的内在规定、要求、目标与价值取向，是与当代中国的国情和社会根本性质紧密连在一起的，是我们社会主义意识形态的基石，也是社会主义制度的内在精神。

“一个民族、一个国家、一个社会的价值观念及其核心价值体系的形成和发展都是基于一定的时空体系内发展的民族、国家和社会的历史性与时代性的反映，并且同时以理想的形态引导、塑造着这个民族、国家和社会的历史发展进程。”

任何一种理论都是在特定的历史时代之下，适应着特定的历史形势和特定的历史任务创立和发展起来的。我国现阶段所提出的要建设社会主义核心价值体系，是时代发展和世界格局发生重大变化的必然要求，

是中国社会转型的必然要求，是落实科学发展观、构建和谐社会的必然要求。这三个方面，构成了建设社会主义核心价值体系的国际国内背景。

1. 社会主义核心价值体系提出的国际背景。从当前的国际局势看，和平与发展仍然是世界的主题。在全面开放的当今世界，一个政党、一个国家，要树立一面精神旗帜、制定一种发展战略，都必然会受到时代潮流的影响和世界局势的制约。我们党今天之所以提出建设社会主义核心价值体系，与时代潮流对中国社会的冲击有着十分密切的关联性。

随着世界多极化加强、科技进步和经济全球化趋势的深入发展，和平、发展、合作已经成为当今时代主流。同时国际社会恐怖主义盛行，由领土问题、民族问题、资源问题等因素引发的局部战争和武装冲突连绵不断，国际环境复杂多变，国际形势异常严峻。

另外，由于综合国力竞争日趋激烈，我国还将会在较长一段时期面对发达国家在经济、科技等方面的强势压力。在这样的国际时代潮流的影响下，我国社会也发生了深刻的变化，由于我国经济和社会的发展，综合国力不断增强，中国对世界和平与发展的影响力也大大加强。世界上很多国家和国家利益集团更加看重我国的作用，因此许多国家都在积极寻求加强同我国的合作。这就使我国在国际事务中处于更为主动有利的地位。特别是世界科技发展突飞猛进，全球的产业结构调整步伐加快，使得我们在扩大国际经济技术合作方面有了更多机遇。当然，也为中国现实的发展带来困难和挑战。“不公正不合理的国际政治经济旧秩序没有根本改变。影响和平与发展的不确定因素在增加。传统安全威胁和非传统安全威胁的因素相互交织，恐怖主义危险上升。霸权主义和强权政治有新的表现。民族、宗教矛盾和边界、领土争端导致的局部冲突时起时伏。南北差距进一步扩大。世界还很不安宁。”为了争取在国际环境中的有利地位，世界各国都致力于本国综合国力的发展来提高自身的国际地位。我国在改革开放以来，综合国力虽有长足进步，但形势不容乐观。我国与发达国家在发展程度上差距依然很大。经济和科技上“西强我弱”的态势没有得到根本改变，而我们的邻邦，日本、韩国等的最新发展也非常值得关注，要想赶超他们还有很漫长的道路要走，因而我国的发展面临巨大压力。与此不利因素同时存在的，就是宣称中国的发展会给世界和平带来威胁的“中国威胁论”。“中国威胁论”的言论引起一些国家特别是周边与我国有领土、能源和利益之争的国家的不安，一些敌对势力更是加紧对我国实施西化和分化的政治图谋。而我国一直坚持走“和平发展”道路，致力于推进构建持久和平、共同繁荣的和谐世界的外交主张。在这样的局势之下，我们党要深刻认识当今国际格局的发展状况和未来走向，顶住压力，领导国家抓住发展机遇，促进我国经济社会健康快速地发展。要做到这一点，就必须建设社会主义核心价值体系把全党和全国人民凝聚起来，排除干扰，齐心协力，加快发展。

正是从这个意义上讲，建设社会主义核心价值体系是时代潮流对中国社会冲击的必然要求。

2. 社会主义核心价值体系提出的国内背景。从国内发展的形势看，当前我国正处于多种经济成分并存，多种利益主体并存，多种分配方式并存的社会主义初级阶段，随着改革开放的不断深化，我国在经济体制、社会结构、利益格局等方面发生着深刻变化，致使人们的思想活动呈现出多样化、丰富化的趋势。在这样一个思想大活跃、观念大碰撞、文化大交融的时代里，人们对价值观念的选择也变得越来越难，困惑也越来越多。有些根本的、原则的东西会很容易被自觉或不自觉地淡化、疏忽、边缘化，由此产生的负面效应也有蔓延之势。在这样的背景下，确立一个什么样的主导价值观，就成为一个重要而且迫切的历史任务。如何重塑中国人的精神家园，更好地构建和谐社会，这就要求我们必须用社会主义核心价值体系统一和规范全国人民的思想和价值观念，举全党全国人民之力，聚精会神搞建设，一心一意谋发展。正是从这个意义上讲，建设社会主义核心价值体系，是中国社会转型时期的必然要求，也是落实科学发展观、构建和谐社会的必然要求。

总之，上述国际国内的发展状况和思想意识发展的基本状态，构成了社会主义核心价值体系提出的时代背景。在这样的背景基础上，“党的新一代中央领导集体准确把握我国社会发展的国内国际形势，客观地分析了我国所面临的各种机遇与挑战，将社会主义核心价值体系作为和谐社会文化建设的根本，抓住了我国意识形态建设的关键，对进一步统一人们的思想认识，加快构建社会主义和谐社会，全面推进中国特色社会主义建设，将会起到积极的推动作用。”①

二、社会主义核心价值体系的功能

社会主义核心价值体系的作用是多层次多方面的，大者可以影响到社会决策，从而影响一个社会一个民族的历史选择和发展，小者可以影响到一个人的行动。社会主义核心价值体系是社会主义制度的灵魂，对建设有中国特色的社会主义事业有着积极的价值导向作用，发挥着坚定理想信念、引领社会思潮、形成共识，凝聚社会力量、建构道德原则，引领道德建设等重要功能。社会主义核心价值体系作为社会主义意识形态的本质体现，对社会主义和谐社会的构建具有重要意义，是社会主义和谐社会建设的重要思想基础。

1. 坚定理想信念的功能。价值观是指主体对事物价值总的看法和根本观点，它决定着人们看问题的态度和行为的取向。理想是人们对未来事物的想象或期望，是人们的价值观在人生奋斗目标上的集中体现。价值观决定理想，理想决定行动，共同的理想决定共同的行动。有什么样的价值观就有什么样的理想信念，价值观决定理想信念，理想信念依赖于价值观。以马克思主义指导思想、中国特色社会主义共同理想、以爱国主义为核心的民族精神和以改革创新为核心的时代精神、社会主义荣辱观为主要内容的社会主义核心价值体系让我们在价值观念、思想文化多元化的今天，坚定对共产主义信念和社会主义理想的信仰，构建多元文化中的一元核心，差异化中的共识和认知。一个社会价值选择可以是多样化的，思想观念可以是差异而独立的，但需要在这种多样化、差异化、独立化中构建核心的意识形态和共同理想信念，在今天我们只有

① 徐育苗：《中外政治制度比较》，中国社会科学出版社 2004 年版，第 103 页。

构建社会主义核心价值体系，不断增强社会成员对共产党的领导、社会主义制度、改革开放事业的信心，才会将每个人的个人理想和社会的共同理想统一起来，团结一切可以团结的力量，构建和谐社会，实现中华民族的伟大复兴。

2. 引领社会思潮的功能。“所谓社会思潮，是指某一时期内在某一阶级或阶层中反映当时社会政治情况而有较大影响的思想潮流，它是以一定的社会存在为基础，以相应的意识形态为理论核心，并与某种社会心理发生相互影响、相互制约、相互渗透作用的思想潮流。”① 现在，中国社会正处在一个思想异常活跃、文化相互交融的时代，先进文化与落后文化同时并存，主流意识形态和非主流意识形态相互交织，各种社会思潮相互碰撞。马克思主义认为，“统治阶级的思想在每一时代都是占统治地位的思想。这就是说，一个阶级是社会占统治地位的物质力量，同时也是社会上占统治地位的精神力量。支配着物质生产资料的阶级，同时也支配着精神生产资料。”② 因此，面对社会思想观念由于所代表的阶层利益不同而呈现差异性和多样性，由于中国传统文化和外来思想影响，呈现丰富性的现状，我们应该提倡百花齐放，同时，应该积极构建体现我党宗旨，反映最广大人民根本利益的社会主义核心价值体系，对各种思想起到引领作用，这也是马克思主义意识形态理论的应有之义。社会主义核心价值体系是科学的、先进的、代表不同阶层共同利益和诉求的价值观念体系。构建具有广泛认同感的社会主义核心价值体系，能够疏导公众情绪，化解社会矛盾，整合和引领多样化的社会思潮，形成以社会主义核心价值体系为主导的健康和谐的社会思潮，夯实构建社会主义和谐社会的思想基础。

3. 形成共识，凝集力量的功能。“社会主义价值体系包括核心价值体系和大众价值体系两个层面。前者是处于核心位置，起统领作用的价值体系。后者是活跃在前者周围，适应社会不同人群丰富多样的

① 梅荣政：《用马克思主义引领社会思潮》，武汉大学出版社 2008 年版，第 15 页。

② 《马克思恩格斯选集》第 1 卷，人民出版社 1995 年版，第 98 页。

生活需求，处于非核心、非主导地位的价值体系，其作用的发挥受核心价值体系的制约。”① 社会主义核心价值体系注重关注社会不同阶层、不同群体的利益诉求，在引导民众中服务民众，受到了大众的欢迎，增强了社会成员的价值认同，得到全社会的认同，形成了全社会思想共识，发挥了社会主义核心价值体系对大众价值体系和多样化社会思潮的引领作用。我国是一个多民族的国家，每个民族都有自己的民族特色和风俗习惯，民族与民族之间具有巨大的差异性，也形成了多彩多样的民族文化，这就要求我们在民族交往中相互尊重民族文化，注重民族知识的学习，加强交流沟通，相互理解包容。同时，我们又要超越民族的差别，最大限度地形成共识，增强认同感，促进各民族共同繁荣发展。社会主义核心价值体系将全国各族人民团结到建设中国特色社会主义伟大事业中来，最大限度地形成了共识，从而增强了我国各族人民的向心力和凝聚力，增强了不同阶层的归属感，为构建社会主义和谐社会贡献力量。

4. 建构道德准则，引领道德建设的功能。社会主义核心价值体系是社会主义文化的本质表现，是凝聚全国各族人民的共同思想基础，是引领当代中国发展的旗帜。社会要发展，就要有秩序，而要有秩序，不仅要建立完善的法律体系，还要构建完善的道德规范和准则，而这种道德规范和准则又要与时俱进，适应时代要求。以“八荣八耻”为主要内容的社会主义荣辱观是社会主义核心价值体系的主要内容之一，而这种适应时代要求的新的荣辱观，为我们建设有中国特色的社会主义事业提供了一个辨明是非、善恶，从而做出价值选择的道德标准和行为规范，在全社会逐步形成知荣辱、讲正气、促和谐的社会风尚，有利于保证我国的社会主义事业健康向前发展。社会主义核心价值体系建设蕴含着社会主义道德建设的要求，社会主义道德建设必须在社会主义核心价值体系引领下进行，着重体现在以下方面：首先，用马克思主义中国化

① 梁亚敏、梅荣政：《试论社会主义核心价值体系的引领作用》，《求索》2009 年第 5 期。

的最新成果引领道德建设发展的正确方向，体现道德建设的现实性和针对性，确保道德建设广泛性的要求得以实现。其次，以爱国主义为核心的民族精神是引领的旗帜，道德建设根植于民族精神的丰厚沃土，就能获得巨大的向心力和凝聚力。另外，道德建设只有体现改革创新为核心的时代精神，传统道德负面的阻力和惰性才能逐渐消融，就能使道德建设在展现历史继承性作用的同时，又闪耀着时代的生动光芒。最后，中国特色社会主义的共同理想给道德建设注入规定性内容的目标要求，使公民的道德实践活动由于方向的确认更加规范和正确。总之，社会主义道德建设有了社会主义核心价值体系的引领和整合，产生了良好的思想道德推动力，从而成为发展中国特色社会主义事业的精神动力。

5. 和谐社会生命线的功能。核心价值体系，是社会系统得以运转、社会秩序得以维持的精神依托，社会的稳定和发展离不开核心价值体系的支撑。社会主义核心价值体系产生于构建和谐社会的建设目标之上，而建设和谐社会，既是执政党的目标和任务，更是全民族的期待和追求，甚至是建设和谐世界不可缺少的基础条件。在新时期里建设社会主义核心价值体系，具有极强的现实针对性和极大的理论与实践意义。

社会主义核心价值体系是社会主义意识形态的本质体现，它扎根于中国特色社会主义的深厚实践，发挥着强大的实践功能，同时又要在历史实践中加以检验和发展。社会主义核心价值体系是和谐社会建设的重要思想基础。一是，社会主义核心价值体系要服务于和谐社会的总体目标。在社会主义核心价值体系中，马克思主义指导思想是社会主义核心价值体系的灵魂，这是对中国社会性质的准确把握。坚持马克思主义的指导地位就抓住了社会主义核心价值体系的灵魂，把握了和谐文化建设的性质和方向。二是，社会主义核心价值体系保证了社会主义和谐社会的社会主义方向。目前，我们所要建设的社会主义和谐社会，是以民主法治、公平正义、诚信友爱、充满活力、安定有序、人与自然和谐相处为基本特征的社会，和谐社会包括政治、经济、文化、社会各方面和谐。“社会主义核心价值体系是社会主义制度的内在精神和生命之魂，它决定着社会主义的发展模式、制度体制和目标任务，在所有社会主义

价值目标中处于统摄和支配的地位。没有社会主义核心价值体系的引领和主导，构建和谐社会、建设和谐文化就会迷失方向。只有深刻认识和正确把握社会主义核心价值体系，才能保证社会主义的正确方向，才能抓住社会主义价值需要、价值创造和价值实现的关键，也才能在文化建设和意识形态建设中突出重点、抓住根本。”①

第三节　社会主义核心价值体系的基本内涵及特征

社会主义核心价值体系作为构建和谐文化的根本，俨然已成为当前巩固思想基础的关键。社会主义核心价值体系的提出不仅说明它是党与时俱进，理论创新的又一成果，更表明它是社会的现实需要。胡锦涛在十七大报告中指出：“建设社会主义核心价值体系，增强社会主义意识形态的吸引力和凝聚力。”可见，必须重视对社会主义核心价值观的科学内涵界定及其本质特征的挖掘。社会主义核心价值体系作为一个严密、完整的逻辑体系，社会主义核心价值体系有其明确的内容和鲜明的特征。要研究这一逻辑体系，就必须深入挖掘其基本内容和本质特征，才能在相对独立的各部分研究中呈现一个丰富的整体。

一、社会主义核心价值体系的基本内涵

党的十六届六中全会做出的《中共中央关于构建社会主义和谐社会若干重大问题的决定》规定了“马克思主义指导思想，中国特色社会主义共同理想，以爱国主义为核心的民族精神和以改革创新为核心的时代精神，社会主义荣辱观”构成社会主义核心价值体系的基本内容。这说明社会主义核心价值体系的基本内容由以上四个方面构成，这些内

① 陈合营：《论建设社会主义核心价值体系及实现途径》，《陕西日报》2006 年 11 月 22 日。

容既是党和人民实践经验的总结，又是时代发展的需要。四个方面既彼此独立，又相互联系，科学地回答了和谐社会共同思想基础的要求，统一于社会主义核心价值体系之中，统一于中国特色社会主义现代化建设的实践中。

（一）马克思主义指导思想是社会主义核心价值体系中的根本理论指导

马克思主义指导思想是社会主义核心价值体系中的根本理论指导，决定社会主义核心价值体系的根本理论方向。马克思主义是关于自然、人类社会和人类思维发展的科学理论。它不仅为我们认识世界、改造世界提供世界观和方法论，而且一直都是我们党的根本指导思想。马克思主义的创始人马克思、恩格斯致力于全世界无产阶级和劳动人民的解放事业实践，创立并运用辩证唯物主义的自然观和历史观科学地揭示了人类社会发展的普遍规律和人类社会从低级向高级发展的必然趋势。并从资本主义生产方式的分析中最终得出了资本主义必然要灭亡，社会主义、共产主义必然要胜利的科学结论。这些规律和结论的揭示不仅成了全世界无产阶级争取解放的锐利思想武器，更为人类社会的发展和具体社会问题分析提供了根本指导和正确回答。至今，马克思主义所揭示的普遍规律仍经得起考验。中国共产党正是因为始终坚持马克思主义理论的指导，所以无论是革命、建设还是改革开放的实践都取得了预期效果，成为世界瞩目的焦点。这充分证明马克思主义是正确的、科学的。只有坚持马克思主义理论的指导，运用辩证唯物主义的立场、观点、方法来分析当今社会的复杂现象，认清社会发展趋势，才能看清社会本质。马克思主义是社会主义核心价值体系的根本理论指导，为社会主义核心价值体系建设提供正确的立场和方向。只有坚持马克思主义理论指导，才能把握社会主义核心价值体系产生的规律、条件以及建设的方向，也才能解决好社会主义现代化建设中出现的一系列价值问题。然而，马克思主义不是一成不变的，它是发展和不断完善的。关于如何坚定马克思主义立场，毛泽东在《在中国共产党第七次全国代表大会上的口头政治报告》中认为：“我们历史上的马克思主义有很多种，有香

的马克思主义，有臭的马克思主义，有活的马克思主义，有死的马克思主义，把这些马克思主义堆在一起就多得很。我们所要的是香的马克思主义，不是臭的马克思主义；是活的马克思主义，不是死的马克思主义。”[1] 所以，我们坚持马克思主义，就要做到在发展中坚持。既要坚持马克思主义基本原理的正确性，同时又要坚持用马克思主义中国化的最新理论成果来武装全党和各族人民，指导中国特色社会主义现代化建设。把握这点，也就把握了社会主义核心价值体系乃至和谐文化建设的方向。

（二）中国特色社会主义共同理想是社会主义核心价值体系中的核心奋斗目标

中国特色社会主义共同理想是社会主义核心价值体系中的核心奋斗目标，明确建设社会主义核心价值体系的目标追求。它是中国共产党领导全国各族人民在长期的革命、建设实践中逐渐形成的。它的内容会因具体历史条件的不同而不同。而现阶段，中国特色社会主义共同理想就是建设有中国特色社会主义，最终把我国建设成为富强、民主、文明、和谐的社会主义现代化国家。这一共同理想既明确指出了现阶段中国社会的发展模式、发展道路以及发展目标，又为党的最终奋斗目标奠定良好基础，成为全国人民共同的价值取向。自改革开放以来，中国社会所发生的巨大变化，取得的骄人成绩，正是由于中国共产党领导全国各族人民坚持把中国特色社会主义共同理想付诸实践的结果。因此，继续坚定中国特色社会主义共同理想的信念是必要的，尤其是当前改革发展向纵深阶段推进的同时一些新问题、新情况不断出现，加强理想教育，坚定理想信念显得尤为重要。只有确定中国特色社会主义共同理想，人们才有明确的努力方向，充分实现个人在社会中的价值。只有坚持中国特色社会主义共同理想，坚定走中国特色社会主义道路，才能推动全面建设小康社会、构建和谐社会的进程，为中国的社会发展，中华民族的伟大复兴走出一条成功之路。

---

① 《毛泽东文集》第 3 卷，人民出版社 1996 年版，第 331 ~ 332 页。

（三）以爱国主义为核心的民族精神和以改革创新为核心的时代精神是社会主义核心价值体系的基本发展要求

以爱国主义为核心的民族精神和以改革创新为核心的时代精神是社会主义核心价值体系的基本发展要求和发展动力，是实现中国特色社会主义共同理想的动力源泉。民族精神和时代精神反映了一个民族的特点和精神风貌，是一个民族奋勇前进、开拓进取的精神支柱。民族精神是历史的产物，是实践的产物。是在五千年的发展史中逐渐沉淀下来的形成以爱国主义为核心的团结统一、爱好和平、勤劳勇敢、自强不息的高尚民族品格和伟大的民族精神，而且这种民族精神还在推动中国历史的前进中不断地得到丰富和发展。新时期、新气象，改革开放使中国焕发出新的生机，中国开始与世界接轨。世界在选择中国的同时，中国也选择了世界。新的时代孕育新的精神，面对激烈竞争的世界环境，立足于本国实际，同时结合世界优秀的文化、价值，激发出了勇于开拓、勇于进取、勇于创新的时代精神，其中以改革创新为核心。可以说是时代赋予了精神的内涵，精神折射出了时代的要求。它们已成为中国社会强大的助推器，是中国特色社会主义事业不可缺少的原动力。民族精神与时代精神与社会进步同向，已经成为全体社会成员普遍认可并努力为之奋进的价值观念，成为社会主义核心价值体系的精神纽带。在全面建设小康社会的进程中，民族精神与时代精神紧密结合，突现强大的价值引领作用，突现强大的民族意志和民族品格，引领社会潮流，激发并推动了社会主义现代化建设的进程。这一精神幻化的强大效应使其成为社会主义核心价值体系中大力提倡的重要因素。

（四）社会主义荣辱观是社会主义核心价值体系的具体道德规范

社会主义荣辱观是社会主义核心价值体系的具体道德规范，是社会主义核心价值体系对人们行为的具体规约，是规范全体社会成员思想行为的基本道德准则。所谓荣辱观也就是对荣誉和耻辱的根本看法和评价。一个良好的社会环境有赖于正确的荣辱观的提倡，荣辱观正确与否直接关系到社会能否具有正确的价值导向，关系到人们能否明辨是非、区分善恶。道德属社会意识的范畴，从根本上是对经济基础的反映，党

和国家历来都重视道德的发展，曾提出过“平等、团结、友爱”等道德要求，在道德建设上取得过重大进展。当前，我国处于特色社会主义现代化建设的新阶段，改革深化、社会全面进步的同时，也存在一些不良的社会现象和道德风气。一些人道德缺失，奉行极端个人主义的价值观，追求享乐、追求物质享受，严重影响了良好道德风气的形成。在这种情况下，急需确立社会道德规范以端正思想行为，提高道德修养，使人们能够明辨是非，认清主流思想，形成一个良性和谐的社会风尚。以“八荣八耻”为主要内容的社会主义荣辱观明确了全社会奉行的基本价值准则和道德规范，明确了时代应有的道德理念，确立了整个社会的是非、善恶、美丑的价值评价标准。可以说“八荣八耻”是中国传统与现代、民族与世界精神相融合的产物，为全体社会成员的道德选择、道德判断做出了明确的回答，为建设有中国特色的社会主义提供了正确的道德准则。社会主义荣辱观是社会主义道德最本质的揭示，是社会主义核心价值体系的具体导向；是引领社会，培育良好社会风气的一面旗帜。

二、社会主义核心价值体系的特征

社会主义核心价值体系的基本特征是通过其内容与结构的揭示展现出来的，换句话说，正是社会主义核心价值体系的丰富内容与结构决定了它的基本特征。因此，在研究社会主义核心价值体系的内容与结构之后，再来洞察其基本特征，可以看出特征主要是从价值主体、价值内容、价值体系创建以及价值目标进行规约的。即：个体性与社会性的统一；民族性与世界性的统一；合目的性与合规律性的统一；理想性与现实性的统一。

（一）个体性与社会性的统一

关于个体与社会，究竟何为价值主体，是任何社会核心价值体系建立首先必须明确的价值衡量标准。由于个体和社会在一定程度上都可以作为价值主体，所以，一定核心价值体系是基于个体价值实现为衡量标准；而一定核心价值体系则是以社会的价值实现为衡量标准。然而，无论个体还是社会，虽然只是不同的价值选择，却渗透出对个体与社会关系的权衡程度。在人与社会的关系问题上，马克思在《关于费尔巴哈的提纲》中曾指出“人的本质并不是单个人所固有的抽象物。在其现实性上，它是一切社会关系的总和”①。个人并不是独立存在的，而是相互联系的，存在于社会之中。社会由个体构成，个体是社会中的人，个人的发展受社会物质条件的制约。因此，在价值主体的确立问题上应兼顾个体与社会：一方面，社会要充分尊重个体需要的满足，正视个体价值的追求，因为个体价值直接作用于社会；另一方面，个体要充分维护社会价值创造与实现，因为个体是社会关系中的个人，它的价值创造和价值实现绝不会离开社会关系而独立完成。人既是作为个体而存在，同时又是作为社会而存在，个体与社会有着共同的利益和共同的实现目标。个体与社会这种统一性理应作为当前建设社会主义核心价值体系的出发点。

正是深刻认识到个体与社会之间的辩证统一关系，社会主义核心价值体系在主体定位上充分考虑个体与社会的内在统一性，将个体与社会共同作为社会主义核心价值体系的价值主体。这主要体现在：一方面，社会主义核心价值体系是基于社会现实，由代表社会总体力量的中国共产党及其国家政权所提出的。它的着力点就是针对社会整体环境、现实需要来考虑的，并根据于此提出了许多符合社会现状，推动社会整体发展的价值观念、价值准则。科学发展观、构建社会主主义和谐社会的提出都充分地说明社会主义核心价值体系将社会作为其价值选择的主体，注重社会发展。因为在中国这样的社会主义国家里，社会是每个成员试图发展前进的载体，社会影响制约个体的发展。所以要想获得自身需要的满足，前提必须是社会的充分发展。可以说社会主义核心价值体系就是一个以社会为基准，对社会成员进行引导的价值体系。另一方面，社会主义核心价值体系充分注重个体的全面发展，又将个体作为其价值选择的主体，提出“以人为本”，把广大人民的根本利益作为党和国家一

---

①《马克思恩格斯选集》第1卷，人民出版社1972年版，第18页。

切工作的出发点和落脚点，把个人的利益所得、个人的发展程度作为根本。因为社会是由相互联系的个体构成，社会的发展归根到底是为了每个个体的充分发展，社会选择是为了个人能够更好地、自由地选择。可见，在价值主体的选择上，社会主义核心价值体系为我们提供了一个崭新的视角，坚持个体选择与社会选择相结合。社会尊重个体，以个体为本；个体遵照社会，以社会为引导。

（二）民族性与世界性的统一

社会主义核心价值体系在内容的建构上具有民族性与世界性统一的典型特征。

所谓民族性，就是指社会主义核心价值体系的建构内容上充分吸收和保留中华民族优秀的传统文化思想，以及中国历史不同阶段所形成的核心价值体系的积极成果。一方面，我们要建设的社会主义核心价值体系是能够反映中国特色属于整个中华民族的价值体系。因此这种核心价值体系的建设绝不能完全用任何其他民族的文化价值观念来塑造。它是立于中华民族传统文化之上，是对中华民族传统文化的传承。另一方面，中华民族历史悠久，在“长期的共同民族生活中，人们逐渐地形成了共同的价值评价和价值选择标准，具有共同的价值取向和价值理想，并为实现共同的价值取向和价值理想而努力奋斗”①。可以说，五千年的民族文化的历史长河逐渐沉淀出具有本民族特色的价值取向和价值选择，形成了本民族的价值观念，为我们留下了丰硕的文明成果。在中国古代“仁、义、礼、智、信”的价值体系就曾成为人们长期奉行的理想信念。到了近代，形成了以爱国主义为核心的勤劳勇敢、团结统一、爱好和平、自强不息的积极价值理念。这些高尚的民族品格和优秀的民族精神，确实值得在建设社会主义核心价值体系中加以继承和吸收。所以在社会主义核心价值体系的建设过程中，十分注重吸收中华民族传统文化中的积极合理成分，并将其加以改造、补充，创造性地融入价值体系之中，形成了与民族传统相衔接的马克思主义指导思想，中国

① 阮青：《价值哲学》，中共中央党校出版社 2004 年版，第 310 页。

特色社会主义共同理想，以爱国主义为核心的民族精神和以改革创新为核心的时代精神，社会主义荣辱观。这四个方面的基本内容符合中国实际，是对传统文化价值观念精华传承的最好体现。

所谓世界性，是指社会主义核心价值体系内容上坚持的开放性。江泽民同志在《让我们共同缔造一个更美好的世界》中曾说“每个国家和民族都有自己的特点和长处，大家只有彼此尊重、求同存异、和睦相处、互相促进，才能创造百花争妍、万紫千红的世界”①。所以社会主义核心价值体系在内容建构上在对本民族文化传承的同时以开放的胸怀吸收和借鉴其他民族和国家价值观念中的积极因素，使社会主义核心价值体系在具民族特色的同时又具时代性。作为一个社会的核心价值体系，如果过分封闭，终将会在封闭中窒息而死，失去应有功效。尤其是对于建设社会主义核心价值体系来说，时代已发生巨变，各个国家往来频繁，各种价值观念相互渗透，世界俨然已成为一个大熔炉。面对这样的时代变迁，价值观念的建构当然绝不能再教条性地一致排外，而应适时改变，批判性地吸收借鉴一切有利于中国自身发展建设的价值观念的合理因素，从而使社会主义核心价值体系能够充分反映社会现实，与此同时，尽管世界其他民族国家基于不同的文化背景，创造出不同的符合本民族特色的价值体系，但深入挖掘会发现都有一些反映全人类共同利益、共同愿望的内容。这使得社会主义核心价值体系在建设的过程中可以并且能够吸收人类文明史上产生的积极合理因素。同时西方国家价值观念中的一些消极因素，会给我们提供警醒作用，成为我们建设过程中绝对要杜绝、抛弃的东西。

总之，社会主义核心价值体系建设过程中，面对来自世界性的因素采取科学的分析态度，取其精华、去其糟粕，例如，中国特色社会主义共同理想中包含的和谐思想，不仅反映中国社会当前的重大任务而且也是对整个人类社会共同愿望的准确表达。同时这种共同理想、共同信念的树立，使社会形成了强大的凝聚力和向心力，成为全国人民共同的奋

① 《江泽民文选》第1卷，人民出版社2006年版，第480页。

斗目标，这与西方国家普遍盛行的利己主义、个人主义形成了鲜明对比。以改革创新为核心的时代精神也是充分融入了西方的“竞争、创新”等价值理念。

（三）合目的性与合规律性的统一

社会主义核心价值体系在体系的创建上充分展现出了合目的性与合规律性统一的特点。切实地反映出了中国社会的现实需要和价值追求，而这一切都是源于对客观规律的遵循。

1. 社会主义核心价值体系具有合目的性。它并非人脑主观的任意产物，“每一时代的经济产生以及必然由此产生的社会结构是该时代政治的和精神的历史基础”①。社会主义核心价值体系归根到底是由社会现实的物质生产方式决定的，是对整个社会基础层面总体特征的全面反映而得以孕育而生的，是对社会主义形态的最本质体现。作为社会主义核心价值体系的提出者——中国共产党，根据中国现实需求，基于自身执政经验而提出的，目的就是为中国社会发展服务，为满足人们的客观需要而服务。所以，这样的社会主义核心价值体系具有强烈的目的性。作为四项基本内容之一的中国特色社会主义共同理想内涵丰富，“富裕、和谐”等价值理念的提出对于当前全面建设小康社会，构建和谐社会，实现富强、民主、文明、和谐的社会主义现代化国家无疑具有积极的推动作用和巨大的指引作用，符合中国现实的目的性追求。

2. 社会主义核心价值体系具有合规律性。这主要体现在：一方面，社会主义核心价值体系是对中国社会建设规律的自觉遵守与正确揭示。任何价值体系的产生、存在和发展都是一定社会历史条件的产物，所以价值体系决不能违背现实。任何不尊重客观规律而建立起来的核心价值体系都将是昙花一现，无法维持长期稳定。我们建设的社会主义核心价值体系之所以能够成为社会现实的普遍价值准则，就是因为它深刻认识中国社会的客观存在条件，了解中国社会主义现代化建设的自身运行规律。因此它的结论必然是经得起实践检验和反复推敲的。另一方面，社

① 《马克思恩格斯选集》第1卷，人民出版社1995年版，第252页。

会主义核心价值体系是对认识发展规律的正确把握，人类的认识能力总是以人类社会的发展水平为前提的。社会生产力水平越高，人们的认知能力就越深，认知范围就越广。这使得人类的认识能力呈现出了由简单到复杂，由低级到高级的发展趋势。而价值观念作为人们对价值关系认识的产物，也同样遵照认识发展的一般规律。所以，不断丰富、创新社会主义核心价值体系的内容，力求对价值观念的发展与完善，从而提高价值认识能力。

（四）理想性与现实性的统一

社会主义核心价值体系在目标确立上既有反映人类长远利益的崇高理想，又包含针对国民现实要求的现期理想目标。这两方面的内容相辅相成，共同促进理想信念的实现。

所谓理想性，是指社会主义核心价值体系作为社会主义意识形态的内核，具有意识形态自身的特点，即相对独立性。它可以基于现实发展可能性趋势，对未来社会进行科学预见，提出超越现实，符合人类社会未来发展方向的崇高理想和追求，并指导人们为实现这种价值理想和价值追求而努力奋斗。社会主义核心价值体系把坚持以马克思主义为指导作为其重要内容，将马克思主义理论作为价值判断的根本出发点。马克思、恩格斯的全部理论的前提和归属都是为了实现人类的真正解放，获得真正自由，得到全面发展。这样的科学理想信念贯穿于社会主义核心价值体系整个建设过程中，它寄予了国家和民族对未来发展道路的美好展望，并成为社会主义具有终极意义的价值目标和价值追求。由于现实中人们容易被一些崇高的赋有使命感的精神信条所吸引，并且愿意为其奉献，进而这种崇高的理想品格会不断地成为人们为之努力奋斗的精神动力，成为民族积极进取的精神追求。所以，理想层面的确立使社会主义核心价值体系有了存在价值和感召能力。

所谓现实性，就是针对社会主义核心价值体系的目标指向性而言，社会主义核心价值体系区别于以往价值体系就在于它不仅具有理想目标的一般性，即崇高性；而且还具有其特殊性，即现实性。这是因为社会主义核心价值体系作为整个社会的价值行为导向，它不能总是束之高阁，寄托于美好目标的向往，而也应关心人们的切身利益、思想问题，并寻求解决的途径。只有切身问题得到解决，人们才能相信并坚定远大理想实现的信心。

正因为如此，社会主义核心价值体系确立了短期将要为之实现的理想目标。在中国特色的社会主义共同理想中把全面建设小康社会，坚持科学发展观、构建和谐社会作为现期努力实现的价值目标。从而使人们目标追求具体化，更有助于拥护和认同社会主义核心价值体系。

从社会主义核心价值体系这一特点中可以看出理想性与现实性二者密不可分，理想性是对现实性的理论升华，明确了现实性的终极指向，使社会主义核心价值体系具有了先进性与崇高性的理论地位；而现实性是理想性能够实现的现实土壤，为理想性的实现提供动力和支撑，脱离现实价值目标，空谈理想性，理想只能离我们越来越远。所以，理想性与现实性相互统一，共同论证了社会主义核心价值体系目标树立的科学性。

第四节　社会主义核心价值体系构建的迫切性及现实依据

随着中国特色社会主义事业的深入发展，尤其是当前党中央提出了构建一个“民主法治，公平正义，诚信友爱，充满活力，安定有序，人与自然和谐相处的社会主义和谐社会”的战略宏图后，构建中国特色社会主义社会核心价值体系便成为社会主义实践和理论所面临的一个不可回避的焦点问题。“价值观是制度的生命之魂，也是社会的精神自我”，对于社会主义社会而言，社会主义核心价值体系也是社会主义制度的神韵，是社会和谐的精神，因此构建社会主义核心价值体系有其时代迫切性及现实依据。

一、社会主义核心价值体系构建的迫切性

社会主义核心价值体系，是社会主义特有的价值体系的灵魂和导航器，它在整个社会价值体系中处于主导地位。尤其是转型期的中国现状，使得构建社会主义核心价值体系具有迫切性。

（一）社会主义现代化建设实践要求社会主义核心价值体系指导

目前，社会主义现代化建设是我国最大的实践，社会主义现代化建设是一项十分浩大的系统工程，任务相当艰巨。在社会主义现代化建设中，受全球化背景的影响，不同文化的碰撞和交流已是必然现象，任何文化形态都面临着生存与发展问题。我们能不能经受住冲击挑战，既关系包括文化在内的国家主权是否安全，也关系中华民族优秀文化能否继续屹立于世界文化之林。以美国为首的西方国家认为，全球化不仅是全球经济的一体化，而且在政治体制和文化形态方面，各国也要接受、采纳西方的模式和规范。

目前，世界范围内的文化冲突和竞争总体处于“西攻东守”、“西强东弱”态势，文化全球化正朝着明显西方化（尤其是美国化）的方向发展，全球化背景下文化冲突和文化竞争给我国带来了冲击和挑战，受国际国内各种因素的影响，我国思想政治领域的斗争将是长期的、复杂的，有时甚至还是很尖锐的。在意识形态领域，非马克思主义、非无产阶级的思想甚至反马克思主义的思想还不甘退出历史舞台，资本主义腐朽思想影响和封建主义残余沉渣泛起，也给社会精神生活带来消极影响和严重危害。马克思早在100多年前就预言，社会主义社会在“各方面，在经济、道德和精神方面都还带着它脱胎出来的那个旧社会的痕迹”，列宁也说过：“旧社会灭亡的时候，它的死尸是不能装进棺材、埋入坟墓的，它在我们中间腐烂发臭，并且毒害我们。”再加上东西文化差异等使人们的思想道德、人生观、世界观、价值观等发生了巨大的变化，因此，在社会主义现代化建设中，必须要有正确的价值观作指导，以把握社会主义现代化建设的本质，从而正确处理经济、政治、文化的关系，物质文明、政治文明、精神文明的关系和改革、发展、稳定

的关系，这样才不偏离社会主义的目标。法国社会学家迪尔凯姆曾一再强调在一个社会中形成一套共同价值和信仰的重要性，认为，只有当社会中的大多数成员共享这样一套核心价值——集体意识，才能实现道义统一，而没有这种道义统一，任何制度都迟早会堕落下去。从文化角度视之，社会的核心价值是一套被广泛接受的、有关个人与其他主体（如家庭、外人、政府、民族）关系的信仰、原则和规范，是大众化的信仰体系，就是要把社会上那些分散又相互竞争的纯粹个体凝聚在一起的普适信仰和普适理念。社会的核心价值对于维系社会基本制度极其重要，既对人民具有精神凝聚力，同时又为国家制度提供法理性和论理性的支持，一旦核心价值解体，维系民族国家的精神支柱崩塌，各种有害观念、思潮就会乘虚而入，导致整个政治体制岌岌可危。正如马克思所说："如果从观念上来考察，那么一定的意识形式的解体足以使整个时代覆灭。"①

社会主义现代化建设的根本出发点和归宿是必须以实现中国广大人民的根本利益为目的，实现最大多数人的利益。党的十六大报告提出，全面建设小康社会，目的就是要使人民群众过上殷实的小康生活。社会主义社会的核心价值观在整个社会价值体系中处于主导地位，是社会主义特有的价值体系的灵魂和导航器，它关涉到中国社会和谐的制度设计、体制安排和政策选择的一个中心问题，也是进一步认识"什么是社会主义，怎样建设社会主义"这个根本问题的关键之所在。任何社会都需要核心价值观的导向和维系，建设社会主义核心价值体系，是实现我国社会健康转型的需要，也是社会主义现代化建设的实践要求。针对目前社会主义现代化建设中面临的问题，中国科学社会主义学会副会长李忠杰就明确提出："构建中国特色社会主义的核心价值，可能是把中国特色社会主义理论与实践推向前进的一个着力点，也是进一步丰富和发展科学社会主义理论的一个切入点"，只有按社会主义核心价值观去从事社会主义实践，引导人们树立正确的世界观、人生观和价值观，

① 《马克思恩格斯全集》第46卷（下），人民出版社1962年版，第35页。

才能实现中国广大人民的根本利益，实现最大多数人的利益，最终实现社会主义的价值目标。

（二）市场经济的功利性原则要求社会主义核心价值体系引导

胡锦涛总书记在党的十七大报告中强调“建设社会主义核心价值体系，增强社会主义意识形态的吸引力和凝聚力”。市场经济是一把“双刃剑”，它在给精神文明建设注入新的活力的同时，其消极方面也会反映到人的思想意识和人与人的关系上来。如市场经济追求利益最大化，可能诱发和助长“一切向钱看”的拜金主义倾向。市场经济强调自主意识，可能强化自我利益和本位主义。市场经济遵循等价交换原则，如果不适当地扩大到政治生活和人际关系中去，就会产生权钱交易等各种腐败现象，导致人际关系庸俗化。市场经济是竞争经济，容易刺激一些人的投机心理，引发不择手段地牟取暴利。特别是在市场经济条件下，随着改革的深入，社会经济成分、组织形式、物质利益、就业方式的多样化，必然导致社会的思想观念、价值取向、文化认同等趋向多样化，给精神文明建设特别是思想道德建设带来许多新情况新问题。如何以社会主义核心价值观引领市场经济发展成为一个迫切需要解决的重大课题。

市场经济是讲求经济效益的经济，功利性是市场经济的内在驱动力，市场经济的功利性，根源于商品经济的特性。在市场经济条件下，货币是衡量劳动价值的尺度，是占有社会财富的标志，也是满足自身需要的手段。因而，在商品经济社会，以追求货币形式出现的追求功利的行为，成为一种普遍的趋势。首先，市场经济的内在驱动力，恰恰是这种对功利的追求，市场经济就像一只“看不见的手”驱动着人们在激烈的竞争中求生存、图发展，而价值规律、优胜劣汰、效益优先，导致物质利益凸显出来，以致形成了一种物欲化的社会心理倾向。其次，市场经济的求利性容易滋生拜金主义、急功近利和唯利是图行为，使人们从狭隘的利益出发，只顾个人利益而不顾集体利益；只顾眼前利益，不顾长远利益；只顾局部利益，不顾全局利益，可能会给国家、社会和集体造成重大损失。在市场经济中，人的各种复杂的、丰富的内在属性都简化为单一的、明确的利益追求，使社会主义价值观发生扭曲，导致人格双重化。抵制市场经济的功利性影响，就必须要求社会主义核心价值观引导，以正确的社会价值观引导公民树立正确的价值观，推动社会主义核心价值体系的内容和要求向行为准则转化，增强社会主义核心价值体系的实践性，把价值要求变成行为规范要求和法律规范要求：一是转变成人们的道德行为准则，制定出台体现社会主义核心价值要求的系列文明行为公约和规章等，规范人们的日常行为。二是转变为对人们的法律要求。在社会主义核心价值观构建中，教育是主要的措施，通过教育使人明白为什么要这样做，把自律和他律结合起来，对不文明、不道德行为进行整治，使人们自觉遵守。

（三）社会分层的加速裂变要求社会主义核心价值体系去整合

改革开放 30 年来，中国社会发生了历史性变化，在经济、政治、社会诸领域取得了前所未有的成就，意义最大最根本的就是中国社会结构的变迁，由此导致中国的社会阶层加速裂变。在中国社会分层结构中，一个显著趋势就是公民的经济社会地位、生活方式、价值观等都多样化，社会整合的难度明显加大，这就必然要求科学的价值观去整合。胡锦涛在党的十七大报告中指出：“和谐社会是中国特色社会主义的本质属性”，“构建社会主义和谐社会是贯穿中国特色社会主义事业全过程的长期历史任务，是在发展的基础上正确处理各种社会矛盾的历史过程和社会结果”。因此，要进一步推进改革开放，必须正确认识改革开放 30 年以来中国社会阶层分化、利益博弈与社会和谐问题，在发展的基础上正确处理好阶层关系和阶层矛盾，促进社会和谐[①]。

阶层是人类社会中存在的一种政治、社会现象。政治学家和社会学家曾从不同角度给予了界定。社会分层是依据一定标准对某一社会体制中各个不同社会阶层的划分。改革开放促进了中国社会阶层结构的急剧

---

① 胡锦涛：《高举中国特色社会主义伟大旗帜　为夺取全面建设小康社会新胜利而奋斗——在中国共产党第十七次全国代表大会上的报告》，人民出版社 2007 年 10 月第 1 版。

变化。在构成上，改变了那种人为的、机械的结合而转向有机的社会整体方向发展。整体意义上的阶层结构趋向多样化、复杂化，同时产生一些新的阶层或群体，每一阶层或群体都拥有比较清晰的特定利益、地位和价值取向。他们大小不一，类型不同，但在价值取向、利益取舍与社会行为上都由各自阶层或群体的不同特点而与整个社会经济、政治的发展趋向一致，成为一支完整的为社会主义现代化建设服务的队伍。改革本身就是社会利益结构的调整，利益结构的调整必然会使一些集团或群体获得利益，另一些集团或群体的利益受损，改革推动着社会分化的加剧。社会转型是一个艰巨而复杂的过程，原有的体制已经打破，新的体制正在建立过程当中，这里既有原有体制凭借其特有的优势和惯性对新体制的抵触，也有用传统的计划经济的习惯行为定式和思维模式去进行市场运作的冲突与整合，所有这些都使重新构建的社会结构与传统的社会结构之间形成矛盾和冲突，由此而带来相应的结构性冲突和利益性冲突，也必然会出现利益上的差异和冲突，影响社会的顺利转型。个人与集体和国家之间的利益冲突，地区、行业之间的利益冲突，城乡之间的利益冲突的客观存在必然会使整个社会产生冲突。同时，中国的社会分层结构，目前正处于一种复杂的结构化过程中，各个社会利益群体正在分化、解组、“重新整合”，但尚未形成相对稳定的社会阶层，而且各个社会阶层的社会财富收入不平等现象在日益加剧。财富分配的不平等是社会不稳定的潜在根源，这一差距造成了社会颓丧和不满。实际上，这种差距的程度就为衡量政治动乱提供了可信的指数①。“对于一个社会来说，最大的潜在动荡因素是来自社会各阶层间的隔阂、不信任、抵触和冲突，但是一个社会只要能提升其公正程度，那么社会问题出现的种类与强度均为减少或减小，同时社会也可以增强解决已经出现的社会问题的力度。”② 因此，必须用社会主义核心价值观去整合各社会阶层，这就使得构建社会主义核心价值观有其时代必要性。

---

① ［美］亨廷顿：《变革社会中的政治秩序》，三联书店 1996 年版。

② 吴忠民：《社会公正论》，山东人民出版社 2007 年版。

（四）政治、经济体制缺陷和道德体系缺陷要求社会主义核心价值体系作匡正和补充

当代中国正处于社会经济、政治、文化思想大变动的时期，存在体制的滞后和缺陷和一定程度上的“道德失范”，这就需要利用社会主义核心价值观作匡正和补充。

在政治层面，政治体制严重滞后于经济和社会的发展，特别是权力的制约机制的滞后，政治体制已成为经济和社会进一步发展的瓶颈，这是我国最大的体制缺陷。因此必须建立一定的约束机制对掌权者加以监督和制约。近代学者早就指出：权力是要腐败的，绝对的权力必然导致绝对的腐败，“权力作恶”将是一个永恒的现象。“一切有权力的人都很容易滥用权力，这是万古不易的经验。”① 对于如何防止政府滥用权力，洛克主张：“在一切情况和条件下，对于滥用职权的强力的真正纠正办法，就是用强力对付强力。”② 自20世纪以来，随着国家对社会经济干预的加强，再者是行政权力自身的扩张性、强制性、相对独立性和被滥用的可能性使然，对权力如何制约也就相应地提上了日程。其次，现行监督体系初步形成，还很不完善，存在的问题较多，还需要进一步加强制约和监督机制。一是，监督机构监督力度不够，缺乏独立性，严重削弱了监督的权威性，弱化了监督机制的职能。二是，监督法规不完备，现行监督法规存在许多不足，因而难以形成以法律监督为主体，其他监督为辅的监督合力。三是，监督体制不健全，监督功能有缺陷，造成监督权力的失衡。正如党的十七大报告中提出，必须完善制约和监督机制，保证人民赋予的权力始终用来为人民谋利益。

在经济层面，我国基本经济制度是以公有制为主体、多种所有制经济共同发展，因此社会主义市场经济条件下的经济关系是多种经济成分的统一体。随着经济体制改革的持续深入和建设中国特色社会主义市场经济体制的推进，我国的经济成分发生了巨大的变化，经济体制缺陷逐

① ［法］孟德斯鸠：《论法的精神》，商务印书馆1994年版。

② ［英］约翰·洛克：《政府论》下册，商务印书馆1993年版。

步凸显，加剧了贫富不均，财政部财政科学研究所副所长、研究员苏明认为，贫富差距拉大有四点原因：一是税制不健全，对高收入群体缺乏必要的“限高”。一方面使一部分人的财富迅速扩大，另一方面削弱了国家必要的再分配能力，难以有效地援助弱势群体，从而加大了贫富差距。二是保障明显滞后，对基础阶层缺乏必要的“兜底”。三是行业垄断难打破。加剧了社会成员间的收入差距。四是腐败现象比较严重，权钱交易“造就”暴富阶层，使得居民的收入分配不公和贫富差距不断扩大的问题凸显出来。这可能产生两极分化，形成贫富对立的弊端，甚至导致社会经济秩序、政治秩序的崩溃和社会主义的变质。

在社会道德层面，适应社会主义市场经济体制的新的伦理道德体系尚未建构起来，造成了社会“道德失范”。人们在社会价值的追求上重利轻义和贬低精神价值，把功利和效果当做一切，滋生了拜金主义和享乐主义，与拜金主义和享乐主义相伴的是人的道德良知的丧失和道德精神的麻木。道德虚无主义蔓延，一方面，它混淆甚至颠倒了人们对善恶进行价值判断的界线，涣散和消解了人们的道德意识，动摇了人们的道德信念，破坏了正常的道德评价机制，使社会道德水平出现了明显的倒退；另一方面，它使得社会上的消极思想和丑恶现象得到了蔓延的机会，带来了社会主义思想阵地的混乱，严重削弱精神文明建设的成效。人们的精神追求出现偏差，而市场经济的发展又使人们对物质享受倾注了巨大的精力和热情，以至于在社会上不同程度上形成了一种物欲化的社会心理。不健全的社会主义市场机制所产生的消极思想使得加强社会主义价值观教育，尤其是核心价值观教育就愈发地迫切和紧要。

（五）价值观的多元文化时代要求社会主义核心价值体系来统合和培育

目前，社会生活呈现文化多元化特点，人们的价值观明显地呈现出多元性的态势，各种价值观相互冲撞。多元文化是指文化主体在价值取向上的异质性、多样性，作为当代中国发展过程中一种独特的文化现象，指的是由东方文化与西方文化、传统文化与现代文化、主流文化与非主流文化、大众文化与精英文化等存在一定冲突的文化所构成的一个系统；亦是指在某一民族和国家内，传统文化对其他文化的宽容及必要的吸收，主要是一种现象描述。多元文化主义则是一种意识形态和政治理论。在多元文化、多元价值的社会背景下，确立社会主义核心价值体系是多元文化时代价值观培育的关键，这就迫切要求构建社会主义的核心价值观，以核心价值观来统摄和培育多元化的价值观。

我国的价值观呈现多元化特征的原因在于：一是，社会主义市场经济体制是以公有制经济为主体的，多种所有制并存的统一体，不仅包括公有制经济，还有大量的个体经济、私营经济和“三资”企业。多种经济成分必然产生多元的市场主体，而任何一种市场主体都要从自身的需要和利益出发，去选择一定的价值取向。二是，作为社会意识存在的价值观念，具有相对的独立性和多样性。价值观念或者超越于一定的经济关系而出现，或者滞后于其依附的经济关系而存在。在目前我国发展社会主义市场经济的时期，从总体上看，人们的价值观正在适应市场经济的要求而逐步转变，如公平竞争观念、效率观念、自主自强观念等价值观念在社会经济生活中居于主导地位，但不同主体的价值观念有所不同，使价值观念呈现多样性。三是，社会主义市场经济具有开放性特征，从宏观的全球视野来看，随着世界政治多极化、经济全球化的深入发展，尤其是改革开放以来，随着经济全球化的浪潮以及交通、通讯、网络的快速发展，西方的价值观念也大力向我国渗透，加速了人们价值观的裂变，对中国特色社会主义和谐社会带来严峻的挑战。四是，西方发达国家对社会主义国家实施的“西化”、“分化”也愈演愈烈，西方发达国家所实施的文化渗透战略也进一步加强，引起了世界各种思想文化的相互激荡，其中有历史的和现实的、外来的和本土的冲突，也有进步的和落后的、积极的和颓废的斗争。这种冲突和斗争，在我国现阶段的思想文化领域则表现得尤为突出，这使得广大公民的价值观呈现出多元性态势。

改革开放的历史进程客观上导致社会多元文化涤荡，社会成员的价值观念、思维方式和行为方式发生着剧烈变化，传统的价值观念受到强烈冲击，而与和谐社会建设进程相一致的价值体系尚未完全建立起来。

因此，要成功地化解社会矛盾，维护社会稳定，就必须用社会主义核心价值观去引领、统摄、整合多样化的社会价值观。社会的主导价值观是主导社会理想、信念和精神风尚的灵魂，是稳定国家的经济制度、政治制度和思想文化制度的精神支柱，关系到国家的兴衰成败。因此，必须要用社会主义核心价值观来整合公民的价值观，使广大公民树立起社会主义核心价值观。社会主义核心价值体系凸显出马克思主义作为在多元文化时代和谐文化建设的根本指针作用。社会主义核心价值体系是由经济价值观、政治价值观、文化价值观、社会价值观等丰富内容构成的，是内涵十分丰富的完整体系。从其内容上看，社会主义核心价值体系反映了社会主义制度的本质要求，在多元文化价值观培育中强调马克思主义的主导地位，使人们更清醒、更坚定地把握和坚持社会主义意识形态的本质，更清醒、更坚定地把握和坚持社会主义先进文化的前进方向。只有深刻认识和正确把握社会主义核心价值体系，才能保证社会主义的正确方向，才能抓住社会主义价值需要、价值创造和价值实现的关键，才能在文化建设和意识形态建设中突出重点、抓住根本。没有社会主义核心价值体系的引领和主导，构建社会主义和谐社会、建设和谐文化就会迷失方向。

二、社会主义核心价值体系构建的学理依据

任何事物的产生都具有一定的必然性，社会主义核心价值体系的产生也不例外。社会主义价值观问题已经成为我国在理论和实践中所面临的主要问题。从学理依据角度来看，社会主义核心价值体系的构建是可能的，也是可行的，有着充分的理论根据。

1. 在理论基础和科学属性上，社会主义核心价值体系具有严密的科学论证基础。从理论基础和科学属性来看，社会主义核心价值体系是建立在严密的科学论证基础上的必然逻辑，具有科学性。马克思恩格斯正是在考察人类社会发展的一般规律、揭示资本主义社会基本矛盾的基础上，阐明了社会主义代替资本主义的历史必然性，“现代社会主义必获胜利的信心，正是基于这个以或多或少清晰的形象和不可抗拒的必然

性印入被剥削的无产者的头脑中的、可以感触到的物质事实，而不是基于某一个蛰居书斋的学者的关于正义和非正义的观念。”[①] 除了科学性之外，社会主义核心价值观还具有普适性、先进性和崇高性。社会主义核心价值观代表着人类的根本利益，具有强大生命力和远大发展前途，符合社会发展的趋势，因而必然得到包括中国人民在内的世界各国人民的广泛赞成和支持，这是社会主义核心价值观得以确立和发展的内在根据。

2. 理论特点上，社会主义核心价值体系具有相对独立性。社会意识的相对独立性是社会主义核心价值体系得以确立和发展的理论根据。历史唯物主义在肯定社会存在对社会意识起决定作用的同时，还认为社会意识具有自身的相对独立性。思想文化和价值观念是经济基础的反映并受其决定，同时又有着自身的相对独立性。经济、科技实力相对较弱的国家，可以利用这种“相对独立性”和超越性，形成具有自身特点的文化优势，建设高度的社会主义精神文明与先进的社会主义核心价值观。我国在长期社会主义革命和建设实践中，国家和亿万人民群众能够共渡难关，解决和应对一系列关系国家民族命运的重大现实问题，很大程度依靠的是社会主义思想政治和精神文化的优势，依靠的是社会主义价值体系的积极引领。

3. 指导思想上，马克思主义提供了正确的世界观和方法论。在指导思想上，马克思主义为社会主义核心价值体系建设提供了正确的世界观和方法论。马克思主义指导思想是社会主义核心价值体系得以确立和发展的理论保证。江泽民指出，如果动摇了马克思主义这个精神支柱，就会导致思想混乱、社会动乱，那将是党、国家和民族的灾难。只有用马克思主义的立场、观点、方法来正确认识经济社会发展大势，正确认识社会思想意识中的主流与支流，才能在错综复杂的社会现象中看清本质、明确方向。在当前，离开马克思主义的指导，离开了中国特色社会主义理论体系的指导，社会主义核心价值观就被釜底抽薪，和谐文化就

---

① 《马克思恩格斯选集》第3卷，人民出版社1995年版，第501页。

失去了灵魂和大脑。

三、社会主义核心价值体系构建的现实基础

建设社会主义的核心价值观和价值体系，事关和谐社会建设的大局和中华民族的伟大复兴。纵观我国和世界现实情况看，在我国，具备社会主义核心价值体系构建的现实基础，而且，和平社会、全面小康和社会主义思想道德建设都需要加强社会主义核心价值体系建设，可以说，时代已把我们推到一个不重视核心价值体系建设就不能更好地前进的阶段。

1. 从我国现实情况看，构建社会主义核心价值体系具有可能性和可行性。纵观我国和世界现实情况看，在我国，具备社会主义核心价值体系构建的现实基础，建构社会主义核心价值体系具有可能性和可行性。

（1）社会主义核心价值体系建设具有坚实的物质基础。改革开放30年来，我国社会生产力水平明显提高，顺利实现了现代化建设“三步走”战略的第一步、第二步目标，人民生活总体上达到小康水平，经济持续发展，经济总量位居世界第2位，成功实现由计划经济向社会主义市场经济的转变，改革开放取得重大的历史性突破，综合国力显著增强，人民生活总体上实现了由温饱到小康的历史性跨越，我们已经具备了较为坚实的物质基础，可以为缩小社会差距、促进社会公平、完善社会保障、发展社会事业、加强社会建设和管理等提供更充分的物质保证，可以为社会主义核心价值体系建设、社会的可持续发展及和谐发展提供丰厚的物质基础。

（2）社会主义核心价值体系建设具有可靠的制度保障和政治保证。在我国，社会主义核心价值体系建设具有可靠的制度保障。价值体系建设必须有制度保障，没有良好的制度保障，社会主义核心价值体系不可能产生或持久地保持。袁贵仁教授认为：“价值观建设是一个复杂的社会系统工程，必须综合运用包括法律在内的各种手段，把提倡与反对、引导与约束、鼓励与惩罚结合起来，严格监督和检查，严格考核和奖

惩，为构建先进的价值观体系，帮助人们逐步形成和确立先进的、正确的价值观提供有效的法律支持、政策保证和制度保障。”①

目前，我国的社会主义制度为构建社会主义核心价值体系提供了最根本的社会制度保障。中国特色社会主义有着独特的社会经济制度、政治制度和文化制度，这些独特的社会制度为社会主义核心价值体系建设提供了良好的生存、发展和实现的土壤与环境。同时，党的坚强领导为构建社会主义核心价值体系提供了最根本的政治保证。中国共产党是社会主义革命和建设的领导核心，代表中国最广大人民的根本利益，在科学理论的指导下保证社会主义核心价值体系建设沿着正确方向前进，为社会主义核心价值观构建提供了坚实的政治保证。

（3）社会主义核心价值体系建设具有坚实的思想基础。以什么思想理论为指导，是任何社会确立核心价值观念必须解答的首要问题。胡锦涛同志在党的十七大报告中指出：“社会主义核心价值体系是社会主义意识形态的本质体现。要巩固马克思主义指导地位……用以爱国主义为核心的民族精神和以改革创新为核心的时代精神鼓舞斗志，用社会主义荣辱观引领风尚，巩固全党全国各族人民团结奋斗的共同思想基础。”经过几十年的政治社会化过程，社会主义意识形态已成为中国社会的主流意识形态，马克思主义在党和国家工作中的指导地位已经确立并不断得到巩固，爱国主义、集体主义、社会主义思想不断深入人心，教育科技文化事业不断发展，全体人民的思想道德素质和科学文化素质不断提高，民族凝聚力显著增强，成为社会主义核心价值体系构建的精神支柱，为构建社会主义核心价值观奠定了最基本的思想条件。

（4）社会主义核心价值体系建设有着广泛的群众基础。历史经验表明，中国共产党之所以能够从胜利走向胜利，就是因为它代表了人民的利益，紧紧地和人民站在一起，得到了人民的拥护。在我国社会主义改革开放和现代化建设过程中，必须坚持党的群众路线，忠实代表人民群众的利益，保证我们的事业不断取得胜利。以富强、民主、文明、和

① 袁贵仁：《教育—哲学篇论》，北京师范大学出版社 2005 年版。

谐、人的自由全面发展为内涵的社会主义核心价值观，充分体现了中华民族发展中国特色社会主义的价值理想和价值追求，体现了中国人民对未来世界发展的向往和为共产主义而奋斗的美好愿望和现实责任，也表达了世界人民的美好理想和心声，符合包括我国在内的世界各国人民的共同利益。可见，社会主义核心价值体系的构建是中华民族为实现伟大复兴作出的重大抉择，也是人类最终走向共产主义的必由之路，有着广泛的群众基础和人性基础。

（5）社会主义核心价值体系建设面临严峻的实践挑战。我国正处于从初级小康向全面小康社会迈进的发展时期，需要以社会主义核心价值体系来凝聚人心和化解矛盾，为全面小康社会的建设提供较好的精神文化支撑。改革开放以来，我国经济社会发展取得了巨大的成就，但在经济快速发展的同时，也积累了不少矛盾和问题，主要表现在：国际竞争日趋激烈、经济全球化的风险增加、城乡差距、地区差距、居民收入差距持续扩大，就业和社会保障压力增加，教育、卫生、文化等社会事业发展滞后……这就需要我们正视矛盾，妥善解决各种利益关系，充分发挥社会主义制度的优越性，凝聚人心，形成社会的价值共识，有效化解各种利益矛盾和协调各种关系，为社会主义事业的健康发展提供精神支撑，实践要求加强社会主义核心价值体系的构建。

2. 从价值观建设的实践经验看，社会主义核心价值体系构建具有可能性和可行性。改革开放 30 年来，随着社会主义现代化建设进程，我国的社会主义价值观建设取得了显著的成就，社会价值观呈现出多样化趋势，社会主义核心价值体系深入人心，良好思想道德风尚进一步弘扬，但社会主义核心价值体系居于主导和支配的地位没有变。以此为起点，在我国，未来价值观建设的总目标应该是面向现代化、面向世界、面向未来的，民族的科学的大众的，中国特色的社会主义核心价值体系，这个体系具有自我调适能力、创新能力和可持续能力，有强大的吸引力、感染力与凝聚力①。

3. 从世界范围看，社会主义核心价值体系构建具有可能性和可行性。两次世界大战之后，社会主义思潮和运动曾在亚非拉一大批国家、民族中盛行，当前拉美国家“左翼”力量的大范围崛起，关于马克思主义、社会主义的国际性研讨会先后在欧美资本主义中心地带召开，有重要影响的西方思想家，如哈贝马斯、德里达等再度拥抱马克思主义，都说明马克思主义的话语在蔓延，表达了人们对现实社会不公正的不满及对实现社会公正的追求。在我国，第一次世界大战和十月革命爆发后，李大钊经过不断地求索和鉴别，逐渐摆脱各种资产阶级、小资产阶级社会思潮的影响，最终选择了马克思主义，成为我国历史上第一个马克思主义者和中国共产主义的先驱者。李大钊在“黑暗的中国”高高举起马克思主义的火炬，加速了中国人民的觉醒。马克思主义的传播打破了封建专制制度一统天下的沉闷气息，让思想冲破牢笼，民族精神获得极大振奋。作为一种社会理想、社会形态及制度安排，社会主义以其自身独特的价值魅力吸引、感召着人类社会的价值追求。

当前，党的执政理念的变化及其带来的思想解放运动、大众的思想和文化心理的变化及其带来的理性和价值需求、经济快速发展带来的我国国际地位的大幅提升和国家利益的大幅拓展，表明我国已经步入构建社会主义核心价值体系的最佳时期。社会主义核心价值体系是一个长期的动态历史发展过程，受各种主客观因素的影响和制约，其构建不可能一帆风顺、一蹴而就。在社会主义核心价值体系构建过程中，我们应保持科学的态度，增强建设社会主义核心价值体系的主动性、自觉性和坚定性，增强信心，身体力行，牢固树立建设社会主义核心价值体系的奋斗精神。社会主义实践每前进一步，都会对社会主义核心价值体系建设提供有利的条件和环境，相反，社会主义核心价值体系又积极引领社会主义的伟大实践，这是一个双向互动过程。

---

① 连保军：《冲突与重塑——后 WTO 时期的价值观建设》，河北大学出版社 2008 年版。

第三章

社会主义核心价值体系构建的原则及目标

社会主义核心价值体系重在建设。社会主义核心价值体系构建的原则及目标是构建社会主义核心价值体系的实践深入发展所提出的问题。无论是解决当前的一系列现实课题，还是从中华民族的长远发展来说，把社会主义核心价值体系内化为人们的价值追求，外化为人们的行为自觉，既是一个崭新的课题，又是一项长期的战略任务。作为社会主义意识形态的本质体现，社会主义核心价值体系必须融入到国民教育和精神文明建设的全过程，用马克思主义中国化最新成果武装全党、教育人民，巩固全党全国各族人民团结奋斗。当前我国正处于社会转型期，在各类文化的全球化传播、各种社会思潮的猛烈冲击下，价值观多样化、文化多元化的趋势愈加明显，在这种特殊背景下，用社会主义核心价值体系引领广大干部群众在为他人、为社会作奉献的过程中充分实现个人价值，树立正确的世界观、人生观及价值观。同时，建设社会主义核心价值体系是一项基础性、根本性的任务。我们要认真研究社会主义核心价值体系建设的现状、原则及目标，探究构建社会主义核心价值体系的机制，坚持以科学的方法促进社会主义核心价值体系的形成。

第一节　改革开放过程中社会阶层结构的价值观分析

当前我国正处于社会转型期，人们的价值观念和价值取向呈现出前所未有的复杂化和多样化，亟须树立社会主导价值观以发挥价值导向的功能。社会主义核心价值观是我国社会处于核心地位、起主导作用的主导价值观，不仅在经济、政治、文化和社会生活的各个方面发挥着重要作用，而且深刻地影响着每个社会成员的世界观、人生观、价值观。目前，人们能否树立社会主义核心价值观，对于胜利实现全面建设小康社会、加速推进社会主义现代化建设的宏伟目标，具有重大而深远的战略意义。我国的社会转型和社会主义市场经济体制的建立和发展，在阶层的重新组合与价值观念的更新中，人的价值的定位和人生价值观的重新建立，是需要我们必须认真对待和加以引导、解决的重要问题。

一、改革开放过程中新阶层结构的出现

阶层是人类社会中存在的一种政治、社会现象。政治学家和社会学家曾从不同角度给予了界定。社会分层是依据一定标准对某一社会体制中各个不同社会阶层的划分。改革开放促进了中国社会阶层结构的急剧变化。改革开放以来，中国社会阶层的结构发生了巨大的变化，出现了阶层的全面分化，各个社会阶层、不同的职业群体都在悄悄地变化着，形成了新的社会阶层。一系列的政策调整和改革开放具体措施的实行，使被国家行政力量严格控制的社会经济终于得到了自我发展的动力。中国社会原有阶层结构迅速分化出新的阶层，涌现出新的社会力量。

1. 管理者阶层。在原有阶层结构中，管理者阶层近十几年来内部的质变大概是最为深刻的。在干部知识化、年轻化、专业化的要求下，大批大学生、研究生进入行政机关，又有大批工农出身的干部走进了学校，使管理者阶层与成长起来的知识分子阶层之间的相互渗透显得非常

广泛而深入。一些具有较高文化层次的、直接从事生产与经营活动的人才在竞争中成长起来，使管理者阶层的知识层次有了明显的提高，大大增强了管理工作的强度和力度。目前的管理者阶层，年富力强，精神饱满，责任感重，时代感强，进取精神旺盛，是管理者阶层中的中坚。他们的知识结构与专业结构已趋向合理化，实现了知识化和年轻化。

2. 合营与独资企业职工阶层。改革开放以来，从工人阶层中分化出一些新的成分，他们既非全民所有制，亦非集体所有制。由全民与集体合营，集体与私人合营，中外合营，华侨与港澳工商业者合营，外资经营及其他一些经营方式中的职工组成了一个特有的职工群体，其规模在不断扩大。在引进外资、改进技术和管理、带动国内企业实现技术进步和改进经营管理上产生了积极的效应。严格的管理和满负荷的工作量，改变了他们原有的生活和生产方式，竞争意识和敬业意识较强，是改革开放中勇于迈出一步的群体。

3. 个体与私营者阶层。个体与私营者阶层是指生产资料与产品私有，独自承担风险，自负盈亏，独立经营的劳动者。从 20 世纪 80 年代初开始陆续从工人和农民队伍中分化出来，他们在政府和亲友的帮助下，为了改变从业的处境，或为增加收入，实现个人价值等因素，逐渐形成了一个个体新兴劳动者阶层。个体与私营劳动者作为社会主义劳动者的一部分，在国家政策的许可下，我国个体与私营经济得到了空前的发展，庞大的私有经营者队伍已经成为我国一个独立的阶层，对整个社会产生广泛而深刻的影响。

4. 富有阶层。富有阶层主要包括部分影星、歌星、剧本大腕、各种“穴头”；科技实业家，部分获得发明专利、技术转让者；遗产、馈赠等特殊收入者；近几年来炒股、期货、房地产中获暴利者；部分企业的承包者和经纪人；外资企业的高级职员；私营企业家和从事第二职业者；还有利用体制漏洞，以权谋私、贪污受贿、走私欺诈、变相侵吞公有资产的非法致富者。他们中大部分人是通过劳动或合法经营走上致富道路的，他们的示范效应对于提高劳动效率和带动社会财富快速积累都有一定的作用。

二、改革开放过程中各阶层价值观分析

改革开放以来，中国社会阶层的结构发生了巨大的变化。面对快速变动的环境，每一个人都在调整自己的心理与行为坐标，阶层或利益群体之间的行为、思想观念越来越具有自己的特征，最为明显的就是他们价值观的不同。

1. 当代大学生的价值观。随着改革开放和社会主义市场经济体制建立，当代大学生价值观不断变化，涉及面非常广泛，几乎涵盖了大学生学习与生活所能触及的所有方面。

（1）当代大学生的政治价值观。当代大学生的价值观体系开始取向于政治，他们的参政、议政意识增强了，关心国家的命运与前途，希望有机会参政、参与决策与管理。近几年来，大学生充实到国家机关的比例逐年提高，使大学生的政治愿望与国家的需要有机地结合起来。在专业选择上也改变了过去重理工轻社科的思想，因为学习社会科学能够为他们提供较理工科更多的参政机会。

（2）当代大学生的经济价值观。当代大学生不仅追求精神生活的丰富、关心政治，他们也追求物质生活，注重实际，强调必须在社会主义道德、法律允许的情况下活动，也承认人们追求个人利益的正当合法性。

（3）当代大学生的文化价值观。当代大学生把勤奋学习文化知识视为为国家和人民、为社会主义现代化建设事业作贡献的准备过程，能够看到知识在发展社会生产力、推动社会进步中的作用，比较普遍地重视文化知识学习、获取知识。

（4）当代大学生的道德价值观。当代大学生的道德价值观正在发生变化，在集体与个人本位的关系上出现向个人本位的偏移，渴望参与社会，但对自己存在的集体的关心程度偏低，极端个人主义有所抬头。

（5）当代大学生的职业价值观。注重物质利益的价值观又促使他们选择了经济效益好、生活环境舒适、工资收入高的地区，这种矛盾的状态形成了当代大学生择业、就业的复杂化和多样化。

2. 知识分子的价值观。知识分子是社会发展的主体决定力量，他们在发展和转变中积极进取，以祖国的进步和社会的发展为己任，默默奉献，仍是当今绝大部分知识分子的价值观。

（1）爱国主义是知识分子基本的价值观。今天的知识分子仍把爱国主义作为自己基本的价值观，但今天的爱国主义内涵已发生了深刻的变化。当前，中华民族面临着把一个经济文化落后的国家建设成为一个文明民主的社会主义现代化国家的艰巨历史任务，由于爱国主义在历史背景、社会舆论和民众心理等方面有着深厚的根基，所以它仍是当今知识分子的基本价值观。在社会主义现代化建设中，知识分子肩负着建设物质文明和精神文明的双重作用，爱国主义本身是精神文明建设的重要内容，是物质文明建设的可靠保证和思想基础，因此，能否使知识分子真正树立和加强爱国主义责任感和历史使命感，是关系到我国民族命运的大事。

（2）科教兴国是知识分子根本的价值观。以知识救国向来是知识分子最基本的价值观。在社会主义建设时期，知识分子以自己的知识和专长为社会主义现代化建设服务仍然是广大知识分子的共同心愿。现阶段，知识分子以知识服务于国家的具体形式是科技兴国和教育兴国。江泽民同志在党的十五大报告中进一步提出，培养同现代化要求相适应的数以亿计的高素质的劳动者和数以千万计的专门人才，发挥我国巨大人力资源优势，关系到21世纪社会主义事业的全局，指出我国现代化建设的进程，在很大程度上取决于国民素质的提高和人才资源的开发。

（3）追求利益是知识分子价值观变化的新动向。当前，在价值观呈现多元化的趋势下，不少知识分子在义和利的关系上，是既重义也重利的双重价值观；在对待国家、集体和个人的关系上，个人利益摆在了一定的位置；在对待工作上，既讲付出也讲回报。淡泊名利、无私奉献、讲荣誉、讲人格一直是广大知识分子秉承的价值观。但当前不少知识分子淡化了奉献精神，价值观趋于追逐利益。部分知识分子强调有劳有酬，多劳多得；个别知识分子甘当金钱奴隶，讲价钱、要待遇，极个别知识分子伸手向政府要职称要工资。

3. 农民的价值观。农民的价值观是与农民的生产方式和生活方式紧密联系在一起的，农民这个称谓就意味着一种生产方式、社会地位和生活方式的综合体。

（1）求温饱——传统农民的基本价值观。这里所指的传统时期，是不存在着商品经济、市场经济的、封闭性的或半封闭性的自给自足的自然经济时期。这一时期的农民的价值观，正是这个时期经济形态在农民心中的反映，是农民在自给自足的自然经济条件下形成并内化于主体脑中对客体的评价。求温饱，是这一时期农民的基本价值观，在这一特殊时期，农民的生产和生活围绕家庭展开，大部分的消费品，都是由家庭生产，商品性的消费所占的份额极小，农民处于一种自给自足的经济生活之中。

在自然经济社会，温饱是农民的第一需要，也是农民最基本的价值观。农民所形成的对任何事物的看法以及价值心理，都是围绕着温饱这一基本取向，所表现出的任何行为都是为了实现温饱的目标。

（2）奔小康——转轨时期农民的价值观。1992 年党的十四大提出了在我国建立和发展社会主义市场经济，从此，我国进入了由计划经济体制向社会主义市场经济体制转轨时期。在这一时期，我国处于大的社会转化阶段，主要表现为：农业社会逐步向工业社会转化，农村向城市转化，自然经济向商品经济转化。农民奔小康的价值观正是在这样的社会历史条件下形成并产生的。温饱问题解决后的农民会更多地关心增加收入和提高消费水平。同时，转轨时期，农民奔小康的价值观使中国农村社会文化世俗化进程明显加快，行为方式、思想观念的转变，都是与奔小康的基本价值观分不开，为了增加收入，农民对充分就业的要求越来越迫切。

（3）求发展——现代农民价值观的新趋势。市场经济作为人们用以组织社会生产和社会生活的方式，不仅在实践中受到了欢迎并得到了发展，在理论上和政治上也冲破了意识形态的局限，成为中国特色社会主义的一个核心内容和一面崭新的旗帜。在这面旗帜下，中国农民很快汇集起来，汇成了汹涌澎湃的时代大潮。现行农村政策为广大农民提供了发展的机遇，新的社会分工为农民个人的发展创造了条件。正是在这种条件下，农民作为当代市场经济的主体，必然要充分利用市场经济所提供的人的发展的条件，把求发展作为自己的价值趋向。

4. 干部阶层的价值观。面对干部阶层价值观出现的新趋势和新特点，充分认识到干部阶层的价值观对社会各阶层的影响和带动作用，应该高度重视对干部阶层价值观的研究和引导，因为这是关系到我们国家前途和命运的大问题。

（1）全心全意为人民服务是干部阶层价值观的主流。公仆的概念是马克思和恩格斯在总结巴黎公社经验的《法兰西内战》一书中首先提出来的。无产阶级政权和它的一切公职人员必须是人民的公仆，这是由无产阶级政权的性质决定的。毛泽东提出的“全心全意为人民服务”的宗旨更是对马克思恩格斯公仆思想的最好表述。改革开放以来，涌现出了像李润五、吴天祥、李国安、孔繁森、任长霞等一大批各行各业党的好干部的光辉典范，他们代表了改革开放新时期党员干部的主体。大量事实说明，承担管理国家重任的干部阶层主流是健康的，是能够胜任社会和人民赋予的光荣职责的。

（2）正确的政绩观直接反映了领导干部从政的价值观。创造政绩是领导干部为政的思想基础，直接影响一个地方经济社会的发展，甚至影响党的事业的兴旺发达。每个领导干部，都应该按照中央要求，树立正确的政绩观，忠实实践党的宗旨，为国家的改革、发展、稳定大局作出自己应有的贡献。树立正确的政绩观的思想基础是代表最广大人民群众的根本利益，是我们党一切工作的出发点和归宿，也是科学衡量政绩的根本标准。作为一名领导干部，树立正确的政绩观，最关键的是要树立以人为本的思想，把人的全面发展作为根本目的，把维护好、保障好、发展好最广大人民群众的根本利益放在第一位，坚持一切为民，解决好“为谁创造政绩”的问题。领导干部要树立正确的政绩观，必须始终以人民群众满意不满意、答应不答应、赞成不赞成、拥护不拥护作为一切工作的出发点和归宿。

5. 职工阶层的价值观。社会转型中我国社会结构众多方面的整体变化，致使劳动者生存方式和行为方式发生了重大变化，由此，导致了职工阶层价值观的巨大变化。

（1）职工阶层的政治价值观。政治价值观是指人们的政治理想、政治追求、政治信仰等方面。改革是关系职工自身发展的大事，涉及职工生活的各个方面，因此，尽管其政治意识有所淡化，但对改革的关心度仍然是很高的，这主要表现在：职工阶层对中国共产党的领导地位和对社会主义的信仰没有改变；支持改革开放是广大职工阶层的共识；对改革开放实施的一系列具体政策，职工也采取了理解的态度。

（2）职工阶层的经济价值观。职工的经济价值观主要指职工的利益观。总体而言，职工的经济价值观和整个社会转型一样，正处于转型期，旧的、传统的“不言利”、“耻言利”的重义轻利的价值观和“寡欲”、“节欲”、“灭欲”的重理轻欲的价值观，以及“安贫乐道”的价值观已被打破，但新的义利统一、理欲统一、公平竞争的价值观尚未完全建立。因此，职工的经济价值观呈现为功利性、矛盾性、多元性的特点。

（3）职工阶层的职业价值观。职工职业价值观表现在职工的劳动态度、劳动积极性、就业观、社会流动等方面。劳动态度是对劳动的基本看法和由此采取的行动。市场经济就是要通过市场对劳动资源的基础性配置作用，通过竞争机制，调动劳动者的生产积极性，端正劳动者对劳动的态度。就职工的劳动积极性而言，调查显示，职工劳动积极性总体上仍处在一般水平。市场经济打破了计划经济体制的就业方式，使职工就业趋向自主选择。所有制结构的多层次化，企业的多元化，利益的分化，为职工有选择地就业提供了机遇和诱因，促使了职工的社会流动，改变了职工的就业观。随着国有企业改革的深化，产业后备军的形成，职工流动将更加频繁。

（4）职工阶层的社会价值观。社会价值主要是指一个人对社会的贡献。职工对社会的贡献，我们从职工所在国有企业的重要地位中可见一斑。这里我们主要谈谈职工的主人翁意识和职工对社会人际关系的价值评价。职工的主人翁地位是由我国的国体和政体决定的。我国的国体

是无产阶级专政的国家，我国的政体是以人民代表大会为最高权力机关的社会主义国家。无论是从国体，还是从政体上看，工人阶级都是国家的主人。改革开放既带动了经济等方面的开放，也带动了思想观念的开放。职工的流动也增加了。职工的开放意识增加了，突出地表现在对改革开放政策的认同上，有 83.3% 的职工对加大改革力度，扩大对外开放，把国民经济推上一个新的台阶持肯定态度①。开放意识增强，社会流动机会增多，使职工人际关系发生变化。

6. 军人阶层的价值观。无私奉献精神是我军的光荣传统，集中体现了我军全心全意为人民服务的宗旨，是激励我军战胜一切艰难困苦，夺取胜利的强大的精神力量。

（1）牢固树立军人价值在于奉献的崇高价值观。全心全意为人民服务是我军的根本宗旨，针对军人在价值方面存在的现实思想反映和人生追求点的变化，以灌注积极健康的思想疏导内容，强化军人意识，充分认识到军事职业的特殊性。军人要以奉献为本，自觉为祖国、为人民尽好义务，牢固树立军人职业是一种无比光荣的职业，军人奉献是一种崇高境界的观念，有效地在军营内部形成强有力的“精神磁场”。抓好军人职责、军人义务、军人荣誉、军人形象等系统教育、培养军人特有的心理素质和职业荣誉，引导军人树立职业理想，讲职业道德，练职业技能，守职业纪律，在国防事业中建功立业，自觉向社会多奉献一些，实现自己的人生价值。

（2）强化奉献意识引导军人立足本职作贡献。部队的军人大都是青年，他们的世界观、价值观尚未成熟，对一些先进的思想，虽然理解了，接受了，但很容易被社会环境所左右，所以，必须强化军人的奉献意识，让他们充分认识军人价值的整体性，立足本职作贡献。强化军人的奉献意识，首先弄清楚军人的整体性价值。军人整体性价值，概括地说就是军人社会价值和总体价值的统一。其中社会价值既是军队价值的

---

① 冯同庆：《1992～1993 年：中国职工状况的分析与预测——对 5 万名职工的问卷调查》，《社会学研究》1993 年第 3 期。

目标，也是军队价值的基础。在市场经济条件下，在对社会价值评判的调节中，强化和发扬军人的无私奉献精神，引导军人立足本职作贡献。

（3）形成具有合理价值的科学价值观。提倡无私奉献的道德原则，是以对军人的物质利益间接为前提的，虽然无私奉献的原则是以社会共同利益为出发点和归宿的，但这并不意味着提倡军人奉献精神，就是对其个人利益的否定。要积极引导官兵正确处理国家、军队和个人三者的关系，军人价值观建设的基本问题是国家、军队和个人三者之间利益关系的问题。同时，要关心和保护军人的合法利益，市场经济条件下，个人物质利益仍然是支配人们行为的重要内在动力。在提倡军人发扬奉献精神的同时，必须适当地给军队以“利益”补偿安慰。

第二节　构建社会主义核心价值体系的规律和原则

社会主义核心价值体系是社会主义意识形态的本质体现，是全党全国各族人民团结奋斗的共同思想基础。在社会主义核心价值体系构建过程中，整体系统内部各要素之间是相互联系、相互作用、互相制约的，社会主义核心价值体系构建各个环节紧紧相扣。社会主义核心价值体系构建主体在一定目标指引下，在一定动力驱动下，在一定决策机构指挥下，在一定体制、力量保障下，共同协调实现社会主义核心价值体系构建的整体目标和功能的运行方式和工作方式。社会主义核心价值体系构建规律作为人类精神活动客观过程的内在必然性，是看不见摸不着的，这一规律的作用即是通过机制表现出来的。我们研究社会主义核心价值体系的构建问题，就是为了在实践中更好地遵循社会主义核心价值体系构建规律，以便更好地促进社会主义核心价值体系的构建。社会主义核心价值体系的构建是一个非常重要的问题，它从理论与实践相结合的角度，提出了如何把社会主义核心价值体系的指导思想、目标任务落到实处的课题。

一、社会主义核心价值体系构建的规律

社会主义核心价值体系属于我国意识形态的神经中枢，是我国意识形态的灵魂，它决定着意识形态的根本性质和发展方向。构建社会主义核心价值体系机制一旦出现偏差就会造成国家发展方向的偏离和社会民众思想的混乱。在构建过程中要抓住以下规律：

1. 紧迫性和长期性的统一。历史经验反复证明，每逢社会转型和社会变革之时，往往是意识形态活跃和发展的时候，先进思想不去传播、占领，落后思想就必然滋生蔓延。在全面建设小康社会、加快社会主义现代化建设步伐的过程中，必须大力加强社会主义精神文明建设、加强先进文化建设，当前尤其要大力加强社会主义核心价值体系建设，探求其构建的机制，坚持把社会主义核心价值体系融入国民教育和精神文明建设全过程、贯穿于现代化建设各方面。社会主义核心价值体系建设的具体内容很多，当务之急是要大力弘扬马克思主义世界观、人生观和价值观，引导广大干部群众进一步确立中国特色社会主义共同理想，构筑以爱国主义精神为核心的民族精神和以改革创新为核心的时代精神，在全社会提倡和弘扬社会主义荣辱观。

社会主义核心价值体系的丰富和完善，包括理论基础建设和体系自身建设两个方面。经济基础决定上层建筑，上层建筑对经济基础起反作用。意识形态属于上层建筑，社会主义核心价值体系属于意识形态，具有相对独立性，是一个潜在的发展过程。经过改革开放和经济建设的飞速发展，我们国家的综合国力有了极大的提高，人民群众的生活水平有了很大的改善；随着理论创新和发展，马克思主义中国化进一步深入，在战争年代产生了毛泽东思想，在新的时代与时俱进地产生了邓小平理论、“三个代表”重要思想、科学发展观等一系列理论成果。这些成就和成果极大地提高了人民群众的社会生活水平和思想水平，为我们建设社会主义核心价值体系提供了坚实的经济和理论基础。但是不可忽视的是，挑战仍然存在，形势依然严峻，构建核心价值体系绝不是一朝一夕就能完成的。建设社会主义核心价值体系是一项长期的战略任务，为

此，党要特别关注广大人民群众的价值取向和思想道德状况，在进行充分调查研究的基础上有针对性地做好教育疏导工作。我们要时刻保持清醒的头脑，采取切实有效的措施，把社会主义核心价值体系牢牢植根于人们的思想深处，并成为全国各族人民的价值追求①。

2. 继承性和创新性的统一。构建社会主义核心价值体系的机制要求积极发掘中华民族几千年传承下来的精神遗产。当然，我们必须以科学的态度，寻找民族文化中优秀的成分，予以发掘、归纳和整理，力求使其焕发出更加灿烂的光辉。同时，我们要积极借鉴外来价值观的积极因素，特别是它们强化核心价值的传播方式。我们在继承的基础上要力求创新。创新是一个民族进步的灵魂，是一个国家兴旺发达的不竭动力，也是马克思主义永葆生命力的源泉。任何一种思想价值体系，一旦离开创新，就会失去生机与活力。社会主义核心价值体系是马克思主义意识形态理论的新发展，也是社会主义先进文化建设的新成果。虽然社会主义核心价值体系中的每一项具体内容不都是全新的，但是把这些具体内容有机结合到一起，使之构成社会主义核心价值体系的完整体系，这无论在世界社会主义运动史上还是在我们党的发展史上都是第一次，充分体现了我们党对社会主义意识形态建设规律的新认识，标志着我国精神文明和先进文化建设即将进入一个新的发展阶段。

3. 整体性和层次性的统一。机制涉及系统内部各要素之间的相互联系、相互制约和相互影响的联结方式。“社会主义核心价值体系是一个有机整体，其四个方面内容都围绕着中国特色社会主义这个主题来展开，既各有侧重又紧密联系，构成为一个内容丰富、深刻、严整的价值观念体系。”② 打个比方，社会主义核心价值体系是一个人，马克思主义是人的头脑，共同理想是人的心脏，民族精神和时代精神是人的血

---

① 王忠一：《社会主义核心价值体系的实践理念和规律性》，《红旗文稿》2007 年第 13 期。

② 王忠一：《社会主义核心价值体系的实践理念和规律性》，《红旗文稿》2007 年第 13 期。

液，荣辱观是人的四肢，各个部分是密切联系的。“我们在构建过程中一定要把握其内在联系，注重整体推进，全面建设社会主义核心价值体系。”① 在整体推进的同时要注意社会主义核心价值体系建设的层次性。社会主义核心价值体系在基本内容上的层次性，不仅体现了社会主义价值体系建设上的先进性要求，又体现了社会主义价值体系建设上的广泛性要求。对共产党员有高层次的要求，对普通群众有一般的要求。这种多层次性特征，决定了它具有广泛的适用性和包容性，从而具有强大的整合力和引领力，成为联结各民族、各阶层的精神纽带。

建设社会主义核心价值体系关键在于发动广大人民群众，加强对人民群众的教育灌输，使人民群众真正了解接受这一价值体系，自觉地在生活实践中践行社会主义核心价值体系。

二、构建社会主义核心价值体系机制的原则

我们在抓住构建社会主义核心价值体系机制的规律的同时要明确构建原则。原则是指人们在既定目标和特定条件下，观察和处理问题时必须遵循的准则和标准。我们在构建社会主义核心价值体系方面不能采取简单化、“一刀切”的办法，而是必须把先进性要求与广泛性要求结合起来，以社会主义核心价值体系引领社会思潮，尊重差异，包容多样，最大限度地形成社会思想共识。为此，要遵循以下原则：

1. 要坚持马克思主义的指导地位。马克思主义指导思想“决定了社会主义核心价值体系的性质和方向，是社会主义核心价值体系的灵魂”②，在所有社会主义价值目标中处于统摄和支配地位。建设社会主义核心价值体系，最根本的是坚持马克思主义的指导地位。长期以来，中国社会的历史和现实以及中国共产党的性质都决定了马克思主义是我

---

① 刘芳、吕韩允：《社会主义核心价值体系建设的规律性》，《文汇报》2007 年 5 月 28 日。

② 谢晓娟：《从提升软权力的角度看社会主义核心价值体系的构建》，《思想理论教育导刊》2007 年第 4 期。

们的指导思想，是我们立党立国的根本指针，是社会主义意识形态的灵魂。中国共产党从成立开始，就始终把马克思主义确立为自己的指导思想。毛泽东曾指出：“我们的党从它一开始，就是一个以马克思列宁主义的理论为基础的党。”[1] 邓小平也指出：“我坚信，世界上赞成马克思主义的人会多起来的，因为马克思主义是科学。”[2] 坚持马克思主义的指导地位要坚持与时俱进。用发展着的马克思主义指导社会主义核心价值体系机制的构建，用马克思主义的立场、观点、方法来正确认识经济社会发展形势，正确认识社会思想意识中的主流与支流。

坚持和加强党的领导是构建社会主义核心价值体系机制的根本保证。构建社会主义核心价值体系机制，关键在党。必须充分发挥党的领导核心作用，坚持立党为公、执政为民，以党的执政能力建设和先进性建设推动社会主义核心价值体系建设，为构建社会主义和谐文化提供坚强有力的政治保证。坚持和加强党的领导，首先必须提高干部领导社会主义核心价值体系建设的本领。只有党的干部在把握方向、制定政策、整合力量、营造环境方面切实担负起领导责任，才能构建好社会主义核心价值体系机制。同时要提高干部领导社会主义核心价值体系建设的本领，发挥党的领导在构建社会主义核心价值体系机制中的作用。

坚持马克思主义的指导地位标明了我国社会性质是社会主义的。邓小平指出，社会主义不是少数人富起来，大多数人穷，社会主义最大的优越性是共同富裕，这是体现社会主义本质的一个东西。中国特色社会主义与西方资本主义的本质区别在于是否达到“共同富裕”。共同富裕是社会主义的本质特征和最终目标。判定社会主义的成败得失，要看人民群众的“共同富裕”程度和水平。“共同富裕”既是人性的体现，也是社会主义制度的体现，更是一种最高层面和谐关系的体现。社会主义核心价值体系机制构建是服务于社会主义本质的，因此，核心价值体系建设必须体现共同富裕的原则。

---

① 《毛泽东选集》第 3 卷，人民出版社 1991 年版，第 1093 页。

② 《邓小平文选》第 3 卷，人民出版社 1993 年版，第 382 页。

2. 要体现以人为本。由于人是历史的主体，所以，“历史是由人创造的”。马克思说：“整个所谓世界历史不外是人通过人的劳动而诞生的过程。”[1] 整个人类社会发展的历史，是“以人为本”的历史。在21世纪前期我国进入全面建设小康社会新的发展阶段，党提出“以人为本”的新型执政理念，并以此作为构建和谐社会的价值灵魂，这是对马克思主义科学人道主义思想的坚持和进一步发展。胡锦涛指出：“坚持以人为本，就是要以实现人的全面发展为目标，从人民群众的根本利益出发谋发展、促发展，不断满足人民群众日益增长的物质文化需要，切实保障人民群众的经济、政治和文化权益，让发展的成果惠及全体人民。”[2] 以人为本的思想无疑成为我们构建社会主义核心价值体系机制的原则。这个原则蕴涵着发展为了人民、发展依靠人民、发展成果由人民共享的价值理念，要求我们的全部理论和实践都要坚持以人为本的价值取向并将其贯穿于经济社会发展的方方面面，在不断推动社会发展的基础上，最大限度地实现人的价值诉求。党的十六届六中全会《决定》明确提出：“坚持以社会主义核心价值体系引领社会思潮，尊重差异，包容多样，最大限度地形成社会思想共识”[3]。“从以人为本出发，社会主义核心价值体系必须达到以下要求：一是要充分尊重个体的价值地位，社会主义核心价值体系必须是现实的、关乎个体切身利益的；二是要有广泛的社会共识，具有强大的感召力、亲和力和凝聚力；三是要基于个体自觉自愿地接受，逐渐内化，绝不是强制灌输。要想达到这些要求，就必须在社会主义核心价值体系中确立一个共同理想。”[4] 建设社会主义核心价值体系是一项巨大的系统工程，它涉及社会的方方面面。

---

① 《马克思恩格斯选集》第2卷，人民出版社1972年版，第89页。

② 胡锦涛：《在中央人口资源环境工作座谈会上的讲话》，《中国青年报》2004年4月5日。

③ 《中共中央关于构建社会主义和谐社会若干重大问题的决定》，《人民日报》2006年10月19日。

④ 邹佰峰、王克宁：《社会主义核心价值体系中的以人为本思想研究》，《哈尔滨市委党校学报》2007年第5期。

我们要构建的社会主义和谐社会，是在中国特色社会主义道路上，中国共产党领导全体人民共同建设、共同享有的和谐社会。“共同建设、共同享有”就是在调动一切积极因素建设社会主义和谐社会的同时，让全体社会成员共享改革发展成果。我们要坚持把社会主义核心价值体系融入国民教育和精神文明建设全过程、贯穿现代化建设各方面，调动人民群众的积极性，发挥他们的主动性和创造性，做好攻坚战的准备，经过长时间的不懈努力赢得胜利。

第三节　国内外关于构建核心价值的考察

“任何社会都有自己的核心价值体系，这是一定的社会系统得以运转、一定的社会秩序得以维持的基本精神依托。”① 在建设社会主义核心价值体系机制方面，国内外有些好的经验，值得在建设社会主义核心价值体系过程中进行借鉴。

一、中国古代道德教化机制的成功做法

中国封建社会形成的以“三纲五常”（君为臣纲、父为子纲、夫为妻纲，仁、义、礼、智、信）为主要内容的核心价值体系，从精神、观念层面维护了两千多年的封建统治秩序。究其原因，封建社会有自己独特的机制——道德教化。道德教化是中国古代极具特色的教育方法和统治术，在长达几千年的历史中，正是道德教化的作用保证了社会的基本稳定和经济与科学技术的发展。分析中国古代的教化理论，剔除其不合理的因素，给我们留下了宝贵的经验，为当前构建社会主义核心价值体系提供了有益的借鉴。自汉武帝起，学者们关于教化的主张被统治者所接受，开始立五经博士行使教化职能，开设太学，设立地方官学，招

① 罗会德：《构筑社会主义核心价值体系的建设机制》，《党政论坛》2007 年第 11 期。

收弟子，进行教化，要求各级官吏把教化作为自己的职责，并设有检查奖惩制度。教化是安邦治国的一项基本国策，那么应该怎样对民众进行教化呢？古人的做法主要是：

1. 强调榜样的教化作用，身教重于言教。古代人多以为化之善否，在于君之作为，君上的言论行为对民众的道德状况有直接的影响。一个社会的良好道德风尚的形成主要靠统治者的以身示范，靠政德状态。《论衡·卷第二·率性篇》中说："王良登车，马不罢驽；尧、舜为政，民无狂愚。"《资治通鉴·汉纪二十》也讲到："上有好利之臣，则下有盗窃之民；此其本也。治天下者，审所上而已。"群众对执政者是"听其言观其行"，其行不善，其言也无力。

师道尊严是古代重视教育、重视德育的集中体现。早在《礼记·学记》中就记有："古之王者，建国君民，教学为先"，"凡学之道，严师为难，师严然后道尊，道尊然后民知敬学"。柳宗元还专门撰《师友箴》一文，歌颂教师，批评轻视讥笑教师的行为，并提出"举世不师，故道益离"，"不师如之何，吾何以成?"然而关于师道尊严阐述得最详细的当属王阳明，他说："古之教者，莫难严师。师严道尊，教乃可施。"认为师道尊严最为重要，当然教师也要保持尊严和庄重，只有这样才能施教，即身教重于言教。因此，进行道德教化，教师不仅要用言教，更重要的是自己以身作则，起到表率作用，这样才能使受教育者心悦诚服地接受教育。孔子在《论语·子路》中就曾说："其身正，不令而行；其身不正，虽令不从"，荀子在《荀子·修身》篇中则明确提出："夫师以身为正仪，而贵自安者也"，即教师必须起典范作用。

2. 强调潜移默化，重视道德情感的培养。传统道德教化强调在不知不觉中深入人心，影响人心，即潜移默化。管子在《管子·七法》篇中说："渐也，顺也，靡也，久也，服也，习也，谓之化，不明于化，而欲变俗易教，犹朝揉轮而夕欲乘车。"这里说的渐，即渐进性：顺，即顺序性；靡，即浸润性：久，即积累性；服，即悦服性；习，即习染性。这都是说道德教育要注重慢性效果、长期效果、大范围效果。孔子在《论语》中还特别强调道德情感的培养，他说："知之者，不如好之者，好之者，不如乐之者。”孔子认为，乐是最高的道德情感状态，只知道德的是非判断是不够的，还应该有爱憎好恶的道德情感表达。道德认知是个外烁的过程，而道德情感则能内化成自己的信念，形成自觉的行为。

3. 强调多种教育手段的综合效应，特别强调家教的作用。古代教育家认为，教宜则化，教化必须研究教育客体，采取最适宜的教育方法。《中庸》中说：“能尽物之性，则可以赞天地之化育”。教育之所以有化之作用，其前提是教育者能尽物之性，顺人之情，以适宜方法引导之。《后汉书·廉范传》中说“随俗化导”，即顺着民众的习俗去进行化导，随俗则教宜，教宜效果才会好。古代教育家有时强调道德规范的约束作用，有时强调环境的作用，有时强调文化艺术的“善心民，感人深”的道德影响作用，有时强调人格的力量。重视家教在道德教化中的作用，如家规、家训。我国古代社会是以家庭为本的封建宗法制社会。历代统治者特别重视这种以血缘为纽带的个人与家庭、宗族、国家的伦理道德关系的建设和强化，而伦理道德也在论证和巩固这种政治社会结构方面发挥着巨大的作用。

4. 强调对少年儿童的道德教育，从基础做起，持之以恒。“蒙以养正”是古代优良的道德教化传统，古代教育家认为，道德教育宜先入为主，儿童心地单纯，人之恶习未染，是道德教育的最好时机。《颜氏家训·勉学》中“识人颜色，知人喜怒，便加教诲”。古代对少儿道德教育非常注重时机、场合、手段的配合，注意耳濡目染、潜移默化、持之以恒，使道德观念烙在少年儿童的心灵中。此外，古代一向重视蒙学教材的编写工作。如《颜氏家训》、《三字经》、《千字文》等，提出许多为人处世、待人接物、治学修德等方面的道德准则，其精华部分至今为人们所称道。

5. 强调教化的内容，以本民族的优秀思想道德为主。在用什么内容来教化民众这一问题上，我们的先人善于从国情和民族心理习惯出发，把民众喜闻乐见、易于接受、历数千年而不衰的民族传统美德作为教化的主要内容。传统美德内容丰富，有的概括为“礼义廉耻”、有的

总结为“智信仁勇严”，最有代表性的是儒家提出的“仁”、“义”、“礼”、“智”、“信”，这是古人用来端正人心、淳化风俗的主要内容，数千年来一直成为封建社会奉行不替的道德行为规范。

二、中国共产党构建核心价值机制的经验

回顾历史，中国共产党有着优良的思想政治教育传统。社会主义核心价值体系是中国共产党思想政治教育的核心内容。在思想政治教育方面，中国共产党在不断探索思想政治工作客观规律的基础上，逐步建立、形成了一套独具特色的思想政治工作机制，保证了不同历史时期党赋予思想政治工作的任务的完成。

1. 健全领导机制，坚持齐抓共管。中国共产党历来把思想政治工作看做是经济工作和其他一切工作的生命线，是团结全党和全国各族人民实现党和国家各项任务的中心环节，是我们党和社会主义国家的重要政治优势。毛泽东指出：“掌握思想领导是掌握一切领导的第一位。”[①] 邓小平强调：“我们说改善党的领导，其中最主要的，就是加强思想政治工作。”[②] 抓党的建设，首先要抓好党的思想政治建设，因为解决思想政治问题是做好其他各项工作的前提和基础。党的这个优良传统和重要经验，任何时候都不能丢。

中央要求，做好思想政治工作，各级党委一把手是第一责任人；其他领导成员也要明确任务，落实责任。各级领导干部特别是一把手，一定要增强政治意识、大局意识、责任意识，把思想政治工作紧紧抓在手上。把开展思想政治工作的成效，作为考核领导班子、选拔使用领导干部的重要内容。加强思想政治工作是全党的共同任务，各级党委、政府和有关部门都切实负起责任，积极主动地抓好抓实。各级工会、共青团、妇联等群众组织在党委的统一领导下，与党委组织、宣传部门密切配合，充分发挥自身优势，做好自己所联系的群众的思想政治工作。各

① 《毛泽东选集》第 2 卷，人民出版社 1996 年版，第 435 页。

② 《邓小平文选》第 2 卷，人民出版社 1994 年版，第 365 页。

条战线、各个行业、各个领域都结合各自实际，开展经常性的思想政治教育工作，形成群众广泛参与的思想政治工作新格局。

为使工作落到实处，我党必须努力建设一支政治强、业务精、纪律严、作风正的专兼结合的思想政治工作队伍。选拔一批德才兼备的中青年骨干充实到思想政治工作队伍中来，尽快解决思想政治工作队伍不稳和后继乏人的问题。广大思想政治工作者认清自己肩负的责任，增强做好思想政治工作的责任感和光荣感，努力学习党的路线方针政策，学习思想政治工作业务知识，提高自身素质，使自己更好地适应工作需要。

2. 健全舆论机制，注意发动群众。中国共产党一直重视意识形态的建设工作。思想文化阵地，马克思主义的思想不去占领，各种非马克思主义的思想甚至反马克思主义的思想就会去占领。坚持马克思主义在意识形态领域的指导地位，不断增强党的思想政治工作的创造力、说服力、感召力，着力回答重大理论和实际问题。我们要牢牢把握先进文化的前进方向，坚持为人民服务、为社会主义服务的方向和百花齐放、百家争鸣的方针，贴近实际、贴近生活、贴近群众，创新内容、创新形式、创新手段，努力铸造中华文化的新辉煌，为激励人民奋勇前进提供强大的精神动力和智力支持。坚持党管媒体的原则，增强引导舆论的本领，掌握舆论工作的主动权。坚持团结稳定鼓劲、正面宣传为主，引导新闻媒体增强政治意识、大局意识和社会责任感，进一步改进报刊、广播、电视的宣传，把体现党的主张和反映人民的心声统一起来，增强吸引力、感染力。重视对社会热点问题的引导，积极开展舆论监督，完善新闻发布制度和重大突发事件新闻报道快速反应机制[①]。在意识形态建设方面要走群众路线。群众路线是我们党根本的政治路线，也是我们党根本的工作路线。党的思想政治工作本质上是群众工作，是宣传群众、教育群众、引导群众、提高群众的工作。深入群众的主要任务就是要发挥党的思想政治工作的优势，做好宣传发动工作，把正确的决策交给群众，变成广大群众的自觉行动，引导群众前进。建立健全人民群众参政

① 张耀灿等：《思想政治教育学前沿》，人民出版社 2006 年版，第 265 页。

议政、民主协商、公开政务、实施监督的各项制度，让群众有说话的地方、有参与的条件、有监督的权利，并使之经常化、制度化。工会、共青团、妇联等组织，作为党联系群众的桥梁和纽带，反映各自所联系群众的呼声，积极维护他们的利益。

3. 完善保障机制，保障优势发挥。经济基础决定上层建筑。我们加强和改进思想政治工作，归根到底是为社会主义经济基础服务的。思想工作要紧密结合经济工作和各项业务工作一道去做，把工作做到人民群众的物质生产和精神生产的实际活动中去，才能保障工作落到实处。邓小平就曾指出："改革，现代化科学技术，加上我们讲政治，威力就大多了。"[①]"他所说的'威力'，实际上是一种综合优势，其实质就是要求我们在以经济建设为中心的同时，重视和发挥党的政治优势；就是要求我们把改革开放的具体工作与党的政治优势结合起来。能否结合，是否善于结合，这是新时期党的思想政治工作发挥优势的关键。"[②] 为使思想工作真正发挥实效，必须借助于行政与法律法规，健全法律保障机制。毛泽东曾指出：人是生活在制度中的，同样是那些人，施行这种制度，人们就不积极，实施另外一种制度，人们就积极了。制度对了头，就会促进生产积极性和创造性，从而为各种思想问题的解决提供良好的条件，开展思想政治工作就有效多了[③]。以往，中国共产党在思想政治教育方面主要运用列宁提出的灌输的方法，并形成了独具特色的灌输机制。随着国内和国际环境的深刻变化，社会道德规范的调节作用有所弱化。进行思想教育，光靠正面灌输讲大道理的方式是不够的，必须充分运用法律手段开展思想政治工作，来保证思想政治工作的实施。同时，思想教育要和科学管理相结合，科学规范的严格管理有助于人们增强组织纪律观念，有利于高尚思想道德的培养和良好社会风尚的形成。

---

① 《邓小平文选》第 3 卷，人民出版社 1993 年版，第 166 页。

② 张耀灿等：《思想政治教育学前沿》，人民出版社 2006 年版，第 265 页。

③ 薄一波：《若干重大决策与事件的回顾》（修订本）下卷，人民出版社 1997 年版，第 809 页。

此外，思想政治教育也应与必要的行政手段相结合。

4. 健全激励机制，强化示范引导。中国共产党历来重视对广大人民群众的民族精神和时代精神的培养，通过树立典型，发挥激励作用，进行示范引导，成为党的思想政治工作威力无穷的优良传统。几十年来，思想政治工作树立的一批批先进典型，感召和鼓舞了共和国几代人，成为广大共产党员和人民群众心目中光辉的榜样和永远的旗帜。在党的思想政治工作历史上，我们曾经树立了张思德、雷锋、焦裕禄、孔繁森、任长霞、洪战辉等一大批闪耀着时代光芒的先进典型，同时我们大力弘扬井冈山精神、长征精神、延安精神、红岩精神、西柏坡精神、大庆精神、“两弹一星”精神、航天精神等民族精神；还宣传过大庆、鞍钢、邯钢、海尔等影响巨大的先进企业精神。前几年我们又大力弘扬抗震精神。

三、国外构建核心价值体系机制的经验

邓小平指出：“光凭自己的经验和教训还解决不了问题。中国要谋求发展，摆脱贫穷和落后，就必须开放。开放不仅是发展国际间的交往，而且要吸收国际的经验。”① 综观国外核心价值体系的构建也有一些经验可供借鉴。

1. 国家进行全面干预。日本无论是战前还是战后在构建核心价值体系方面都注意发挥政府的作用。战后日本政府确立了全面主义道德教育体制，后来又确立了特设道德教育体制；把核心价值体系内容写进教材，通过课堂传授，文部省实施教科书审定制度，通过审定教科书，使其内容与当时政府的政治主张相吻合。“日本对其道德教育采取了国家全面干预的办法，由政府统一管理、统一布置，有一整套强有力的行政干预措施和政策。通过建立从文部省、德育研究机构、研究会、地区教育机构、学校等一整套管理体制，国家从整体上抵制消极因素的副作用，推行统一的民族价值观，促进学校道德教育系统化；较好地运用行

① 《邓小平文选》第 3 卷，人民出版社 1993 年版，第 266 页。

政和法律的力量来加强道德教育，使之适合社会发展的要求；调节所有社会机构的作用，合理利用各方面资源。”①

新加坡公民道德教育成功之处在于政府对其国民所进行的“国家意识教育”实行统一指导，全面干预。1988 年成立了专门机构——国家意识委员会，负责国民意识教育工作。1990 年国会提出并通过了为不同种族和不同信仰的新加坡人都认同的“五大共同价值观”，即由新加坡政府颁发的《共同价值观白皮书》：“国家至上，社会为先；家庭为根，社会为本；关怀扶持，同舟共济；求同存异，协商共识；种族和谐，宗教宽容。”使之成为社会精神文明建设的共同目标。新加坡非常注意动员和协调各方力量，由政府协调家庭、学校、社区、大众传播媒介、社会运动以及法规政策、政府廉正、官员风范等相互配合，共造声势，尽力为青少年的健康成长营造一个良好的环境②。

2. 政府进行指导调控，法治和政策引导结合。美国、英国和德国实行在价值体系构建中由政府间接管理，指导控制，采取下放式的、多元化的、分权的教育体制。美国学校分公立和私立两种。私立学校自主决定学校的办学模式和课程设置，政府不直接干涉。公立学校的教育体制和教学内容由州政府或社区决定，但学校有很大的自主权。美国联邦政府在思想政治教育方面没有统一的要求，其作用体现在由其制定或由国会通过的法规上。英国学校思想政治教育也没有全国统一的目标，因为课程目标通常是由英国各地方教育当局负责制定，而学校又有较大的权力决定各自学校的课程安排，直到 1988 年的教育改革之时，英国开始实施全国统一课程。然而，宗教课仍不包括在全国统一课程之列。德国是联邦制国家，各州在教育上享有绝对的自主权。德国学校思想政治教育的目标因各州的具体情况不同而各有差异③。

新加坡政府通过法治和社会政策引导的方式，保证和推进核心价值

① 张耀灿等：《思想政治教育学前沿》，人民出版社 2006 年版，第 268 页。
② 张耀灿等：《思想政治教育学前沿》，人民出版社 2006 年版，第 268 页。
③ 张耀灿等：《思想政治教育学前沿》，人民出版社 2006 年版，第 269 页。

体系建设。新加坡“国家意识教育”在组织实施上的明显特点是使其法制化。新加坡政府敢为天下先，雷厉风行地将社会精神文明建设的大量内容纳入了法治的轨道。对随地吐痰、乱扔废弃物等在世界各国法典中无案可查的内容都一一立法，规定相应处罚的条款，严格执行。对助人为乐、同情和帮助弱者等高尚行为，则以社会政策引导的方式，如授勋、登报、奖励等，让人们向他们学习，引导人们“向上、向善、向美”。

3. 拓展多种渠道，社会广泛参与。在美国，无论是学校、家庭、社会还是大众传媒，无论是政党还是宗教团体，无论是家长还是教师，教育充分利用一切场合和时机宣传美国的生活方式和价值观念。在西方国家，尽管科研单位的性质十分多样化，有的是民间基金会资助的（如美国的卡耐基基金会和德国的阿登纳基金会），有的是大学附设的（如保加利亚索菲亚大学青年研究所），有的是政府资助的，或直属于政府部门的，但都积极参与思想政治教育。社区机构在发达国家的社会生活中占有重要地位，它也是思想教育的重要机构，如志愿者活动的组织领导大多数是由社区和学校以及教会共同承担，教会在西方国家历来都担负有思想政治教育的功能。苏东剧变后，在俄罗斯等独联体国家，宗教势力迅速扩展，教会日益成为思想政治教育的重要机构。

4. 营造良好环境氛围，创造舆论。美国的思想政治教育十分重视环境教育的整体性与一致性。环境对人的思想道德培养既有显性约束力，又具有隐性感染力。为此国外很多学校投入了大量的人力物力营造校内外环境，如在校内完善制度，优化风气，加强校报、广播、影视、网络建设，美化校园环境等；在校外普遍设立纪念馆、博物馆、弘扬民族精神风貌和宣传道德理念的标志物，以及具有暗示效果的活动等，如美国的旧金山，许多街道都以华盛顿、杰斐逊等重要历史人物命名，以致整个旧金山的街道几乎成了美国名人志。纪念馆全部免费向公众开放。这些场馆集中体现了美国的物质文明和精神文明，无时无刻不在宣扬美国的政治制度和价值观念，创造舆论氛围，是美国政府向其国民进行政治、思想、道德教育的重要基地和生动教材。

第四节　社会主义核心价值体系建设的目标要求

党的十六届六中全会提出了建设社会主义核心价值体系的战略任务，指出："马克思主义指导思想，中国特色社会主义共同理想，以爱国主义为核心的民族精神和以改革创新为核心的时代精神，社会主义荣辱观，构成社会主义核心价值体系的基本内容。"社会主义核心价值体系是社会主义制度的内在精神和生命之魂，在所有社会主义价值目标中处于统摄和支配地位。它既是长期以来中国共产党探索思想道德建设规律的重大进展，也是新时期社会主义价值理论建设的重要成果。

一、社会主义核心价值体系建设的目标要求

社会主义核心价值体系建设的目标要求主要是围绕着其基本内涵展开的，社会主义核心价值体系建设的目标要求表现在以下方面：

1. 以马克思主义指导思想为社会主义核心价值体系建设的灵魂。马克思主义指导思想，是我们立党立国的根本指针，是社会主义意识形态的灵魂。中国共产党从成立开始，就始终把马克思主义确立为自己的指导思想。毛泽东指出："我们的党从它一开始，就是一个以马克思列宁主义的理论为基础的党"①。建国后，毛泽东把是否坚持马克思主义作为判断"鲜花"和"毒草"的基本判断标准之一，强调："领导我们事业的核心力量是中国共产党。指导我们思想的理论基础是马克思列宁主义。"② 改革开放新时期，邓小平把马列主义、毛泽东思想作为必须坚持的四项基本原则之一，强调"老祖宗不能丢"。与此同时，他深刻指出："把马克思主义的普遍真理同我国的具体实际结合起来，走自己

① 《毛泽东选集》第3卷，人民出版社1991年版，第1093页。

② 《毛泽东文集》第6卷，人民出版社1996年版，第350页。

的道路，建设有中国特色的社会主义，这就是我们总结长期历史经验得出的基本结论。”① “三个代表”重要思想、科学发展观则进一步丰富和发展了马克思主义的理论宝库。马克思主义理论既是社会主义核心价值体系建设的指导思想又是重要内容。

2. 以中国特色社会主义共同理想为社会主义核心价值体系建设的主题。“共同理想”一直是新中国成立以来我们团结社会主义国家，发展民族、党派间关系的一个重要概念和口号。在改革开放新时期，建设中国特色社会主义，渐渐成为现阶段全国各族人民共同理想的主要内容。早在1980年3月，《人民日报》转载评论员文章，提出：“全国人民的共同理想就是要通过大家的艰苦奋斗，去建设一个社会主义现代化的强国。”② 在党的十二届六中全会上正式提出了“用共同理想动员和团结全国各族人民”的历史任务，提出“建设有中国特色的社会主义，把我国建设成为高度文明、高度民主的社会主义现代化国家，这就是现阶段我国各族人民的共同理想”。决议还要求正确处理最高理想和共同理想的关系。此后，共同理想教育成了我国思想政治教育和思想道德建设工作的重要组成部分。它出现在此后中国共产党历次代表大会的报告中，成为“九五”、“十五”、“十一五”计划（规划）的重要内容。党的十六届六中全会把共同理想确立成为社会主义核心价值体系的重要内容。中国特色社会主义共同理想，是实现中华民族伟大复兴的必由之路，是全国各族人民团结奋斗的强大动力。

3. 以爱国主义为核心的民族精神和以改革创新为核心的时代精神为精髓。以爱国主义为核心的民族精神和以改革创新为核心的时代精神是社会主义核心价值体系的精髓。民族精神是民族文化最本质、最集中的体现。在五千多年的发展中，中华民族形成了团结统一、爱好和平、勤劳勇敢、自强不息的伟大民族精神，改革开放使我国各族人民焕发出巨大的创造活力，形成了解放思想、求真务实、锐意改革、开拓创新的

---

① 《邓小平文选》第3卷，人民出版社1993年版，第3页。

② 《人民日报》1980年3月23日。

鲜明时代精神。民族精神和时代精神是相互交融，是中华民族生生不息、薪火相传的精神支撑，是当代中国人民不断创造崭新业绩的力量源泉，使中华民族能够以昂扬向上的精神状态自立于世界民族之林。民族精神是一个民族赖以生存和发展的精神支柱。弘扬以爱国主义为核心的民族精神，是社会主义核心价值体系建设的重要内容。在我国五千多年的历史发展中，中华民族形成了以爱国主义为核心的勤劳勇敢、团结统一、爱好和平、自强不息的伟大民族精神。民族精神犹如社会的“粘合剂”，将各族人民的智慧和力量聚集、整合在一起；民族精神具有强大的召唤力和推动力，可以焕发全体人民的斗志和责任心。面对当前各种思想文化的相互激荡，面对充满挑战和风险的重要战略机遇期，必须把弘扬和培育民族精神作为社会主义核心价值体系建设的一项极为重要的任务，纳入思想道德建设的全过程，体现在和谐社会构建的全部实践中，使全体人民始终保持昂扬向上的精神状态。

时代精神代表人们精神世界的主流，反映历史进步的方向。社会主义核心价值体系是一种既具有强烈的民族性又具有鲜明时代性的先进思想文化，弘扬以改革创新为核心的时代精神理应是社会主义核心价值体系建设的题中应有之义。我国人民在改革开放的历程中，锐意进取、敢为人先的创新精神不断迸发，自主、平等、竞争、效率的观念不断增强，扶贫济弱、公平共享，促进人的全面发展的人文精神得到普遍推崇，民主、科学、法治的理性精神成为广泛共识。正是依靠这种精神，中国人民在改革开放三十年中创造了举世瞩目的辉煌成就。面对新形势新情况，我们必须紧扣世界潮流和时代主题，大力弘扬以改革创新为核心的时代精神，使反映时代精神的思想道德价值观成为整个社会的主流。

4. 树立和践行社会主义荣辱观，打牢社会主义核心价值体系的基础。中国共产党人历来重视正确的荣辱观念在革命、建设和改革中的重要作用。民主革命时期，毛泽东深刻指出：共产党员无论何时何地都不应把个人利益放在第一位，而应以个人利益服从于民族的和人民群众的利益。改革开放时期，邓小平指出：“中国人民有自己的民族自尊心和自豪感，以热爱祖国、贡献全部力量建设社会主义祖国为最大光荣，以损害社会主义祖国利益、尊严和荣誉为最大耻辱。”[①] 江泽民指出：“领导干部必须讲学习、讲政治、讲正气，还必须讲修养、讲道德、讲廉耻”，“要在全党全社会大力提倡高尚的社会主义思想道德和中华民族的优良传统，以艰苦奋斗、勤俭朴素为荣，以铺张浪费、奢侈挥霍为耻。”[②] 他还强调，思想政治工作的一个重要任务，就是引导人们分清正确与谬误、文明与愚昧、真善美与假恶丑。

2006 年“两会”期间，胡锦涛明确提出了“八荣八耻”思想。他指出，在我们的社会主义社会里，是非、善恶、美丑的界限绝对不能混淆，坚持什么、反对什么，倡导什么、抵制什么，都必须旗帜鲜明。要在全社会大力弘扬爱国主义、集体主义、社会主义思想，倡导社会主义基本道德规范，促进良好社会风气的形成和发展。要引导广大干部群众特别是青少年树立社会主义荣辱观。胡锦涛提出的以“八荣八耻”为主要内容的社会主义荣辱观，继承和发展了我们党关于社会主义道德建设褒荣贬耻、扬荣抑耻的思想，继承了中国古代的“知耻”文化传统，同时又丰富了新的时代内涵，深化了我们党对社会主义道德建设规律的认识，成为社会主义核心价值体系的重要组成部分。党的十六届六中全会提出，要在青年中进行爱国主义和民族精神教育，“以贡献全部力量建设和保卫社会主义祖国为最大光荣，以损害国家利益、国家尊严为最大耻辱。”

总之，社会主义核心价值体系是中国共产党探索社会主义精神文明建设过程中取得的重大成果，是社会主义建设时期，尤其是改革开放以来，中国共产党思想理论建设的重要发展。在经济体制深刻变革、社会结构深刻变动、利益格局深刻调整、思想观念深刻变化的新形势下，提出建设社会主义核心价值体系，以之引领社会思潮，最大限度地形成社会思想共识，既是丰富发展中国特色社会主义理论与实践的需要，也是

① 《邓小平文选》第 3 卷，人民出版社 1993 年版，第 3 页。

② 江泽民：《论党的建设》，中央文献出版社 2001 年版，第 534、245 页。

构建和谐社会、建设和谐文化的必然要求，具有重大的理论意义和实践意义。

二、社会主义核心价值体系的构建方式

社会主义核心价值体系的构建方式主要从以下方面着手：

1. 注重加强相关制度的设计与构建。在实际工作中，要注意把社会主义核心价值体系的要求转化为具体的可贯彻执行的政策，落实到具体的制度和政策规定之中，通过制度、政策的设计和构建，通过各类评优和奖惩制度的建立与完善，努力把社会主义核心价值体系的要求纳入制度规范、政策规定、社会评价之中，由此强化制度政策的激励与约束作用。通过制度的激励约束，使体现社会主义核心价值要求的行为得到鼓励，使各种违反社会主义核心价值要求的行为受到抵制。社会主义核心价值体系建设是一项举全社会之力的系统工程，要通过具体的工作加以推进，需要建立相应的机制保障，如党内先进性示范机制、党政工团多部门协调领导机制、道德失范矫正机制等等。同时，把推进社会主义核心价值体系建设和各类评优评奖制度结合起来，积极把社会主义核心价值体系的要求纳入测评标准。

2. 推动社会主义核心价值体系的内容和要求向行为准则转化。增强社会主义核心价值体系的实践性，要把价值要求变成行为规范要求和法律规范要求：一是转变成人们的道德行为准则。可考虑制定出台体现社会主义核心价值要求的系列文明行为公约和规章等，用以规范人们的日常行为。比如，尝试将“八荣八耻”的要求具体化为家庭道德规范、社区道德规范、行业道德规范和公共生活道德规范等。二是转变为对人们的法律要求。在社会主义核心价值观构建中，教育措施是主要的，因为这可以使人明白为什么要这样做，但是教育不是万能的，思想道德教育离不开制度约束。前者是基础后者是根本，两者相辅相成，相互促进。如果仅停留在前者，而没有法律和制度的约束，社会主义核心价值观构建就不会获得应有的刚性，也没有“硬”起来的可能。我们要把思想道德教育的“软约束”与法律制度建设的“硬约束”结合起来，

把自律和他律结合起来，对不文明、不道德和反文明、反道德的一般或突出问题进行“刚性”整治，惟如此，才能既治标又治本，收到标本兼治之功效。

3. 做好社会主义核心价值体系的宣传工作。首先，做好通俗化解释、普及工作，使社会主义核心价值体系的内容、要求易于为人们了解，比如编写简明的教材、出版通俗的读物等。要体现“三贴近”的要求，善于运用人民群众喜闻乐见的文学、艺术等形式，把社会主义核心价值体系的内涵和要求通俗易懂地表现出来，注重以视觉文化感染人。其次，要充分发挥各种舆论媒体特别是新闻舆论媒体的正面引导作用。注重以正确的舆论导向引领社会舆论，弘扬真善美、鞭挞假恶丑，形成舆论强势。各种媒体都要增强社会责任感，做科学发展的促进者、和谐社会的建设者、先进文化的传播者。再次，宣传社会主义核心价值体系要以理服人。比如讲马克思主义指导思想的一元地位，不能把马克思主义指导思想自我封闭和孤立起来，要讲清楚一元指导思想和多种价值观念并存的关系，要讲包容性。

4. 加强对广大党员和干部的教育工作。在社会主义市场经济条件下，人们的思想观念多样、多变，社会主义核心价值体系能否成为人们思想的引领和精神的旗帜，要靠教育灌输。要通过开展多层次的社会主义核心价值体系教育活动，统一思想认识，解决用社会主义核心价值体系武装人的问题。不注重教育和灌输，人们对社会主义核心价值体系的理解就容易各取所需，难以发挥统一思想、凝聚民心的作用。开展思想教育活动，要紧紧把握不同群体的关注点，确立不同的侧重点，开展有针对性的教育。从教育内容、形式到要求都要体现层次性。要抓住重点群体，关键是党员和各级领导干部。干部的思想道德水平直接关系到建设有中国特色社会主义事业的大计，也是社会主义核心价值观建设关键因素，他们的一言一行对社会主义核心价值观建设起着重要的导向和示范作用。近年来社会风气出现问题，其中一个重要原因就是污腐化，在社会风气上带了一个坏头。因此，加强干部思想教育活动具有特别重要的作用。以党员和各级领导干部的教育为重点，增强党员和各级领导干部践行社会主义核心价值观的自觉性，可以最大限度地发挥以价值引导主体影响人的功效，推动一般社会群体认可和接受社会主义核心价值体系。社会主义核心价值体系是一个不断丰富完善的体系，开展社会主义核心价值体系教育是一个长期的过程，不可奢望毕其功于一役。要根据经济社会发展不同阶段出现的新情况、新问题、新要求，把社会主义核心价值观教育贯穿其中，融入国民教育和精神文明建设全过程，贯穿社会主义现代化建设的各方面。

第四章

雷锋精神与社会主义核心价值体系的内在契合性

雷锋是我国家喻户晓的全心全意为人民服务的楷模，共产主义战士，雷锋精神更是精神文明的同义语，先进文化的代表。曾是一代又一代人尊重的精神楷模。如今雷锋同志已经离开我们近半个世纪，随着我国经济迅速发展，人民物质生活水平日益提高，社会生活日益丰富，价值观和道德体系也呈现出了庞杂混乱的态势，引发了价值观上的无所适从、悬置、错位等等问题。在被称作“没有信仰”的当代中国，积极构建社会主义核心价值显得尤为重要和迫切。当下，党的十八大会议落下帷幕，对于中国的发展和民生的提高有着跨时代的意义。展望未来，回首过去，党的路线方针中依然坚持着永恒的信仰和精神。其中，社会主义核心价值体系和雷锋精神的重要性更加显现出来，党的十七届六中全会提出积极推进社会主义核心价值体系建设，落实全会决定中提出的将学习雷锋活动常态化的要求，成为一项十分迫切的历史任务，这也提出了以雷锋精神融入社会主义核心价值体系建设的新课题。这是为了更好地贯彻和执行党的十八大会议决议，从而更好地促进中华民族的腾飞。可以说，雷锋精神是推进社会主义核心价值体系建设的重要切入点。周总理把雷锋精神全面而精辟地概括为“憎爱分明的阶级立场、言行一致的革命精神、公而忘私的共产主义风格、奋不顾身的无产阶级斗志”。

雷锋精神正是社会主义核心价值体系的生动展现。这两者在本质上是一脉相承的，这恰恰是由于雷锋精神和社会主义核心价值体系具有内在的契合性。所谓契合性即是高度的一致性、统一性。而本书则主要从哲学基础、构成要素、本质属性、价值追求四个方面阐述这种契合性。

第一节　哲学基础的内在契合性

哲学是关于世界观和人生观的总称，是一切实践行为的出发点。一个人存有什么样的哲学思维，便会有该哲学指导下相一致的实践行为。雷锋精神和社会主义核心价值体系便具有共同的哲学基础——马克思主义哲学。在马克思主义哲学的基础之上两者在本体论、认识论、价值论、历史观这四个方面具有内在契合性[①]。

一、本体论的内在契合性

马克思主义哲学认为，物质是世界的本原，世界真正的统一性在于它的物质性。这种本体论主张世界的物质统一性是多样性的统一，是包含着质的差异的统一。多样性是统一性的前提，离开多样性的统一只能是空洞无物。在社会生活领域，价值的统一性与多样性就是世界统一性与多样性的生动体现。世界的物质统一性与多样性的辩证统一，是社会主义核心价值体系与雷锋精神的哲学本体论根基。社会主义核心价值体系与雷锋精神是一种具有先进性的价值体系。价值的统一性或者说一元性是同一客体对于同一社会历史条件下的主体或同一主体的某一个方面来说价值是一元的，是确定不移的。价值的多样性是同一客体对不同的主体或同一主体的不同方面来说价值的性质和方向是不一样的，是千差万别的。价值的统一性决定价值的多样性，价值的多样性是价值统一性

---

① 丘有阳：《论社会主义核心价值体系的哲学基础》，《辽宁工程技术大学学报》（社会科学版）2008 年第 6 期。

的表现。不能只讲价值的统一性而否定价值的多样性，也不能只讲价值的多样性而否定价值的统一性。只讲价值的统一性而否定价值的多样性，就会导致形而上学、思想僵化、家长主义，只讲价值的多样性而否定价值的统一性，忽视整个社会思想的支流，就会导致思想混乱、一盘散沙、丧失社会的凝聚力。

价值体系（valuesystem）是一个民族在一定时代、一定社会中形成和发展起来的，是一定社会、民族在一定时代社会意识的集中反映。价值体系是一个整体系统，包含着丰富的内容和诸多要素，如指导思想、理想、信仰、信念、价值取向、价值评价，等等。价值体系是逐渐形成和建立起来的，但一旦形成之后，它又具有相对稳定性。当一个社会中存在多种价值体系时，就有可能形成一种主导价值体系，并以它为统领，建立和形成这个社会的价值体系。无论是单个的主体，还是一个共同体，都离不开一定的价值体系的引导。党敏锐地意识到作为核心组成部分的价值体系是整个社会生活的灵魂，对整个社会生活起着统领、支配地位，主导和引导一个社会生活中各种价值目标、价值信念、价值取向、价值标准、价值规范、价值追求、价值评价沿着健康向上的方向发展，以保障一定社会的政治、经济、文化的有序运行。这种观念体系就是一定社会的核心价值体系并且配合雷锋精神，是一定社会的主流意识形态。

社会主义核心价值体系在我国社会主义建设发展过程中：向世人展现了我们党思想上精神上的旗帜；有利于增强民族凝聚力、提高国家竞争力；有利于巩固全党全国人民团结奋斗的共同思想基线、共同的思想基础，成为我们党、国家、民族赖以存在和发展的根本前提；有利于建设和谐文化；有利于引导全社会思想道德上的共同进步。同时，我们还要看到在当前经济体制深刻变革、社会结构深刻变动、利益格局深刻调整、思想观念深刻变化，思想大活跃、观念大碰撞、文化大交融的背景下，社会生活是多样化发展的，人们所站社会位置不同，对于世界理解的角度也不尽相同，所以往往存在着不同的价值观，能在多元化的价值观中形成一种调和力，能有效调动社会各方面积极发展同时保持社会稳定。我国在社会主义初级阶段，我们所面临的主要矛盾是相同的，即决定我们的根本利益是一致的，因此，我们要始终坚持价值的统一性，即坚持为最广大人民的根本利益服务的一元价值导向，限制消极因素，充分调动积极因素，促进整体社会和谐发展，最大限度地实现社会主义社会的整体价值。

社会各层面多层次需求决定了社会主义核心价值体系也具有多层次性。同样，雷锋精神也具有多层次性。他曾在日记中表述到在不同的岗位应有不同的贡献："如果你是一滴水，你是否滋润了一寸土地？如果你是一线阳光，你是否照亮了一分黑暗？如果你是一颗粮食，你是否哺育了有用的生命？如果你是一颗最小的螺丝钉，你是否永远坚守在你生活的岗位上？如果你要告诉我们什么思想，你是否在日夜宣扬那最美丽的理想？你既然活着，你又是否为未来的人类的生活付出你的劳动，使世界一天天变得更美丽？我想问你，为未来带来了什么？在生活的仓库里，我们不应该只是个无穷尽的支付者。"因此，根据一元与多元辩证法，建设社会主义核心价值体系与雷锋精神并不是要扼杀价值观念上的多元性，其本质上是要承认多样性，同时引导聚合较低层次的价值观念向较高层次发展，鼓励各种价值观念中的积极因素，最大限度地使分散混乱的价值观念走向集中，最大限度地整合社会意识形态，从而保证中国特色社会主义社会和谐稳定有效率的发展。

所以，根据价值活动的辩证法将雷锋精神融入到社会主义核心价值体系，决不能走单一路线，不能否定多元价值存在的合理性，同时坚持一元价值的统领性地位和导向作用，充分发挥核心价值观的主观能动性，积极向上的引导多重价值观念和谐统一，在其引导下百花齐放，具有凝聚力的发展，使得中国特色社会主义既丰富又和谐，既包容又专一稳定和谐发展。

在作为基础的本体论之上，雷锋精神和社会主义核心价值体系都是人们在认识世界和改造世界的过程中不断认识和总结的理论硕果，那么两者具体在认识论方面有何内在契合性呢？

二、认识论基础的内在契合性

雷锋精神和社会主义核心价值体系具有共同的哲学基础——马克思主义哲学。哲学是关于世界观和人生观的总称，是一切实践行为的出发点。一个人存有什么样的哲学思维，便会有该哲学指导下相一致的实践行为。毛泽东在阅读过雷锋的日记后说："此人懂得一点哲学。"雷锋懂得的哲学究竟是什么样的哲学，以至于他能够在有生之年始终坚持高尚的道德情操和舍己为人的行为方式，这在雷锋的日记中不难看出端倪。雷锋认为："生活中一切大的和好的东西全是由小的、不显眼的东西积累起来的。""理论应该联系实际，改造思想，指导行动"。

马克思主义认为理论认识来源于实践，实践决定认识，理论必须把实践作为自身哲学的基石；同时，理论认识对实践又具有能动的反作用，理论与实践的关系是实践上升成理论，理论又反作用于实践，指导实践。最后，没有理论的实践是盲目的实践，没有实践的理论是空洞的理论，二者是相互连接不可分割的。正确的理论认识能够指导实践取得成功，错误的理论认识指导则会使实践遭受失败。理论与实践的辩证统一，是社会主义核心价值体系与雷锋精神的认识论根基。

两者作为一种科学的理论形态，来源植根于中国特色社会主义的伟大实践，是对中国改革开放和社会主义市场经济发展经验的科学总结和概括。它的存在和发展始终是受中国社会主义社会物质生活条件制约的。社会主义核心价值和雷锋精神都是先进的科学的理论。随着中国对外开放的不断扩大和社会主义市场经济体制的深入发展，中国社会经济成分、组织形式、就业方式、利益关系和分配方式的日益多样化，市场经济的发展是价值观多元化的基础。与传统的单一的计划经济模式不同，市场经济具有平等竞争、自我生存与扩张、利益主体趋于多样化。经济基础的多元化特征决定上层建筑的价值观的多样化。不同的价值观念之间带来了矛盾、误解、冲突。同时价值多样化使更多的人无所适从，出现"价值虚无"，甚至出现了拜金主义、享乐主义、利己主义、功利主义、极端个人主义、无政府主义等各种消极腐败的文化价值观念，当然，这些消极的价值观反作用于我国社会主义和谐社会的健康发展，对于中国特色社会主义现代化建设全面健康发展起到了相当大的制约作用，这些观念引发了一系列社会问题，使健康向上的主导价值观受到冲击，影响了个体的身心健康和社会的和谐稳定。严重冲击着人们对社会主导价值观念的认同和接受，极大地影响着社会个体的精神面貌和价值追求，制约着全体人们精神境界的提升，妨碍中国特色社会主义现代化建设的全面健康发展。要削弱并克服这些消极、庸俗、颓废、腐朽、落后的价值观念所带来的负面效应，就必须重视和加强社会主义核心价值体系的建设，把社会主义核心价值体系融注于整个国民教育体系和社会主义精神文明建设全过程，把社会主义核心价值体系贯穿于社会主义现代化建设的各个方面，培养和教育全体社会成员树立积极的、科学合理的社会主义价值观，形成凝聚各民族人民团结奋斗、创业图强、共同前进的精神纽带，为建设富强、民主、文明、和谐的社会主义现代化国家而奋斗。

一定历史时期的价值体系不仅是现实的人的价值活动的反映，而且是存在于一定社会实践生活之中并随其变化而变化的。随着价值主体实践的发展，主体的利益和需要的开放性和无限发展的可能决定了价值体系是一个开放的、不断丰富发展的文化世界。社会主义核心价值体系与雷锋精神作为人们对中国特色社会主义实践的认识成果和结晶，本质上也是一种开放的、发展的理论体系。它不仅要接受中国特色社会主义实践的检验，而且还必须通过中国特色社会主义的实践才能得到更进一步丰富和完善。只有从实践出发，把社会主义核心价值体系实际运用于社会生活的各个领域，我们才能够汲取各种价值体系当中积极的、合理的因素，并在实践中自觉地纠正各种错误认识，从而进一步发展和完善这个价值体系。离开中国特色社会主义的伟大实践，离开主体与客体的相互作用，不仅无法正确理解社会主义核心价值体系，而且会陷入唯价值主体论和唯价值客体论的泥潭，落后于社会生活实践甚至被社会生活实践所抛弃，从而严重危及整个社会主义现代化事业。同时，也只有通过中国特色社会主义实践才能充分发挥社会主义核心价值体系的批判功能，与各种错误的、模糊的非社会主义核心价值体系展开斗争，才能使人们正确地识别和自觉地否定各种错误的、消极的、腐朽的价值体系，坚定人们的社会主义和共产主义理想信念，重塑人们的道德信念和价值世界；也只有高度关注和回答各种现实问题，正确地解决人民群众的物质和文化的多样化需求，才能使社会主义核心价值体系内化为人们的价值信念、外化为人们的自觉行动，才能增强和提升其强大的生命力、感召力和影响力。

雷锋曾经说过："1958 年 10 月 21 日入厂时候，我只是一个抱着感恩的思想埋头苦干的工人，在生产上只能做到完成自己的任务和达到每天的定额。后来，在党的教育下，特别是受到党的社会主义建设总路线和全国人民冲天干劲的鼓舞，才使我的思想和眼界变得更加开朗和远大，才使我的干劲越来越高涨。由于党的教育，我懂得了这个道理：一朵鲜花打扮不出美丽的春天，一个人先进总是单枪匹马，众人先进才能移山填海。"这更加体现了雷锋精神与社会主义核心价值体系具有内在的契合性。强调集体价值的先进同时也看到个人先进也是非常必要的。

随着社会变迁和价值主体不断的发展变化，社会各个不同的利益主体其需求也是在不断变化的，这也就决定了价值观体系并不是一成不变的，而是在不断丰富、不断发展的。雷锋精神更是在这近半个世纪不断被赋予新的时代意义，所以不断发展，不断前进的社会主义核心价值体系和雷锋精神都是在不断接受实践的检验的，而且还必须通过中国特色社会主义的实践才能得到更进一步丰富和完善。从社会现实出发，从实际出发，从中国特色社会主义发展历程出发，把社会主义核心价值体系和雷锋精神运用到各个层面各个领域，我们才能更多地吸收积极、健康、向上的价值因素，不断纠正各种错误认识从而进一步发展完善社会主义核心价值体系和雷锋精神，与时俱进。如若离开实际，空谈价值，即会陷入唯价值主体论和唯价值客体论的泥潭，落后于社会生活实践甚至被社会生活实践所抛弃，或者超越于社会生产实践之上，沦为"空想主义"或"大跃进"从而严重危及整个社会主义现代化事业。只有关注实际问题，解决实际问题，着力于解决人民群众物质文化多样化的要求，满足人民群众日益增长的物质文化需求，以最广大人民群众的利益为出发点，才能使人们自觉否定消极错误的价值观念，内化人们的价值观念，外化自觉行动，才能增强和提升其强大的生命力、感召力和影响力。才能更好地推进雷锋精神，更加巩固社会主义核心价值体系的统领地位，从而使中国特色社会主义道路走得更平稳、更畅通，更有力地发展社会主义现代化建设。

雷锋精神和社会主义核心价值体系在人们的认识过程中形成并得到发展，同时，更为重要的是发挥两者的价值，指导人们创造价值促进人类历史的进步。

三、价值论基础的内在契合性

马克思主义认为，对真理的追求和价值的创造是人类历史进步的两大基本原则。真理原则要求人们必须遵循客观规律去认识世界和改造世界，体现了主体活动的统一性；价值原则要求人们按照自己的需要和尺度去认识世界和改造世界，体现了主体活动的多样性。人类社会的发展不仅仅是改造物质世界的过程，同时也是价值实现的过程，包括追求价值，创造价值，最终实现价值。社会的进步归根到底不能为物质增长而牺牲人的全面自由发展，而马克思主义的先进性即体现在其价值理想就是消灭阶级、消灭剥削。社会主义核心价值体系与雷锋精神的哲学价值论根基，即是真理与价值相互制约、相互引导和相互促进。真理与价值的辩证统一，是社会主义核心价值体系与雷锋精神的哲学价值论根基。社会主义核心价值体系与雷锋精神是一种科学的价值观念体系，具有客观真理性和正确的价值性。社会主义核心价值体系与雷锋精不仅深刻地反映了和体现了近代以来中国社会历史发展的客观规律性和必然性，而且深刻地反映了和体现了中国人民的价值追求、价值创造和价值实现过程。它是对社会主义经济建设、政治建设、文化建设的实践经验的科学总结，正确揭示了人类社会发展的客观规律、中国社会发展的客观规律，特别是中国特色社会主义发展的客观规律，是被时间反复证明了的关于社会主义思想道德建设的客观真理。中国革命和现代化建设的实践反复证明：必须坚持走中国特色社会主义道路，必须坚持马克思列宁主义，必须坚持毛泽东思想和邓小平理论，必须始终坚持中国共产党的领导，才能够最大限度地解放和发展生产力，最终实现全体人民的共同富裕。中国人民基于自身的价值尺度对社会主义革命和现代化建设规律总结了对于社会主义发展道路和发展目标的认知和定位、对于社会主义发展模式的选择和评价、对于社会主义发展战略和运行机制的选择与建构等等。因此，真正体现社会主义社会的优越性必须把党的主张、国家的意志和人民的意愿统一起来，把真理与价值、理想与现实、政治与伦理结合起来，使社会主义核心价值体系内化为各种制度设计、政策法规的制定和社会管理活动当中去，这些都构成了社会主义核心价值体系和雷锋精神的融入。人类历史的发展是合乎规律性与合乎目的性的辩证统一。建设社会主义核心价值体系，一方面要求我们从发展社会主义市场经济的实际出发，科学地把握社会经济发展的客观规律，制定出正确的路线、方针和政策；另一方面也要求人们从每个主体的实际利益的实现和满足出发，科学地把握个人价值与社会价值的辩证关系，把社会价值作为衡量人的价值的主要尺度，把国家民族利益、社会集体的利益和个人的利益完美地结合起来，合理调整和规范各种利益关系，寻找各种利益的最佳结合点和结合方式，以实现全体人民的根本利益，促进全体人民的自由全面发展。只有不断满足人民群众日益增长的物质文化需求，使人民群众能感受到真正的幸福，才能不断地深化人民群众对人类社会发展规律、社会主义建设规律、共产党执政规律的认识，使社会主义核心价值体系与雷锋精神真切地转化为广大人民群众实践中国特色社会主义事业的巨大物质力量。

四、历史观基础的内在契合性

社会主义核心价值体系是建立在中国特色社会主义道路的基础上的，是由我国客观发展进程和社会人的客观发展情况的事实决定的，并不是主观臆造的。所以，社会主义核心价值体系是符合社会发展规律的

"自然产物"，而非"人造"。社会主义核心价值体系的确立不是一个人为的确立过程。它受社会发展的客观规律的制约，是与社会主义社会发展的客观进程和人的发展的客观进程相一致的。马克思主义认为，人的发展的客观进程经历了三大历史阶段，即与自然经济社会相适应的人的依赖性关系、与商品经济社会相适应的以物的依赖性为基础的人的独立性和与产品经济社会相适应的建立在个人全面发展和他们共同的社会生产能力成为他们的社会财富这一基础上的自由个性。人类的当代使命绝不仅仅是要把人的独立性建立在对物的依赖性的基础上，而且还要把人从对物的依赖性的异化中解放出来，实现人的自由全面发展。建立在人类发展的客观进程上述三个历史阶段之上的，与人的发展的三形态相适应，社会价值体系也经历了从原始的集体主义到个人主义再到社会集体主义的嬗变。马克思主义关于人的发展的三维理论是社会主义核心价值体系的哲学历史观根基。根据马克思主义关于人的发展的三维理论，当代中国社会主义初级阶段实际上是处于一个特殊的对物的依赖性的阶段，即处于扬弃对物的依赖性阶段人的异化克服人的发展的不全面性的独特阶段。这个历史阶段在某种程度上不可避免地还存在着商品拜物教和货币拜物教，个人与生产力的异化、个人与生产关系的异化、个人与上层建筑的异化和人与自身本质异化的现象。即容易产生一些错误的腐朽的价值观，比如拜金主义、利己主义、功利主义等，从而对社会发展产生一些消极影响。但是，由于社会主义具有相对的优越性，所以社会主义最终要取代资本主义。其必然性就在于它要限制人对物的依赖性的消极影响，使商品经济中人对物的依赖性关系朝着积极的方向发展，使人们自觉地把物变成实现人的本质的有效方式和条件，使人最终从对物的依赖性和奴役中摆脱出来，促进人的自由全面发展，不断地推动社会的完善和进步。社会主义的基本制度，在价值观念上是不支持以人的世界的贬值为代价促使物的世界的增值，更不支持为了寻求物质财富的增长牺牲大多数人的自由全面发展。所以，社会主义定要超越当代资本主义的困境，克服利己主义、拜金主义、享乐主义等混乱错误的价值体系，消除其消极影响，同时确立社会主义核心价值体系，把健康的多元价值整合起来，调度不同的利益群体，控制好在不同价值观念中的张力。从而促进社会主义社会的完善和发展。社会的发展归根结底是广大人民群众对于其最根本的价值的追求，包括创造和实现价值的客观过程。广大人民群众是价值创造的主体，同时也是价值的享受者。社会主义的进步是体现在不断满足广大人民群众的物质文化需求，满足广大人民的根本利益。社会主义核心价值体系要代表中国最广大人民群众的根本利益，就必须把人民群众作为价值创造的主体和价值享受的主体有机结合起来，把实现中国最广大人民群众的根本利益作为衡量一切价值的最高尺度和检验标准。这是贯彻落实科学发展观、建设社会主义核心价值体系的立足点和落脚点。

雷锋精神的哲学性话语无不透射出辩证唯物主义和历史唯物主义的光芒。可见，雷锋精神最显著的特征在于它是基于马克思主义指导之下的文化现象。雷锋精神自诞生之日起便以马克思列宁主义和毛泽东思想作为其理论基础，“每个共产党员和共青团员时时刻到都要以马克思列宁主义、毛泽东思想看做你自己的思想行动的指导，真正做到言行一致。”雷锋的这句话正透射出辩证唯物主义和历史唯物主义的光芒。可见，雷锋精神能不断与时俱进被赋予新的时代意义，能彰显强大的生命力和影响力，正是因为其建立在马克思列宁主义和毛泽东思想的理论基础上，基于马克思主义指导之下的文化现象是其最基本的特征。

社会主义核心价值体系的首要层面，即它的哲学层面，是马克思主义哲学理论基石。马克思主义哲学对社会主义核心价值体系具有基础性作用：世界的物质统一性与多样性的辩证统一，是社会主义核心价值体系的本体论基础；理论与实践的辩证统一，是社会主义核心价值体系的认识论基础；真理与价值的辩证统一，是社会主义核心价值体系的价值论基础；认识论与价值论的统一，是社会主义核心价值体系的实践观基础；社会进步与人的全面发展，是社会主义核心价值体系的历史观基础。从这一意义上说，雷锋精神与社会主义核心价值体系在哲学基础层面上具有内在契合性。

第二节　构成要素的内在契合性[①]

党的十七大报告提出：“建设社会主义核心价值体系，增强社会主义意识形态的吸引力和凝聚力。”社会主义核心价值体系是中国特色社会主义的重要组成部分，是社会主义思想文化建设的核心内容。马克思主义政党历来重视意识形态建设的重要性。毛泽东思想、邓小平理论、“三个代表”重要思想、科学发展观是中国共产党领导中国人民将马克思主义的普遍原理与中国国情相结合所形成的核心价值体系，它引领中国人民取得了新民主主义革命、社会主义建设的伟大胜利，也必将继续引领中国人民实现伟大的民族复兴。

一、社会主义核心价值体系的建构性

社会主义核心价值体系作为建构性的理论体系表明对社会主义核心价值体系的理论功能、主要内容、精神实质的探讨已经相对成熟，这一理论成果应该作为社会主义建设过程中武装全党和被绝大多数人民群众普遍认同和接受的指导思想。

社会主义核心价值体系的理论功能包括两个方面：第一，我国的各项工作必须以马克思主义、毛泽东思想、邓小平理论和“三个代表”重要思想为指导，切实落实科学发展观；第二，必须用社会主义核心价值体系武装全党、教育人民，不断形成社会主义意识形态的吸引力和中华民族的凝聚力。

理论的功能是指导实践。马克思指出：“批判的武器当然不能代替武器的批判，物质力量只能用物质力量来摧毁，但是理论一经掌握群众，也会变成物质力量。理论只要说服人，就能掌握群众；而理论只要

---

① 张育花：《论雷锋精神与社会主义核心价值体系的建构性和开放性》，《畜牧与饲料科学》2012 年第 8 期。

彻底，就能说服人。所谓彻底，就是抓住事物的根本。但人的根本就是人本身。”随着改革开放的不断深入，我国走上了中国特色社会主义发展道路，社会经济飞速发展，物质文明达到了空前的繁荣，但是，由于经济主体、资本构成、发展方式的多元化，各种腐朽的消极价值体系对于我国社会主义核心价值体系构成了一定的冲击，错误的价值观对于社会经济发展有着消极的反作用，因此树立社会主义核心价值体系，倡导学习雷锋精神，是保证社会主义发展方向的正确性，社会经济政治文化等各方面发展的协调性的强大精神动力。社会主义核心价值体系是建设社会主义和谐社会的价值基础，它的主要内容业已确定。《中共中央关于构建社会主义和谐社会若干重大问题的决定》明确指出，社会主义核心价值体系的主要内容包括：马克思主义指导思想、中国特色社会主义共同理想、以爱国主义为核心的民族精神和以改革创新为核心的时代精神、社会主义荣辱观四个方面。这四个方面内容相辅相成，具有很高的一致性。胡锦涛同志指出：“要巩固马克思主义的指导地位，坚持不懈地用马克思主义中国化最新成果武装全党、教育人民，用中国特色社会主义共同理想凝聚力量，用爱国主义为核心的民族精神和以改革创新为核心的时代精神鼓舞斗志，用社会主义荣辱观引领时尚。”社会主义核心价值体系的建构性是由社会主义理论的本质属性决定的。社会主义核心价值体系之所以能够建构意识形态，就是因为它抓住了以人为本这个精神实质，能够展示社会主义制度的优越性，形成中华民族的吸引力和凝聚力。社会主义核心价值体系是一个完整的价值体系，它的目的是保证社会主义建设能够科学发展，精神实质是以人为本。以人为本的终极目的就是要实现人的全面发展。

社会主义核心价值体系的具体要求是：

1. 要不断满足人民群众日益增长的多样化的需求，发展的要义和首要目的是满足人的需求。人的需求是多方面的，是不断增长和变化的。首先，要大力发展生产力，建设社会主义物质文明，不断满足人民群众日益增长的物质需求。其次，要发展社会主义先进文化，建设社会主义精神文明，不断满足人们丰富多彩的精神文化需求。

2. 要维护和保障人民群众的合法权益。人的一个重要追求，就是获得自尊、自由和个性的发展，实现个人的价值。

3. 要把人民群众作为发展的根本动力。以人为本，就是要把人作为发展的主体和推动发展的动力，就是要为发掘人的潜能、发挥人的聪明才智创造良好的条件和环境。

4. 促进人的全面发展。人的全面发展是指人的自我意志获得自由体现，人的各种需要、潜能素质、个性获得最充分的发展。坚持每个人的自由发展是一切人的自由发展的条件；尊重和保障人的权利与尊严；尊重人民的主体地位、激发人民的首创精神；做到发展为了人民、发展依靠人民、发展成果由人民共享；实现人与人、人与社会、人与自然的和谐共处。半个世纪以来，中国共产党持之以恒地倡导学习雷锋精神，目的是增强中华民族的凝聚力和劳动创造力。如果说雷锋是那个年代的产物，那么雷锋精神就是社会主义核心价值体系的具象化解读，雷锋精神以其鲜明可感、朴素平实的特点，立体地对社会主义核心价值体系作了生动诠释：雷锋“出差一千里，好事做了一火车”的助人为乐精神，体现了勇于探索真理的价值取向和坚定信仰真理的思想觉悟。雷锋精神与社会主义核心价值体系的灵魂是相匹配的。雷锋将个人的价值理想、人生追求与“党”、“祖国”、“社会主义”、“事业”紧密相连，具有“服务人民、助人为乐”的奉献精神，“干一行爱一行、专一行精一行”的敬业精神，“锐意进取、自强不息”的创新精神，“艰苦奋斗、勤俭节约”的创业精神。其与社会主义核心价值体系的主题相吻合。民族精神和时代精神是社会主义核心价值体系的精髓，雷锋精神充分展示了大公无私、献身人类的崭新境界。总之，雷锋的典型事迹能让人们通过清楚可感的形象、贴近生活的典型事迹来学习和理解社会主义核心价值体系的丰富内涵。

二、社会主义核心价值体系的开放性

社会主义核心价值体系的开放性就是要保证社会主义意识形态与时俱进的品质。它以马克思主义为指导，但不是教条化地对待马克思主义

的个别结论，而是将马克思主义的基本原理与我国优秀的文化传统相结合，与我国的国情相结合，同时吸收一切人类文明的优秀成果。社会主义核心价值体系并不是一成不变的、教条的，而是与时俱进的，在经济发展多元化的过程中产生的价值观多元，而社会主义核心价值体系不是消灭这些多元性而是对其进行整合、引导，并且在时代的变迁中不断调整发展，社会主义核心价值体系的开放性是由社会主义实践本身的性质所决定的。马克思和恩格斯指出，共产党人“不提出任何特殊的原则，用以塑造无产阶级的运动”。恩格斯指出：“共产主义不是学说，而是运动。它不是从原则出发，而是从实际出发。被共产主义者作为自己前提的不是某种哲学，而是过去历史的整个过程，特别是这个过程目前在文明各国的实际结果。”实事求是是中国特色社会主义的根本原则。从新民主主义革命、社会主义革命到社会主义建设，始终坚持实事求是这一马克思主义的根本原则，并在实践中将马克思主义的普遍原理与中国国情相结合，形成了具有不同时代特征的社会主义核心价值体系，保证社会主义核心价值体系与时俱进的品质。我国具有自己具体的独特的国情，要具体问题具体分析，一切从实际出发，我国是个人口多底子薄的大国，从社会性质和社会发展阶段上对中国国情所作的总体性、根本性判断我国将处在并长期处在社会主义初级阶段，要进行社会主义建设则更要以我国的国情为根据，不断丰富社会主义核心价值体系。因此，必须始终坚持解放思想、实事求是这一马克思主义的根本原则，始终将马克思主义的基本原理与中国的国情相结合，才能做到与时俱进，使社会主义核心价值体系不断丰富和完善，充满活力，具有强烈的吸引力和凝聚力。雷锋精神集中体现了中华民族的传统美德，彰显了中国共产党的先进本色，赋予了社会主义核心价值体系以鲜活的精神力量和人格魅力，雷锋已经成为引领人民群众为理想而奋斗、为社会而奉献、为他人而付出的精神偶像。改革开放以来，我国经济得到飞速发展，人民的物质生活达到了空前的繁荣丰富，学习雷锋，在个别人看来是“傻”的，是“过时”的，但物质生活水平的提高，则更要注重精神文明建设不能落后，要两手都要抓，两手都要硬，避免精神文明的落后对于经济发展产生消极的反作用。正是基于此，中国共产党把“以艰苦奋斗为荣、以骄奢淫逸为耻”作为社会主义核心价值体系的重要内容来提倡和追求。这更进一步说明，雷锋“艰苦奋斗、勤俭节约”的美德和崇高精神，具有鲜明的时代性和先进性。半个世纪以来，学雷锋、做雷锋已经成为广大群众的价值取向和自觉行动，“雷锋精神”已经成为几代人的共同记忆。随着时代的变迁和进步，雷锋精神并没有“过时”，人们对于雷锋精神的理解是越来越具有时代特色。50年来，雷锋精神的基本内涵没有变，但是随着时代的发展也具有了时代的气息。在新的时代人们要学习弘扬雷锋热爱党、热爱祖国、热爱社会主义的崇高理想和坚定信念；要学习弘扬雷锋服务人民、助人为乐的奉献精神；要学习弘扬雷锋“干一行爱一行、专一行精一行”的敬业精神；要学习雷锋锐意进取、自强不息的创新精神；要学习弘扬雷锋艰苦奋斗、勤俭节约的创业精神。当今社会，在改革开放的大潮中，全国各行各业和各条战线上，“当代雷锋”不仅没有消失反而层出不穷，涌现出诸如孔繁森、李素莉、郭明义、见义勇为农民工群体等许许多多先进典型，他们当中有党的领导干部，有普通群众。他们既是学雷锋的典范，更是自觉践行社会主义核心价值体系的典范。雷锋这个响亮的名字，已经深深镌刻在一代又一代中国人的心中，影响和激励着一代又一代中国人为建设中国特色社会主义而奋勇前进，并且潜移默化在下一代人身上。在价值观念激烈碰撞的今天，全面把握学雷锋活动与社会主义核心价值体系建设之间的关系，对于我们践行社会主义核心价值体系，促进社会主义和谐社会建设，都具有极为重要的意义。

三、建构性与开放性的和谐发展

社会主义核心价值体系的建构性与开放性是相辅相成的辩证统一关系，二者不可偏废。由于社会主义核心价值体系具有建构性特征，因此，必须以社会主义核心价值体系武装全党、教育人民，增加社会主义意识形态的吸引力，形成全民族的凝聚力。必须旗帜鲜明地反对各种否定、偏离社会主义核心价值体系的观念。这些观念伴随着经济发展出

现，伴随着“金本位”基本情况出现，多体现为资本主义部分的腐朽思想、利己主义、拜金主义、功利主义等，以各种反马克思主义和非马克思主义的方式出现。他们认为马克思主义的某些结论已经过时，不适应时代需要和中国的现实；同时，他们认为在全球化背景条件下，人类的基本价值是普适的。他们的错误就在于忽视了社会主义核心价值体系的建构性特征。因为，马克思主义的基本原理被实践证明是正确的，马克思主义中国化的实践是正确的，是经过实践检验的真理。由于社会主义核心价值体系具有开放性特征，因此，必须与时俱进，充分发挥人民的创造性，向雷锋同志学习，不断总结、丰富和完善社会主义核心价值体系，绝不能故步自封，因循守旧，必须使社会主义核心价值体系与时俱进、永葆青春。必须旗帜鲜明地反对教条主义。有种观点认为马克思主义是一成不变的教条；社会主义核心价值体系是一个绝对完善的体系。他们的错误在于忽视了马克思主义本身就是一个开放的理论体系，必须在实践中进行丰富和完善并接受实践检验；社会主义建设本身就是前无古人的创举，没有现成的模式可以照抄；任何国家的建设都有其特殊性，必须以自己的国情为根据才能取得伟大成就。社会主义核心价值体系的建构性能保证社会主义建设的正确方向，能形成社会主义建设的吸引力和中华民族的凝聚力，为中华民族的伟大复兴提供持续的精神动力；社会主义核心价值体系的开放性能够保证社会主义建设具有与时俱进的品质，能使社会主义核心价值体系不断接受实践检验，从而丰富和完善社会主义建设实践。

所以，必须正确处理社会主义核心价值的构建性与开放性之间的关系，注重两者是辩证统一的，其构建性是其本质原则不改变，是应该坚持中国特色社会主义共同理想，坚持以爱国主义为核心的民族精神，同时注重社会主义核心价值体系的开放性，坚持以改革创新为核心的时代精神和坚持社会主义荣辱观。这才是当今社会主义核心价值观的构成。同时，对于雷锋精神也要坚持学习其高尚的道德情操同时将其运用到社会主义现代化建设中来。

第三节　本质属性的内在契合性

雷锋精神作为社会主义核心价值体系的结晶，以其简明扼要、特色鲜明、层次突出、易于掌握等特点在全国范围内随时间的延伸不断被肯定，大众颂扬并传承和发展着，它的受众群体和被认可程度远大于和高于或远远高于社会主义核心价值体系的概念。因此，有必要将雷锋精神融入社会主义核心价值体系建设中，一方面可以使雷锋精神以其鲜明的特点承载为社会主义核心价值体系建设引领的道德责任，为雷锋精神寻找到合理的价值归宿；另一方面通过雷锋这一群众耳熟能详的典型人物的示范作用，使社会主义核心价值体系被更广大的人民所认同，进而内化于心外化于行，在增强社会主义核心价值体系建设的同时，自然而然地达到将学习雷锋活动常态化的目的。雷锋精神和社会主义核心价值体系具有本质属性的内在契合性，使得它们之间能够彼此相容，从而使雷锋精神融入社会主义核心价值体系建设更加成为可能。

一、社会主义核心价值体系的内核

社会主义核心价值体系是党的十六届六中全会首次明确提出的一个科学命题。社会主义核心价值体系在中国整体社会价值体系中居于核心地位，发挥着主导作用，决定着整个价值体系的基本特征和基本方向。社会主义核心价值体系包括四个方面的基本内容，即马克思主义指导思想、中国特色社会主义共同理想、以爱国主义为核心的民族精神和以改革创新为核心的时代精神、以“八荣八耻”为主要内容的社会主义荣辱观。这四个方面的基本内容相互联系、相互贯通，共同构成辩证统一的有机整体。建立社会主义核心价值体系，必须坚持马克思主义在意识形态领域的指导地位，牢牢把握社会主义先进文化的前进方向，大力弘扬民族优秀文化传统，积极借鉴人类有益文明成果，充分调动积极因素，凝聚力量、激发活力，进一步打牢全党全国各族人民团结奋斗的思想道德基础，形成全民族奋发向上的精神力量和团结和睦的精神纽带，为构建社会主义和谐社会提供精神动力支持。

中国社会主义核心价值体系是立足于中国社会主义经济基础之上的价值认同系统，它具有内核、层次和边沿。中国社会主义核心价值体系既具有社会主义的共性，又有中国的个性，同时还具有时代性和现实性。就体系结构来说，它分为内核——核心价值观、伦理价值观、政治价值观、经济价值观和社会生活价值观等几个层次。

核心价值观经过长期的政治社会化过程，会逐渐渗透到民众心灵深处，成为人们的信仰和判断是非的标准，从而持久地影响着民众，形成相对稳定的国民性。中华人民共和国成立以来，中国共产党一直把马克思主义作为理论基础，马克思主义理论体系中有一个以贯之的核心价值观，它就是“实现人的自由、解放和全面发展”。“实现人的自由、解放和全面发展”是指劳动的个体人和人类不断摆脱消极的物质和精神枷锁，不断克服由分工造成的片面畸形发展，在物质和精神生活的领域全面发展。这是一个长期的、动态的历史过程。人类就是在这样的历史过程中不断进步。

“实现人的全面和谐发展”，可以为中国人提供一种价值理想和信仰，使人们在市场经济条件下从事商品交换和社会交往过程中注意克服“金钱至上”、“物欲横流”和“非理性私欲”的影响，防止或避免在物欲和私欲方面走极端，不断增强自己的道德修养和理性修养，获得物质精神双丰收，德、智、体、美、劳全面发展；可以使执政党和政府树立“全心全意为人民服务”的宗旨，在发展生产力的同时，大力发展民主法治，保护人权；可以指导中国共产党和政府在意识形态、上层建筑、经济结构等各个领域促进个人和群体人的全面和谐发展，培育社会公德，保护美化环境，推动经济可持续发展和社会的全面进步。

而全心全意为人民服务，为了人民事业无私奉献的雷锋精神正是这种核心价值观的内核的生动体现。

党的十七届六中全会提出，深入开展学雷锋活动，采取措施推动学习活动常态化。这是时代的呼唤、人民的心声，也是推进社会主义核心价值体系建设、巩固全党全国各族人民共同思想道德基础的一项重要举措。深入贯彻党的十七届六中全会精神，一项重要任务就是组织发动广大干部群众积极开展学雷锋活动，把社会主义核心价值体系建设具体化，使社会主义先进文化内涵得以丰富，精神力量充分彰显。深入开展学雷锋活动，推进社会主义核心价值体系建设，必须发挥党员干部的示范效应，把实践作为第一位，推进广泛的社会参与，建立常态化推进机制，反对形式主义，重实际，讲实效。大力弘扬雷锋精神，积极推进社会主义核心价值体系建设，为构建社会主义和谐社会提供强有力的思想道德支撑，是执政党引领时代精神、风尚、情操的必有之意，也是时代的呼唤。雷锋精神既不是人为的制造，也不是凭空的想象，它的产生具有深刻的时代背景和思想渊源；弘扬雷锋精神，对于建设社会主义精神文明具有重要的时代价值和实践意义。在新中国的历史进程中，雷锋精神已经超越了雷锋本人的人格和操守的范围，不断为历史和现实所赋意，从根本上体现的是中国共产党人领导中华民族在社会主义革命建设和改革开放、建设社会主义和谐社会的伟大实践中自觉探索选择培养高尚人格营造道德风尚建构精神家园的路径模式和目标的过程与结果。尽管在不同的历史阶段中，雷锋精神经过千百万群众的时代实践不断得到丰富和发展，但是雷锋精神始终保持着稳定的内核，体现出了雷锋精神的本质内涵。雷锋精神的独特价值特征在于，社会主义建设的火热实践中孕育锤炼出来的雷锋精神体现了中华民族的传统美德，反映了社会主义道德的本质要求，彰显了共产党人的先进本色。半个世纪过去了，雷锋精神仍然赢得了社会的广泛认同，赢得了世人的高度礼敬，赢得了历史的长久景仰。其背后的根源就在于雷锋精神具有独特的价值特征。

1. 雷锋精神体现了中国传统文化的优秀道德，具有浓郁的民族文化特色。雷锋精神体现了中国传统文化中人与人相互善待的“仁”的思想。“仁者爱人”，中国传统文化中“仁”的思想与雷锋精神“毫不利己、专门利人”、“大公无私”的品质高度契合。“仁”就是人与人的互相善待。可以说，珍重在人生环境中存在的各种关系；崇尚融洽的关系。人在互相善待中享有满足和幸福，各种融洽关系给人带来愉悦。相反一个人心里如果除了自己没有别人，就会匮乏精神的满足感。可以说，雷锋精神在近半个世纪具有的感召力和影响力，说明雷锋精神是具有普遍人性意义的文化，是中国传统文化培育出来的精神之花。在中国五千年文明史中，孔子“博施于人，而能济众”，范仲淹“先天下之忧而忧，后天下之乐而乐”等等，在中国传统美德中，历来不乏心忧天下的志士仁人。雷锋对自己说：“人的生命是有限的，可是为人民服务是无限的，我要把有限的生命，投入到无限的为人民服务之中去。”他这样说，也这样做，话语朴实，行为感人，雷锋以全心全意为人民服务的崇高精神和实际行动，生动诠释着中华民族的传统美德。雷锋精神已经具有鲜明的民族特色，是中华民族极为珍贵的思想资源。

2. 雷锋精神体现了共产党人的优秀品质，体现了共产主义的崇高理想。雷锋精神是中华民族传统美德与共产主义光辉思想相结合的一种伟大的时代精神，是我们党和军队光荣传统和优良作风的集中体现和新的发展。雷锋的爱心不是抽象、无原则的，而是源于崇高的理想信念，是对祖国、对党、对人民的赤子之爱。中国共产党从成立之日起一直在党章中把“实现共产主义”作为“党的最高理想和最终目标”，明确而坚定地要求“中国共产党党员必须全心全意为人民服务，不惜牺牲个人的一切，为实现共产主义奋斗终身”。正是在这个“最高理想和最终目标”的指引下，雷锋在自己短暂而又不平凡的一生中，始终把自己的命运和人民的事业紧密联系在一起，无论遇到什么情况都“坚决听党的话，一辈子跟党走”，时刻保持共产党员的政治本色。“雷锋出差一千里，好事做了一火车”。在雷锋身上，没有个人利益的考量，只有集体主义精神的持续坚守和自觉发扬。雷锋精神所体现出的共产党人的优秀品质，是毛泽东思想哺育的结晶。毛泽东思想强烈地表达了“全心全意为人民服务”思想，雷锋精神与那个时代的其他精神价值花朵，无不反映了毛泽东思想的世界观和方法论。这赋予了雷锋精神“毫不利己、专门利人”和“大公无私”内涵，成为传统价值在社会主义时代的新阐释、新文化，作为时代精神的最强音，体现中国共产党人、中国人民解放军、中国人民的精神境界和对高远人性的践行。“我要把有限的生命，投入到无限的为人民服务之中去。”雷锋以短暂的一生谱写了美丽动人的人生诗篇，是实践社会主义、共产主义思想道德的楷模，他树起了一座令人景仰的思想道德丰碑；他的精神哺育和激励了一代又一代新人，产生了广泛而深远的社会影响，雷锋精神已经成为中华民族精神的重要内容，是社会主义核心价值体系的重要构件。

二、雷锋精神的历史渊源与文化灵魂

雷锋精神的历史渊源与文化灵魂主要体现在以下方面：

1. 中华传统美德是雷锋精神的渊源。雷锋精神产生于中国这个历史文化悠久的国家，因此具有鲜明的中国特色。雷锋精神凝聚了中华民族传统美德的精华，是中华民族精神在社会主义革命和建设时期的升华。中华民族几千年文明积淀的传统美德，如勤劳勇敢、正直善良、诚实守信等，深深地渗入于民族的文化心理、伦理观念、交往规则中，影响了一代又一代人。作为一种时代精神，雷锋的许多品德，如忠诚奉献、助人为乐、勤俭节约、谦虚谨慎等，都闪耀着中华民族传统美德的光辉，雷锋精神既是社会主义道德规范的内涵，也是中华民族传统美德的体现。雷锋短暂而又光辉的一生，始终以无私奉献的行动实践着自己对人生的追求。雷锋精神和中华民族的传统美德是一脉相承的，我们从雷锋的一系列优秀品质中，都可以看到他对中华民族传统美德的继承和发展。

2. 社会主义道德与核心价值体系是雷锋精神最直接的文化灵魂。毫无疑问，“雷锋是毛泽东思想的好学生”，是毛泽东思想的伟大实践者，雷锋身上所承载的是中国共产党人的革命道德情操和社会主义道德品质，当然，革命道德和社会主义道德也就成为雷锋精神产生的直接思想渊源。首先，“一切为了人民”，“全心全意为人民服务”是雷锋精神的核心。他在日记中说：“人的生命是有限的，可是，为人民服务是无限的，我要把有限的生命，投入到无限的为人民服务之中去。”其次，“大公无私”的社会主义社会的集体主义道德原则绽开了雷锋大公无私的奉献精神之花。他另一篇日记中写道：“一滴水只有放进大海里才能永远不干，一个人只有当他把自己和集体融合在一起的时候才能有力量。”雷锋认为，一个人应该竭尽全力为集体利益而奋斗，只有这样才能实现个人利益与集体利益的统一。再次，共产党人“铁的组织纪律”和“顽强的战斗力”造就了雷锋的“螺丝钉”精神，体现了个人与组织、个人与集体的本质规范，正是一个普通党员、一般公民对为人民服务、集体主义精神的具体展现。

三、雷锋精神与社会主义核心价值体系的本质内涵

从毛泽东提出“向雷锋同志学习”的号召开始的半个多世纪里，雷锋精神在广大党员、社会先进分子、人民群众践行社会主义核心价值体系的长期实践中不断丰富，在社会主义先进文化与时俱进中不断赋予时代内涵的生动意义。以科学真理为思想指南，以爱党、爱国、爱社会主义为基本立场，以全心全意为人民服务为人生价值，以履行义务恪尽职守为行为准则——雷锋精神正是当代社会主义核心价值体系的立体展现，反映了社会主义核心价值体系的本质内涵。雷锋精神的本质内涵集中体现在以下三个方面①：

1. 时代精神与中华传统美德的完美结合。雷锋精神既是时代精神的体现，又是中华民族传统美德的延续和彰显。时代精神是指在一定历史条件下体现民族特质顺应时代潮流的思想观念、行为方式、价值取向、精神风貌和社会风尚的总和。雷锋精神的形成和发展始终都打上了具体时代的烙印。在社会主义革命建设时期，面对复杂的国际局势和严重的自然灾害，人们学习雷锋精神，主要弘扬一种对党和社会主义高度忠诚、对远大理想坚定追求、对人民群众无限热爱、对本职工作精益求精和对个人自我严格要求的精神；在发展市场经济的时代，人们学习雷锋精神主要是在全社会倡导一种全心全意为人民服务的精神、顾全大局的精神、讲究诚信的精神和奉公守法的精神；在中华民族谋求伟大复

---

① 康风云、张溁麟：《论雷锋精神的本质内涵与时代价值》，《武汉纺织大学学报》2012 年第 2 期。

兴，建设社会主义和谐社会的新时期，人们学习雷锋精神，主要是发扬服务人民、助人为乐的奉献精神；“干一行爱一行、专一行精一行”的敬业精神；锐意进取、自强不息的创新精神；艰苦奋斗、勤俭节约的创业精神。因此，雷锋精神始终伴随着社会主义发展的各个时代，始终与时代并肩前进。

时代精神又离不开传统美德的滋养和支持，时代精神中的思想观念、行为方式、价值取向和精神风貌等内容都内在地融入了民族传统文化，特别是民族传统美德的内容，时代精神中所包含的民族特质和价值取向就是对民族传统美德的继承和发展。换言之，每一个社会的时代精神总是与其民族传统紧密地结合在一起，总是既反映和表达了该时代先进生产力和先进文化的要求，又继承和融入了民族传统文化，特别是优秀的民族道德文化的丰富内容。尽管雷锋精神具有明显的时代特征，但是无论在何种时代条件下，雷锋精神都鲜明地体现了中华民族的传统美德，或者说在雷锋精神中都能看到对中华民族传统美德的宣示，忠诚无私、顾全大局、乐于助人、勤俭自强、自强不息、锐意进取等精神气质，都是对中华民族传统美德的继承和发扬。

时代精神与中华民族传统美德的有机结合决定了雷锋精神始终与时代保持一种开放互动的格局，在时代精神的润泽下，雷锋精神始终保持着强大的生命力，它永远不会凋落，永远不会落伍；而中华传统美德的内化支持，也使得雷锋精神在中华民族的生活世界中始终根深叶茂，雷锋精神成为中华民族的重要精神标示。

2. 远大的理想与平凡的行为的统一。中国人民的社会主义的伟大实践是崇高的事业，但是它需要人们脚踏实地的奋斗，因此新中国的历史征程中就把崇高的追求与务实精神内在地结合起来。雷锋是在新中国历史上涌现出的英雄楷模，雷锋精神必然体现了崇高远大的理想与平凡务实的行为的统一。雷锋胸怀远大而崇高的理想，他把有限的生命投入到无限的为人民服务之中，要求自己做一个毫无利己之心的人，为国家和人民的利益，不惜牺牲自己的利益甚至自己的生命；为社会和集体的利益，不惜牺牲自己的利益甚至自己的生命。雷锋毫不利己专门利人、全心全意为人民服务、为共产主义而忘我奋斗的崇高追求和品格，是我国社会主义革命和建设这一伟大事业的产物，是广大人民自觉适应社会主义革命和建设需要进行道德建设的结果。雷锋精神的巨大感召力源于社会主义的伟大实践和共产主义的理想追求；是人类最为壮丽的事业和追求；是远远超越和扬弃封建主义与资本主义的历史实践；是人类最为美好的事业，雷锋精神的伟大就在于把自己远大崇高的理想与自己平凡的工作紧紧地结合在一起，落实在自己日常的学习工作和生活之中。从雷锋短暂而光辉的一生中我们可以看到，雷锋曾经是一个普通的公务员、普通工人和普通一兵，他的一生平凡而朴实，可谓波澜不惊，没有什么震撼世界的伟大事迹，也没有什么英雄壮举，雷锋的伟大，乃是在平凡行动中彰显出伟大；雷锋的平凡乃是把远大理想落实于当下实践中的伟大。雷锋是人民的英雄和群众的英雄，乃是平凡见英雄。

雷锋把服务人民助人为乐的奉献精神、脚踏实地平凡质朴的务实精神与“干一行爱一行、专一行精一行”的敬业精神融合在一起，雷锋精神是先进性、崇高性与广泛性、平凡性的融合与统一。在半个世纪的历史发展中，雷锋精神不再仅仅是以雷锋为原点的几个少数雷锋式优秀人物崇高思想和优秀品质及其平凡行为与事迹的结晶，而是转变和汇聚为千千万万社会主义的普通建设者在各自的平凡岗位上脚踏实地爱岗敬业、默默奉献，建设社会主义和谐社会的现实合力。上海水管维修工徐虎、北京公交车售票员李素丽等等，都是在普通而平凡的工作岗位上发扬雷锋立足自身岗位的“螺丝钉”精神而做出了骄人的成绩，新时期发扬雷锋精神，需要我们立足各自的工作岗位，兢兢业业，默默无闻地为社会主义和谐社会的建设添砖加瓦。

3. 集体奉献与个人创造的统一。作为社会的人、现实的人，总是社会性与个体性的统一，社会主义与共产主义的实践是人类历史上最为宏伟的事业，它需要亿万群众坚持不懈的集体努力，同时也需要作为个体的每一个社会成员发挥自己的个体能动性与创造性为之不懈努力。雷锋精神是集体奉献与个人创造的统一，雷锋有着强烈的集体责任感、荣誉感和归宿感，雷锋曾在日记中写道：“一朵鲜花打扮不出美丽的春天，一个人先进总是单枪匹马，众人先进才能移山填海。”在雷锋一生的事迹中，他干一行、爱一行、钻一行，对工作精益求精，我们可以看到雷锋确实表现出了其个人努力奋斗自强不息的优秀品质，但雷锋绝不是个人主义者或个人英雄主义者，与此相反，雷锋极力强调集体性（群体性）的伟大作用，雷锋总是把个人积极性创造性的发挥与集体奉献紧密地融合在一起。在雷锋看来，一个人的力量再大也是极其有限的，只有发挥每一个人的力量，只有大家团结在一起，为着一个共同目标去奋斗，才会产生无比巨大的力量。一个人的先进进步固然是好的，但这仅仅是春天里的一朵鲜花而不是真正的春天，也不能造就一个春天；只有集体社会中的众人进步众人先进，发挥群体的力量发挥集体的力量，才能造成集体与全社会的发展和进步。雷锋精神，绝不是在促进社会发展过程中的个人的单打独斗各自为战，而是把要求进步的大多数个人团结在一起，拧成一股绳，使各个个人的力量变成集体的合力。

雷锋精神作为集体奉献与个人创造的统一，不仅在雷锋个人的成长——雷锋精神的最初形成中得到了充分的体现，而且在雷锋精神近年来的历史发展中得到了充分的体现，在雷锋精神近期的历史传承中，涌现出了无数雷锋式的普通平凡朴实伟大的人物，他们在各自的岗位上团结群众默默奉献自强不息，他们以雷锋服务人民的奉献精神为宗旨，团结在雷锋这一光辉形象的周围，众志成城，发挥个人的道德创造力，使雷锋精神汇聚为跨越社会主义不同历史时期的精神洪流而不断绵延雷锋精神。自它诞生的那一天起，就不仅仅是雷锋个人的思想品质和行为的凝结，而是以雷锋为代表的广大社会主义的革命者和建设者，共产主义思想和共产主义品德的实践者、中华民族优秀传统的传承者，在我国社会主义建设的伟大实践中，在中华民族走向伟大复兴的实践中的道德实践与道德创造的集体凝聚，雷锋精神也就是在这种共同的创造和凝聚中彰显出它的价值和意义。

雷锋精神的先决要素是“热爱党、热爱祖国、热爱社会主义的崇高理想和坚定信念”。雷锋日记处处流露出对党、人民和国家的热爱之情：“在我周身的每一个细胞里，都渗透了党的血液。……今后，我一定要更好地听从党的教导，党叫我干什么，我就干什么，绝不讲价钱。”没有对党的热爱，没有对祖国的赤诚，没有对人民的热忱，这种伟大的情怀是无法在实践中得到贯彻的。而社会主义核心价值体系的重要内容是“中国特色社会主义共同理想”和“爱国主义为核心的民族精神”，表明雷锋精神的先决要素和社会主义核心价值体系是高度契合的。雷锋精神的核心要素是服务人民、助人为乐的奉献精神。雷锋精神彰显着至死不渝为人民服务的崇高境界：雷锋精神所追求的朴素简约的生活方式和艰苦奋斗的道德境界，是为人民服务思想在实践中的自然延伸；雷锋精神勇于创新的胆略见识，是为人民服务理念衍生的必然产物；雷锋精神永不懈怠的精神品格，是为人民服务的生动写照；雷锋精神无私奉献的高尚情操，是为人民服务的真实反映；雷锋精神公正博爱的普适情怀，是为人民服务内在的基本价值理念。翻开雷锋日记，随处可见诸如为人民服务、做对人民有用之人的话语，其中，“人的生命是有限的，可是，为人民服务是无限的，我要把有限的生命，投入到无限的为人民服务之中去……”“我要为人民的利益而死”等被广为传颂。由此观之，雷锋精神的核心要素要归之于全心全意为人民服务，这体现了社会主义核心价值体系以人为本、以人民利益为本的思想，也与社会主义荣辱观的“以服务人民为荣，以背离人民为耻”相契合。

另外，“干一行爱一行、专一行精一行”的敬业精神作为雷锋精神的构成要素，与社会主义荣辱观的“以辛勤劳动为荣，以好逸恶劳为耻”则对接起来，是这一原则的深化和细化。艰苦奋斗、勤俭节约的创业精神作为雷锋精神的构成要素，几乎与“以艰苦奋斗为荣，以骄奢淫逸为耻”具有相同的话语表达。从总体上来说，雷锋精神的构成要素和社会主义核心价值体系的构成要素是高度契合的。

第四节 价值追求的内在契合性

雷锋精神和社会主义核心价值体系的价值诉求是相同的。一方面，我们不应该把雷锋精神肤浅地看做雷锋个人的优秀品质，而应该与时俱进地发掘蕴含其中的中华民族优秀传统美德，如“仁、义、礼、智、信”这些中国传统哲学思想重要的价值追求。“仁、义、礼、智、信”的哲学思想与雷锋精神的具体内容能够产生对应关系。如“仁”、“义”与“对待同志要像春天般温暖”、“生为人民生，死为人民死”、“服务人民、助人为乐的奉献精神”相对应；“信”与“干一行爱一行、专一行精一行”的敬业精神相对应；“智”与“锐意进取、自强不息”的创新精神相对应，等。另一方面，雷锋精神在作为爱人助人、敬业奉献的道德要求的同时，也是马克思主义关于未来理想社会价值追求的体现。雷锋精神心怀共产主义伟大理想，以马克思列宁主义、毛泽东思想作为指导，并以实际行动为之不懈奋斗。雷锋思想和行为的最终目的，正如他自己所言：“我觉得人生在世，只有勤劳、发愤图强，用自己的双手创造财富，为人类的解放事业——共产主义贡献自己的一切，这才是最幸福的。”他还打算“把自己锻炼成为一个又红又专的共产主义革命战士，更好地为人民服务，为人类的解放事业——共产主义而贡献自己的一切”。由此可见，雷锋精神反复强调、最终追求的，是经过不懈奋斗，实现人类的解放事业，实现共产主义。

马克思主义是关于无产阶级解放全人类、最终实现共产主义的学说，社会主义核心价值体系正是以此为指导。社会主义核心价值体系所追求和要达到的价值理想，从微观来看，是坚定中国特色社会主义共同理想，推进中国特色社会主义事业，实现中华民族的伟大复兴。从宏观来看，是在整个人类范围内最终实现共产主义。可见，雷锋精神与社会主义核心价值体系在价值追求层面上是高度契合的。

一、作为基石的马克思主义

在社会主义核心价值体系中，马克思主义不容置疑地处于根本性指导地位，作为学说和理论，是一个具有勃勃生机的，并在马克思主义者的现实实践中不断自我更新、自我发展、自我丰富而创造出自己的新形态的思想价值体系，它也是一个善于且敢于吸收历史和现实中的人类一

切积极的、伟大的文化思想成果的开放的思想价值体系，兼具高度理论性与严格科学性，绝不会因时代条件的变化而改变特性，因为其不但正确揭示了人类社会发展的一般规律和最终发展趋势，而且还是随着实践发展而不断发展的理论，这一理论对世界各国的社会主义者之所以具有不可遏止的吸引力，就在于它把严格的和高度的科学性（它是社会科学的最高成就）和革命性结合起来，并且不是偶然地结合起来（即不仅因为学说的创始人本人兼有学者和革命家的品质），而是把二者内在地和不可分割地结合在这个理论本身中。正是依靠它的革命性和科学性，中国共产党领导中国人民取得了新民主主义革命的伟大胜利，而且在新民主主义革命的历史进程中，也意识到马克思主义是唯一适合中国国情的思想指导理论。尽管当今时代条件、社会状况发生了很大变化，世界形势也与过去大不相同，马列著作中的个别结论和提法已因条件的变化而不再适用，但马克思主义的基本原理却是颠扑不破、普遍适用、完全正确、不会过时的，马克思主义正是由于它的基本原理的正确性而永远放射着真理的光辉，所以在中国特色社会主义建设进程中，马克思主义理论的指导地位仍是根本，不容置喙且决不可动摇，正如邓小平同志所指出的："我们坚持的和要当作行动指南的是马列主义、毛泽东思想的基本原理，或者说是由这些基本原理构成的科学体系。至于个别的论断，那末，无论马克思、列宁和毛泽东同志，都不免有这样那样的失误。但是这些都不属于马列主义、毛泽东思想的基本原理所构成的科学体系。"①

虽然同一社会中的思想价值体系可以呈现多层次性，但就整个国家层面的指导思想而言，意识形态应该是共同的，一元的，这是一个社会保持健康、稳定、协调发展的保证。马克思主义理论作为立国立党之本，是社会主义意识形态的灵魂，是我们一切行为的最根本指针，因此在社会主义核心价值体系建设过程中，其当然也处于根本性的指导地位，并且还是其他几项内容的出发点和归结点。一个国家的指导思想属

① 《邓小平文选》第 2 卷，人民出版社 1994 年版，第 171 页。

于社会意识形态范畴，社会意识形态包括人们的政治观点、法律观点、道德、哲学、艺术、宗教观点等等……一定社会的政治法律制度，都是以一定的社会观点、思想体系作为指导并与之相适应地建立起来的，社会主义的核心价值体系当然也不例外。

任何事物的出现、存在和完善，都必须有一定的意识思想作为指导，意识形态领域的事物更是如此。应该承认，在目前中国发展进程中，无论是社会领域还是经济领域出现的种种社会问题，由于社会环境的巨大变化，用中国传统文化中蕴涵的指导思想的价值体系已难以直接解决，也就是说其已失去了原有的统摄作用。但新型价值体系还没有完全建立起来，在这种情况下，若想有效地解决和预防这些问题，就必须在国家一元性意识形态即马克思主义指导下，建立一种新型价值体系，由此马克思主义也就成为这种新型价值体系的根本。再者，马克思主义与中国实践相结合形成的毛泽东思想、邓小平理论、“三个代表”重要思想和科学发展观已带领中国人民走向了独立自主、经济繁荣之路，马克思主义已成为大多数人们自觉接受的思想信仰，如果背离这一点来建立新型价值体系，就会使其出现信仰缺失和价值真空，从而走人意识困境，这也是不符合我国现实国情的。因此说，只有以马克思主义为指导来建立核心价值体系才是最根本的出路，也才能使该价值体系具有最强的科学性。

二、奋斗的共同目标建设特色

只有具备明确的发展目标，人们才有努力方向，人的自我价值也才能因此得到充分体现。社会的发展也是如此，任何社会形态中的价值体系都有自己明确的发展目标，而这种目标在整个价值系统中也处于核心位置。人的价值包括两个方面：一是内在价值，即人人皆有的一种潜在的劳动能力，也就是人的自我价值；二是外在价值，即为社会同时也是为自己创造物质财富和精神财富，也就是人的社会价值。完整的人的价值实质上就是人的自我价值与社会价值的统一，每个人都生活在一定的社会形态中，其价值的实现程度受制于对社会价值目标的理解程度，衡量一个人有无价值、价值大小，唯一的标准和尺度就是看其对社会的贡献程度，因为，一个人的价值，应当看它贡献什么，而不应当看他取得什么。人的理想和目标作为人们对一定社会关系、社会结构、社会运行方式和生活方式的向往和追求，其力量是不可估测的，没有理想和目标的生活肯定也不会有多大希望，相反就为生活填充了取之不竭的七彩阳光。改革开放以来，我们的国家性价值体系确定的发展目标就是建设有中国特色社会主义，因为，我们的现代化建设，必须从中国的实际出发。无论是革命还是建设，都要注意学习和借鉴外国经验。但是，照抄照搬别国经验、别国模式，从来不能取得成功，这方面我们有过不少教训。把马克思主义的普遍真理同我国的具体实际结合起来，走自己的道路，建设有中国特色的社会主义，这就是我们总结长期历史经验得出的基本结论。个人作为社会的组成部分，任何行为都必须遵从国家性的发展目标，否则就会被社会淘汰。社会为个人的发展创造了空间和环境，所以个人也应回报于社会，而回报的路径就是确立与社会发展相吻合的目标。人的思想、行为、个性的发展，越是能与自然、社会发展的规律相符合，和人民的利益相一致，其精神状态才越充实，也才越自由，因为个人与社会是相辅相成的关系，并非相互抗衡，因此个人欲在社会中获得理想发展状态，就必须充分认可、接受并自觉为社会的发展目标做出努力和贡献，只有这样，自身的价值才能得到最完美体现。中国特色社会主义的目标是建设物质文明、政治文明和精神文明全面发展的社会，本质是发展生产力，并在发展生产力的基础上不断改善，提高人民的物质文化生活，将此作为社会主义核心价值体系的目标符合了全国最广大人民的根本愿望和要求，因为，如果走资本主义道路，可以使中国百分之几的人富裕起来，但是绝对解决不了百分之九十几的人生活富裕的问题。而坚持社会主义，实现按劳分配的原则，不会产生过大的贫富差距。再过二十年、三十年，我国生产力发展起来了，也不会两极分化。既然这一国家性发展目标与每个人的切身利益密切相关，个人就更有必要遵循这种价值体系目标，并为这一目标的实现做出自己的规划和努力，因为在这一问题上，社会与个人呈一体性存在，目标的实现程度受彼此间共同影响。

三、爱国主义与时代精神是动力

以爱国主义为核心的民族精神和以改革创新为核心的时代精神是推动社会主义核心价值体系建设的强劲动力，国家是一个很重要的社会共同体价值，爱国主义就是理所应当的民族精神，任何一个人都会从属于一个民族，没有族属的个人是不存在的，作为社会共同体，人们在长期的生产生活和社会实践中，形成了共同的语言、共同的习惯、共同的文化以及表现在共同文化特点上的民族心理，而这些共同实际上就是使该民族成员得以凝聚的向心力。社会是向前发展的，不同时代赋予社会不同的发展特点，只有结合这些特点，形成时代文化，才能在社会的发展过程中获得自我的良性发展，最终实现人的社会性价值。民族精神和时代精神是一个民族赖以生存和发展的精神支撑，而精神的动力作用有时是其他物质动力难以比拟的，因为精神作为社会运动的组成部分，也是一种物质存在，观念的东西不外是移入人的头脑并在人的头脑中改造过的物质的东西而已。不容否认，在现实世界中，精神生产从一开始就是一个集团占有其他集团的物质劳动为前提的社会活动，所以，“作为人类生产的独立形式的精神生产从一开始就是以社会上的一部分人（即统治阶级）的立场出发而进行的。尽管非‘意识形态阶层’的精神生产活动可以在理论上被设定为是‘自由的精神生产活动’，即摆脱了意识形态羁绊的‘科学’的‘一般知识形态’的创造活动，但在实践中，他们总是有意无意地要受自己所处的社会状况（包括物质生产状况和阶级状况以及先前的思想文化遗产状况）的影响”，因此，一个民族在漫漫历史长河中形成的民族精神自然就成为实现这个民族和该民族所处社会稳固存在及健康发展的动力。经过数千年的发展，中华民族的全体社会成员形成了以爱国主义为主要特色的共同认可的价值目标、价值取向、价值追求、价值标准和价值信仰，成为全体社会成员共有且极为稳定的心理素质和精神品质，并且共同组成了中华文化的最基本内核和民族文化的最优秀成分，进而成为影响人们生产生活和社会实践活动的最

主要的基本意识形态。这种意识形态具有极强稳定性，是一个民族之所以生生不息、薪火相传的精神支撑，正如党的十六大报告指出的那样："在五千多年的发展中，中华民族形成了以爱国主义为核心的团结统一、爱好和平、勤劳勇敢、自强不息的伟大民族精神"，我们的民族精神，也只有在爱国家这个基础上，并围绕这个核心价值，才能真正地发挥和表达出来。众所周知，当经历了中西方文明冲突和较量，产生了历史与道德二律背反的时候，中华民族终于加深了对"落后就要受人宰割"的理解，于是，富国强民一度成为诸多仁人志士努力的方向，"但是这种工具层面的价值无法构成民族的精神支柱和时代发展的根本动力。现代化不仅仅体现为生产方式的转变或工艺技术的进步，它更需要一个民族在其历史变迁过程中能够整合社会的关键因素而形成推动社会发展的真正精神力量"，这种精神力量就是民族精神力量，只有保持弘扬这一精神，民族发展才会不落后于时代，才会在世界民族之林中保持自己固有位置。而在建设有中国特色社会主义过程中，其自然也成为建设社会主义核心价值体系的一大精神动力。"一切名词和概念的应用，都是有历史性的。同一名词因它出现的历史时代不同，就有不同的内容……人的时代不同，这名词的用法也就不同，它也就被人给予了不同的时代意义"，也就是说，每个时代都有不同的特色，所以关键要看这一"名词的时代基础是不是存在，新的内容和意义是不是存在"。时代精神是基于民族精神产生的，有什么样的民族精神，就会产生符合于民族精神基本特征的时代精神。中华民族善于学习、勇于创新，"在革命、建设和改革的各个历史时期，以马克思主义与中国实际相结合为原则，立足于中华民族优秀传统文化价值根基，在与世界各民族优秀文化价值体系的相互交流中创造了新的文化价值成果，形成了中国特色社会主义的文化价值体系"，这种文化价值体系反映在不同的时代，就形成了不同的时代精神，而这种时代精神就成为推动时代进步和时代文化形成的重要动力。现在我们已进入改革开放的攻坚阶段，要想跨过这一瓶颈，就必须充分弘扬改革创新的时代精神，并以这种时代精神来推动社会主义核心价值体系的创建进程，并在此基础上形成为中华民族社会所接纳和认可的时代价值观。当然，我们所说的改革和创新，都是以对客观形势发展所作出的科学判断为依据的，而绝不是主观主义的胡思乱想；同时，也都是以人民群众的最大利益为出发点和归宿的，而不是唯意志论的肤浅功利游戏。

四、社会主义荣辱观是道德规范

任何社会形态的核心价值体系都是针对该社会的主体——具有主观能动性的人而规定的，社会主义核心价值体系也不例外，它对社会主义制度下建立和践行核心价值体系的人的道德规范要求就是必须遵循社会主义荣辱观。生活在世界上的人无论从事任何事情，都有一定的道德底线作为社会约束，因为，“人是类存在物，不仅因为人在实践上和理论上都把类——他自身的类以及其他物的类——当作自己的对象；而且因为——这只是同一种事物的另一种说法——人把自身当作现有的、有生命的类来对待，因为人把自身当作普遍的因而也是自由的存在物来对待。”既然人具有这种后天性属性，那其对道德的判断就会有了不同于其他类的标准。也就是说，道德是人把自己同动物分开来的保证性措施的无意识化和习惯化的文明成果。但不同时代对道德判断的标准也有所不同，因为人作为社会产物，一方面推动社会进步，另一方面又受社会影响，二者相互依存，共同促进，“人的本质并不是单个人所固有的抽象物。在其现实性上，它是一切社会关系的总和。”① 人的这种特性就决定了其道德规范标准也要“与时俱进”，也要随社会进步不断充实和完善。社会的发展依靠人，一个社会全面发展的标志，应当是物质文明、精神文明和政治文明的协调进行，而社会崇尚的道德观标准则是衡量社会文明程度的重要尺度。我们知道，道德是由一定的经济基础决定的，并为一定的社会经济基础服务，而永恒不变、适用于一切时代、一切阶级的善和恶、正义和非正义、荣誉和耻辱的道德规范是根本没有的，因为“一切已往的道德论归根到底都是当时的社会经济状况的产

---

① 《马克思恩格斯选集》第 1 卷，人民出版社 1972 年版，第 18 页。

物”。当前，我国经济社会正处于良性、健康发展期，“十一五”规划纲要描绘的美好生活蓝图，让人民群众满怀喜悦和期待。但社会生活中存在的不健康、不文明现象、拜金主义、享乐主义、极端个人主义在一些人中还很有市场，少数人思想混乱，道德缺失，是非、善恶、美丑混淆。这些问题的出现和蔓延，就对社会道德体系造成了冲击，进而影响到人自身的健康发展，所以我们在建设社会主义核心价值体系过程中，以“八荣八耻”为核心内容的社会主义荣辱观自然就成为规范人们道德行为的重要范式。总之，核心价值体系作为维持一定社会存在和发展的精神力量，是一个政党的行动指南，一个国家的主心骨和一个民族的灵魂。就我国而言，社会主义核心价值体系是社会主义意识形态的主体，是全面建设小康社会、努力构建社会主义和谐社会的根本思想基础，尤其是我国社会发展正处于重要转型期，为实现顺利转型，就必然要求建设一套具有高度凝聚力和推动力的价值体系，以为我们的事业发展提供有力的思想和精神保证。所以，从哲学角度对我们目前正在建设的社会主义核心价值体系内涵进行诠释，明晰相互之间的关系以及各自在整个价值体系中的地位和作用，就会使人们获得对这一概念更深刻的认识，从而增强进行该体系建设的自觉性和主动性。应该说这一价值体系无论从理论层面还是实际操作层面，都与时代要求极为吻合，因此其也必然成为推动社会发展、凝聚民族力量的重要选择。

关于社会主义核心价值体系的价值论问题毋庸置疑，社会主义核心价值体系是一个价值论问题，是价值论的延伸和发展，而价值论又是社会主义核心价值体系的基础和根基。社会主义核心价值体系是价值论与中国特色社会主义建设的发展实际相结合的产物，为社会实践和发展提供了系统的价值观支撑。首先，社会主义核心价值体系为全体社会成员提供了共同的价值观基础。价值观基础是整合社会意识、凝聚社会力量、形成社会成员共识的功能体现，是一个党、一个国家、一个民族存在和发展的意识形态关键。其次，社会主义核心价值体系为全体社会成员提供了共同的价值理想和价值目标。最后，社会主义核心价值体系为全体社会成员形成正确的价值观提供了深厚宽广的价值精神资源。社会主义核心价值体系的提出，把以爱国主义为核心的民族精神和以改革创新为核心的时代精神作为人们的价值精神资源，极大地开阔了社会主义价值体系空间，扩大了社会主义意识形态建设的视野。

关于社会主义核心价值体系的道德论问题，道德论是研究善和正当问题的知识体系。社会主义核心价值体系又是一个道德论问题：道德论是社会主义核心价值体系的基础，社会主义核心价值体系是道德论在中国特色社会主义国情下的具体应用，它为全体社会成员提供了切实可行的道德规范。以“八荣八耻”为主要内容的社会主义荣辱观，从道德发生的规律上激发道德主体的自觉性，突出了道德规范的心理基础和情感基础，同时又吸收了中国的传统美德，极大地增强了社会主义道德规范的感召力、亲和力和吸引力。把社会主义荣辱观纳入社会主义核心价值体系，丰富了社会主义意识形态的基本内容，凸显了道德建设、道德价值在社会主义意识形态中的地位和作用，为我们在思想道德领域形成主流思想道德价值指明了方向。

第五章

社会主义核心价值体系建设需要雷锋精神

党的十七届六中全会指出，一些领域诚信缺失、道德失范，一些社会成员人生观、价值观扭曲，用社会主义核心价值体系引领社会思潮极为紧迫。雷锋精神体现了社会主义核心价值体系的基本特征，是生动、具体、与时俱进的样板；在社会主义核心价值导向上，雷锋精神又是鲜明的旗帜；在个人价值与社会价值关系上，雷锋精神有助于引导人们树立正确的价值观；传播雷锋精神要与时代精神和本职工作相联系。社会主义核心价值体系的传播必须在各行各业活动中体现，真正被大众接受，不仅限于口号或者形式。而雷锋精神能够让学习者与自身的本职工作以及时代精神紧密结合，因此也得到了各行各业人民群众的广泛认可。所以，社会主义核心价值体系建设需要雷锋精神。

第一节　弘扬雷锋精神是时代所需

“把有限的生命投入到无限的为人民服务中去”，这是雷锋同志的座右铭，也是他一生的真实写照。1963 年毛泽东同志发表了“向雷锋同志学习”的题词，50 年来，雷锋在亿万人民群众心中是一个经久不衰的光辉榜样，雷锋精神已跨越时空的界限，成为人类高尚的精神追求和道德理念。随着社会的不断变化与发展，雷锋精神的时代内涵也在与时俱进。

一、雷锋精神具有丰富的时代内涵

雷锋精神从宏观上解读，是对雷锋言行事迹所表现出来的先进思想、道德观念和崇高品质的理论概括和总结。具体而言是以雷锋名字命名、雷锋的崇高品质为基本内涵、在实践中不断丰富和发展着的为雷锋传人所敬仰和追求的文化精神。

雷锋精神历经新中国的计划经济体制到市场经济体制的转型，步入小康社会到全面建设小康社会的转变，依然闪烁出与时俱进的时代光芒，并融入了社会主义核心价值体系，成为中华民族以及人类文明的宝贵精神财富。其时代内涵集中体现在以下几个方面：

1. “忠于党，跟党走”的爱国精神。雷锋精神最核心的内容就是一心向着党、向着社会主义、向着共产主义的坚定政治信念，它是雷锋精神经久不衰的灵魂所在。

雷锋自觉把个人前途命运与国家、民族、社会主义前途命运紧密联系在一起，处处以国家、民族和集体利益为重，体现了一种伟大的爱国主义精神。雷锋在内心时常呼唤这种觉悟：“我就是长着一个心眼，我一心向着党，向着社会主义，向着共产主义”，“坚决听党的话，一辈子跟着党走。”[①] 雷锋忠于党、热爱社会主义的坚定信念，不只在口头和日记本里表述，更重要体现在为党的事业努力奋斗的具体行动上。党号召大办农业，雷锋主动申请调离县委机关，奔赴农业生产第一线当一名好农民；党的工业建设需要加强，他背井离乡，从南方辗转北方当一名好工人；党号召青年应征入伍，他多次报告恳求，到部队成为一名好战士。雷锋这种精神，正是当今社会急需的优秀品质，一位伟大共产主义战士的博大胸怀和为人民服务的执著信念。

在中国进入全面建设小康社会、实现中华民族伟大复兴的新世纪新阶段，雷锋精神进一步升华为对拥护中国共产党领导地位和执政地位的

---

① 总政治部编：《雷锋日记选》，解放军文艺出版社 1989 年版，第 32 页。

理性思考，这就要坚持走中国特色社会主义道路的信念不动摇，培养强烈责任感和使命感，为实现国家繁荣、民族振兴而奋斗拼搏，以实际行动投身改革开放和现代化建设的伟大事业中。

2. “服务人民、助人为乐”的奉献精神。雷锋精神的实质是全心全意为人民服务，这是党的根本宗旨。而“雷锋”这个名字，已经成为了人们心目中热心公益、助人为乐、扶贫济困、服务人民、奉献社会的代名词。只要人民需要，无论分内、分外，他都乐意付出自己的全部力量，把帮助别人当做人生最大的快乐和幸福。

马克思在《关于费尔巴哈的提纲》中提出：人的本质“是一切社会关系的总和”。① 人生活在这个社会中，所处的生活环境中必然存在着各式各样的社会关系，人生价值实现的途径之一就是通过为他人服务而体现自身价值。社会越是现代化，对人的这种要求就越强烈。人民至上是马克思主义的基本观点，雷锋以“燃烧自己、照亮他人”的实际行动践行这个宗旨，无论在任何岗位，他总是倾注火一般的热情于其中；无论走到哪里，他总是将春天般的温暖带向哪里。“以服务人民为荣，以背离人民为耻”、“以团结互助为荣，以损人利己为耻”，这些也是社会主义核心价值体系对思想道德建设的基本要求。雷锋在为他人做好事，为社会作贡献的同时，收获的不仅是乐趣、满足和幸福，而且还是个人价值的实现、增大。人们从雷锋精神深切地感受到，“自我实现”如果脱离社会，人生价值就不可能真正实现。雷锋精神虽与社会主义核心价值体系产生于不同的时代，但在人类社会共同价值理念——追求真善美上，实现了跨越时空的精神对话。

当前，要营造团结友善的人际关系、构建和谐稳定的社会环境、促进形成良好的社会风气，就应该教育引导人们自觉用为人民服务的人生观指引人生，大力弘扬服务人民、助人为乐的奉献精神，在服务人民、奉献社会的实践中创造人生价值。

3. “干一行爱一行、专一行精一行”的敬业精神。雷锋堪称诚实

① 《马克思恩格斯选集》第 1 卷，人民出版社 1972 年版，第 18 页。

守信、爱岗敬业的模范。他对待工作总是干一行、爱一行、钻一行，立足本职，尽职尽责，努力以钉子的“挤”劲和“钻”劲，使自己成为工作的内行。

“以辛勤劳动为荣，以好逸恶劳为耻”，“以诚实守信为荣，以见义忘利为耻”是中华民族的传统美德，也是社会主义核心价值体系所倡导的社会风尚。这与雷锋“干一行爱一行、专一行精一行”的“螺丝钉”精神相吻合。其核心是把个人融于集体和人民的事业之中，服从组织分配，热爱本职工作，自觉忠于职守，甘居平凡岗位。

雷锋早年在县里当通信员，是模范工作者；开拖拉机，是优秀拖拉机手；在鞍钢当工人，是先进工作者；下部队后是先进战士；入了党，是优秀党员；当了班长，又是模范班长。无论是在农村、工厂和部队，无论是当通讯员、推土机手和班长，无论是任何时候，雷锋都充满了真诚之情、上进之心、奉献之意，总是竭尽所能为党的事业作贡献，为人民群众做好事，在本职工作中当好“螺丝钉”。人们从雷锋精神深切地感受到，雷锋就在自己身边，每个人都可以成为雷锋。

当前，在社会为个人施展才华抱负提供的广阔天地中，更应该传承雷锋敬业精神，把个人的选择和社会的需要、人民的需要有机结合起来，有高度的责任心和敬业精神。在具体工作岗位上尽职尽责、发挥积极作用，不负人民、不负时代。只有当每一个个体都能兢兢业业、尽职尽责地做好自己的本职工作时，集体才会因之而强大，国家才会因之而富强。

4. “锐意进取、自强不息”的创新精神。创新是一个民族进步的灵魂，是一个国家兴旺发达的不竭动力。改革创新则是时代精神的核心，表现为突破陈规、大胆探索、勇于创造的思想观念，表现为不甘落后、奋勇争先、追求进步的责任感和使命感，表现为坚忍不拔、自强不息、锐意进取的精神状态。通过阅读《雷锋日记选》，发现雷锋不仅是一个脚踏实地的实干家，而且是一个勇于探索的创造者。他在学习和工作上永不满足、永不懈怠，体现了一种锐意进取、自强不息的创新精神。《毛泽东选集》是雷锋的思想指南，董存瑞、方志敏等英模的事迹是雷锋的人生楷模和行为镜鉴。他把所学知识充分运用于工作，在创新中为国家人民谋福利。

当今世界正处在大发展大变革大调整时期，科技和文化竞争成为综合国力竞争的焦点。这种大环境下，党和政府提出了建设创新型国家的宏伟目标，把增强自主创新能力作为发展的战略基点，要求大力推进理论创新、制度创新、科技创新、文化创新以及其他各方面的创新。其一，要大力推进理论创新，就应该坚持“实践是检验真理的唯一标准”，摒弃那些不合时宜的观念、做法和体制，把思想认识从对马克思主义的错误的和教条式的理解中解救出来，从主观主义和形而上学的桎梏中解放出来，从而不断赋予当代中国马克思主义以鲜明的实践特色、民族特色、时代特色；其二，要大力推进制度创新，不断完善社会主义市场经济体制，建设中国特色社会主义要求的各方面的体制机制，进一步解放和发展社会生产力，使中国特色社会主义始终充满生机和活力；其三，要大力推进科技创新，就应该实现科学技术的跨越式发展，使科技成为中国经济社会发展的强劲动力，为建设创新型国家奠定坚实的基础；其四，要大力推进文化创新，就应该实现社会主义文化发展大繁荣，提高国家文化软实力，努力建设社会主义文化强国。这些旨在发扬雷锋锐意进取、自强不息的创新精神，开创改革开放事业的新局面。

5.“艰苦奋斗、勤俭节约”的创业精神。艰苦奋斗、勤俭节约，是雷锋精神极具特色的内涵，秉承了中华民族艰苦奋斗、发愤图强的民族精神，发扬了艰苦创业、勤俭建国的革命传统。雷锋在工作上处处为国家着想，事事精打细算。雷锋有一个“百宝箱”，他把平时捡拾到的各式各样的物件收纳在他的百宝箱里面，而这些东西随时可以派上用场，既为国家节约了财物，也为他人提供了方便，还能够提高自己的工作效率。这种勤俭节约、艰苦奋斗的优良作风在物质财富日益富足的今天显得难能可贵。

随着社会的大转型，个人主义、享乐主义之风鼎盛，受各种腐朽思想沉渣泛起的影响，有些人开始认为艰苦奋斗、勤俭节约已经不再适用于当今社会，认为雷锋精神已经过时，因此，贪图享受、铺张浪费的习气滋生了，一些不良社会风气也随之助长。随着改革开放和现代化建设的发展，生产力水平的不断提高，社会财富的日益增加，鼓励科学合理的消费，对人们求富求美的需求也不再简单否定，但这与艰苦奋斗精神并不冲突。当下提倡的艰苦奋斗、勤俭节约、提倡创业，反对的只是过度的超前消费、铺张浪费、讲排场、摆阔气的不良风气，尤其是挥霍奢侈的腐败作风，这一点不但与在全社会大力倡导富国富民进取精神与新时代的创业精神不相矛盾，反而与之相得益彰，互相促进。基于此，党把“以艰苦奋斗为荣，以骄奢淫逸为耻”作为社会主义核心价值体系的重要内容来提倡。这更进一步说明，雷锋“艰苦奋斗、勤俭节约”的美德，具有鲜明的时代性和广泛的传承性。

二、雷锋精神具有特殊的时代价值

时代呼唤英雄，英雄引领时代。雷锋就是他所处的那个时代造就的英雄，又由于其精神具有传承和复制性，而富有时代价值。雷锋精神又是中华民族精神的重要内容，是一面永放光芒的旗帜。随着市场经济的发展和大量社会问题的不断凸显，人类社会现在和将来更需要雷锋精神，雷锋精神为和谐社会乃至和谐世界的构建，提供了有益的视角，具有丰厚的时代价值和重大的实践意义。雷锋精神的时代价值，展示雷锋精神的魅力与能量。

1. 为保持党的先进性、纯洁性提供精神动力。先进性、纯洁性是马克思主义政党的本质属性和鲜明特征，是马克思主义政党的生命力量所在。党的先进性、纯洁性本质决定了我们党要始终践行全心全意为人民服务的宗旨，在任何时候都要坚持共产主义的远大理想。雷锋短暂的一生，坚定了共产主义的远大理想，时刻牢记全心全意为人民服务的根本宗旨，怀着对党、对人民、对祖国的无比热爱，刻苦学习，忘我工作，服务人民，报效可爱的祖国和伟大的党，出色地完成组织交给的各项任务，以实际行动践行着党的先进性，诠释着党的纯洁性，是保持党的先进性和纯洁性的杰出代表。党员干部通过学雷锋，可以增强自我净化、自我完善、自我革新、自我提高的能力，以更好地塑造党员形象。

2. 为市场经济健康发展提供道德支持。雷锋精神与社会主义市场经济是相适应的。一是在社会化大生产条件下，个人越来越离不开群体，整个社会是一个相互依存的有机整体，这在客观上有利于形成“人人为我，我为人人”的社会道德环境，有利于强化人们的群体意识、整体意识和服务意识，越来越呼唤集体主义精神。二是在市场经济条件下，商品生产者和经营者追求商品的价值，而商品的价值能够在市场交换中实现主要取决于商品是否符合消费者的需要。商品生产经营者必须考虑消费者的需求，千方百计地为社会提供物美价廉的产品和优质高效的服务。三是市场经济是一种竞争型经济，要在激烈的市场竞争中长期立于不败之地，就必须遵守诚实守信、平等互利、合法经营等原则。市场经济运行过程中，需要团结互助、诚实守信、助人为乐、见义勇为等社会风气，形成良好社会环境。四是发展社会主义市场经济的最终目的，是为了更好地满足广大人民群众的物质文化生活需要，其实质是为人民谋利益，也就是为人民服务，这与雷锋精神的核心是一致的。随着社会主义市场经济体制的建立，在生产力获得极大发展的同时，个人主义、享乐主义、拜金主义滋长，雷锋精神可以消除和矫正市场经济的负面效应。

3. 为构建核心价值体系提供理论基础。社会主义核心价值体系是兴国之魂，是社会主义先进文化的精髓，决定着中国特色社会主义发展方向。雷锋精神的形成虽然早于社会主义核心价值体系的提出，但雷锋精神内在契合了社会主义核心价值体系。例如，雷锋对马克思主义中国化成果——毛泽东思想的刻苦钻研体现了对马克思主义指导思想的坚持与倡导。在《雷锋日记》中，“党”、“祖国”、“社会主义”是用得最多的词语，这些词是雷锋人生航程的价值理想、不懈奋斗的方向所在，体现了他对党、对人民、对社会主义事业的热爱和对共产主义远大理想的追求。雷锋是爱国主义的人格化身，也是学习创新的典范人物。正是雷锋的爱国主义情怀和不断学习的模范行动感动了成千上万的人们。更为重要的是，雷锋精神中的许多内容都已融入社会主义荣辱观之中。雷锋时时处处关心集体、关心他人，坚定理想信念、昂扬精神斗志和追求高尚道德，体现了社会主义一代新人一心一意跟党走的执著追求，反映了社会主义核心价值体系的根本要求，彰显了社会主义核心价值的最高境界，为践行社会主义核心价值体系提供了光辉典范，对于构建社会主义核心价值体系具有极其重要的推动作用。

4. 为科学发展社会和谐提供价值源泉。科学发展观强调以人为本和经济社会全面协调可持续发展，要实现科学发展，促进社会的文明进步，对人的素质提出了很高的要求，最需要雷锋式的建设者。雷锋的一生怀着毫不利己、专门利人的态度，积极投身社会主义建设的洪流，做出了自己重要的贡献，雷锋这种积极献身祖国建设的精神，成为几代人为理想奋斗、为社会奉献的旗帜和榜样，促进了社会主义社会的不断发展。雷锋以高度的主人翁责任感对待工作和劳动，用自己的言行践行了社会主义、共产主义道德规范。在处理个人与集体的关系以及人与人之间的关系上，他总是把党的利益、国家的利益和人民的利益放在个人利益之上，处处为党和人民分忧，时刻想着国家的困难、人民的困难，在生活上“向水平最低的同志看齐”，“毫不利己、专门利人”，“关心他人比关心自己为重”。同时，雷锋对待工作“像夏天一样的火热”，“干一行、爱一行、钻一行”，“向积极性最高的同志看齐”。服从组织分配，不讲条件，不讲报酬，一心一意地去做。雷锋的这些高尚品德，既包含了社会主义思想道德建设的主要内容，又继承和弘扬了中华民族的传统美德。对于推进和谐社会建设，在全社会倡导爱国守法、明礼诚信、团结友善、敬业奉献的基本道德规范，积极引导人们在遵守基本行为准则的基础上，追求更高的思想道德目标，具有巨大的推动作用。

5. 为个人的人生价值取向提供正确的思想资源。人生选择的价值性何在？这是每个现实社会中的人必须要考虑的问题。雷锋用他的实际行动告诉了我们答案：我要把有限的生命投入到无限的为人民服务之中去！因此，雷锋精神不是空洞的抽象理论。其具有极强的社会实践性，引导人们在人生发展道路上选择正确的发展方向和科学的发展方法。随着社会发展，人们的收入差距和受益程度发生较大的变化，特别是贫富不均使得人际关系出现疏离和紧张的状况，人们之间在一定程度上变成

钩心斗角、不正当竞争、损人利己。有些人受金钱和名利诱惑，把最基本的做人准则和道德规范抛之脑后。甚至为追求个人私利而损害集体、社会和国家的整体利益。这种错误的人生价值取向不仅毁掉了个人的发展前途，更对整个社会主义市场经济的健康运行造成阻碍作用。雷锋的共产主义精神不仅是社会主义市场经济健康发展的需要，也是每个社会个体坚持正确的人生发展方向、实现人生价值的需要。大力弘扬雷锋精神，引导人们理性分析各种利益及其关系，帮助人们正确处理个人与社会以及与他人的关系，从而实现个人价值与社会价值的有机统一，确保个人的发展方向与整个社会发展的总体方向协调一致发展。

第二节　弘扬雷锋精神是社会所盼

回味雷锋和以他的名字命名的雷锋精神，不仅仅是因为“雷锋精神”依然值得纪念和学习，更多的是因为我们的社会比以往任何时候都更加急切地吁求“雷锋精神”，它是社会最企盼的精神文明回归。

一、社会主义市场经济需要雷锋精神

在市场经济条件下，雷锋的言行与精神确实值得我们尊敬和学习，我们不应该求全责备而忽视雷锋精神的现代价值；雷锋精神所提倡的“全心全意为人民服务”、所包含的“利他”精神，不仅不和市场经济相背离，而且恰恰是市场经济所应该大大提倡的道德理念。

1. 社会主义市场经济与雷锋精神的一致性。

(1) 社会主义市场经济与雷锋精神在制度基础上是一致的。社会主义市场经济是建立在社会主义经济基础之上的，市场对资源配置起基础作用的经济体制。它既有市场经济的一般属性，又有社会主义的特殊属性。中国特色社会主义市场经济最大的特点是坚持以公有制经济为主体、多种经济成分并存；坚持按劳分配为主多种分配方式并存；坚持中国共产党的领导和人民当家做主。社会主义的制度属性，是社会主义市

场经济的根本属性。社会主义市场经济体制，只是经济运行方式和资源配置方式由计划向市场的转变，是经济体制的转换，而非社会制度的质变。那种把雷锋精神看成是“计划经济时代的精神产物”、“雷锋精神已经过时”的观点，是混淆了经济形式与基本制度的关系，是片面、不科学的。社会主义制度的存在，是雷锋精神传播和弘扬的根本社会基础。雷锋精神既适应于社会主义计划经济时期，也同样适应于社会主义市场经济时期，具有恒久的生命力。

（2）社会主义市场经济的本质要求与雷锋精神是一致的。市场经济固然表现为对个人利益的追求和维护，具有谋利与利己的特质。但市场经济本身也是利己与利他的矛盾统一。另外，市场经济与不同的经济制度结合，其利己与利他的功能在这个矛盾统一体中的地位也是不同的。社会主义市场经济是建立在生产资料公有制基础之上的，是社会主义基本制度与市场经济体制的有机结合。以公有制为主体多种所有制经济共同发展，坚持公有制的主体和基础地位，是社会主义市场经济的基本特征。这一特点，决定了在社会主义市场经济中，国家利益、集体利益和个人利益从根本上是一致的。这种一致性，要求我们在坚持谋利与服务、利己与利他相统一的前提下，更加强调服务和利他，更加强调群体利益和社会利益。

（3）社会主义市场经济的目标追求与雷锋精神是一致的。作为社会主义基本制度与市场经济体制有机结合的社会主义市场经济，其发展的根本目的在于通过市场机制实现社会资源的优化配置、解放和发展生产力，增强社会主义国家的综合国力，提高人民的物质文化生活水平，消灭剥削消除两极分化，最终达到共同富裕。实现共同富裕是社会主义市场经济区别于一般市场经济的另一个重要特征。而实现共同富裕，其实质就是为人民谋利益，就是为人民服务。这与雷锋精神的全心全意为人民服务和无私奉献的精神内核是一致的。弘扬雷锋精神是发展社会主义市场经济的一种内在需求。

2. 市场经济下弘扬雷锋精神的现实需要。

（1）雷锋精神对企业追求经济效益具有示范作用。社会主义市场经济是效益经济，经济效益是经济活动主体赖以存在和发展的根本条件，提高经济效益是社会主义市场经济体制下任何企业、部门都要努力追求的直接目标，无可非议。需要说明的是社会主义市场经济中所追求的经济效益，必须是与社会效益相统一的效益，决不允许见利忘义、唯利是图。由于社会主义市场经济体制的基础从根本上说是公有制经济，这就决定了国家利益、集体利益和个人利益在根本上是一致的。当劳动者个人利益、企业局部利益同国家整体利益发生矛盾时，必须顾全大局，服从国家整体利益，而弘扬雷锋精神能够更好地促进社会经济的协调和可持续发展，促进经济发展与社会进步的统一。

（2）弘扬雷锋精神对市场经济的公平竞争具有导向作用。社会主义市场经济是竞争经济，竞争的结果体现为市场经济的固有规律——优胜劣汰。但是，社会主义市场经济中的竞争和资本主义市场经济中的竞争，是两种不同性质的竞争。资本主义市场经济是以生产资料资本家私人占有为基础的，各竞争主体是利益根本对立的资本家或资本家集团，他们之间的竞争是你死我活的竞争。社会主义市场经济是社会主义公有制为基础的，这就决定了我们的国有企业、集体企业、私营企业、个体企业之间是根本利益一致基础上的公正、公平、有序的新型竞争关系。社会主义市场经济条件下，竞争是手段而不是目的，建立和完善竞争机制的目的，是鼓励先进、鞭策后进、团结互助、互相激励，而不是改变人们之间平等、互助、合作的人际关系。那种不择手段的竞争观，是同社会主义市场经济的竞争目的背道而驰的，与市场竞争相伴而生的是团结进取和开拓创新精神，要求人们具有竞争意识和不断进取，同时还要弘扬雷锋关爱他人、团结友善、助人为乐的崇高精神。雷锋就是积极进取、奋发向上的典型代表。他时时向先进看齐，事事争当先锋，无论在哪一个工作岗位上都是标兵。更可贵的是，雷锋自己成为先进又不忘后进同志，总是满腔热情地帮助相对落后的同志赶上来。雷锋这种勇于竞争、积极进取的精神和团结互助、帮扶后进的风格，是社会主义竞争所需要的，其对社会主义市场经济条件下的平等竞争必将起到导向作用。

（3）雷锋精神对市场经济的负面影响具有抵制作用。市场经济是一把“双刃剑”，一方面，它在使人们追求利益最大化的同时，有效地调节资源优化配置，促进生产力发展，为人们提高生活水平和质量提供了基础条件；它固有的开放性、效益性、平等竞争性、互利性和自主性等特点，也培育了人们的思想开放、奋发进取、开拓创新、自立自强、平等互利、公正守信等文明道德观念。另一方面，它遵循商品经济的基本规律，实行等价交换、追求利益最大化，往往容易滋生个人利益至上和“一切向钱看”的思想观念，以及由此引发败坏社会道德、违法乱纪的行为等等。这是市场经济的负面效应，对市场经济的健康运行和发展极为有害，法治手段是首要必需的，但不是唯一的，它不能完全担负起对经济活动的调节作用；而且用法治手段调节，一般属于事后性调节。从这个意义上说，用法治手段调节、整治经济活动和秩序是消极的。道德手段在经济调节活动中有独特的地位和作用，它诉诸经济主体的自觉性和能动性，是一种内在的自我的调节，是自律、内律，是事先的积极的调节。必须把法治手段和道德手段结合起来，把道德手段作为法治手段的重要补充。用道德手段调节经济活动和经济秩序，主要是通过加强社会主义思想道德建设，通过社会舆论、宣传教育、榜样示范等方式使人们形成与社会主义市场经济相适应的是非观念和道德观念，使经济主体在经济活动中自觉地按一定的道德原则规范行为，维持社会主义市场经济秩序。弘扬雷锋精神，用雷锋精神引导人们的经济行为，对社会主义市场经济的健康、有序发展有重要的现实意义。在经济活动中提倡和弘扬雷锋的集体主义、全心全意为人民服务、团结友爱、艰苦奋斗、爱岗敬业、诚实信用等精神，可以提高经济活动主体的道德水平，特别是职业道德水平，使合乎社会主义市场经济要求的价值观和道德观逐步为人们所认同，并逐步内化为人们的道德观念、道德信仰，成为人们在经济活动中的自觉行为。长此以往，经济活动中的不道德行为和现象就会慢慢减少，社会主义市场经济就会向健康、有序方向发展。

二、构建和谐社会呼唤雷锋精神

构建社会主义和谐社会，是国家全面建设小康社会、开创中国特色

社会主义事业新局面的一项重大战略任务，适应了我国改革发展进入关键时期的客观要求，体现了广大人民群众的根本利益和共同愿望。胡锦涛同志指出：“我们所要建设的社会主义和谐社会，应该是民主法治、公平正义、诚信友爱、充满活力、安定有序、人与自然和谐相处的社会。”可以说，社会主义和谐社会的基本特征充满了对道德方面的要求。构建社会主义和谐社会，既是我们追求的目标，又是我们奋斗的过程。这个目标的实现，一方面要以科学发展观的贯彻落实为基础；另一方面要以包括思想道德建设在内的社会主义先进文化建设为保证。雷锋精神就是社会主义道德精神的集中体现和最高境界。

1. 弘扬雷锋精神对于构建和谐社会必要性和可能性。弘扬雷锋精神对于构建和谐社会必要性和可能性体现如下：

（1）弘扬雷锋精神具有坚实的现实基础：社会建设的道德呼唤。首先，现实生活中个人无论多么富裕、强大，总是会碰到这样那样的困难，人们总是需要他人的帮助、支持甚至救助，雷锋精神正好能满足这样的要求。其次，雷锋精神虽然产生于计划经济时代，但这并不等于说雷锋精神道德导向功能和调节作用的发挥只能局限于计划经济时代。实际上，雷锋精神的内核及实质与社会主义市场经济的道德要求是相通的，与我们构建和谐社会的目标要求是一致的。诚实守信、爱岗敬业、注重效率、兼顾公平等是市场经济的内在诉求，国家富强、民族振兴、人民幸福、社会安定以及人际和谐等是和谐社会追求的理想状态。这就要求我们所进行的市场经济建设要坚持科学发展观，不但要注重经济效益，而且还要讲求社会效益，不但要重视个人利益的增长，而且还要讲究社会责任，而崇尚爱国、奉献、勤劳、互助、友善、勇敢、正义、诚信以及敬业的雷锋精神恰好契合了这样的需要。事实上，现实生活中出现的一系列与社会和谐发展极不相称的现象，如假公济私、损公肥私、铺张浪费、骄奢淫逸、争名夺利、推卸责任等等，在某种程度上可以说正是雷锋精神匮乏所导致的结果。雷锋精神不但没有过时，而且随着社会的发展及和谐社会目标的提出而变得更加重要了。再次，雷锋精神形成于平凡的工作岗位上和日常的社会生活中，具有平凡、真实、生动的特点，因而具有广泛的社会群众基础，容易对人们的行为产生示范作用。其作为中华民族传统美德的结晶，与中国人的心理结构和行为特点有着契合性，因而容易被中国人认同和接受。最后，雷锋精神“全心全意为人民服务，为了人民的事业无私奉献”的精神实质，与社会主义思想道德体系和公民道德建设的核心内容是相吻合的。

（2）培育雷锋精神具有重要的主观条件：精神愉悦的价值需要。现代社会，随着科学技术的突飞猛进、社会分工的细化、市场经济的发展以及社会结构的转型，工具理性日益高涨、多元价值观并存，导致人们极易陷入精神危机：精神空虚，自我迷失，幸福感匮乏，灵魂无家可归，道德信仰缺失，理想信念动摇等。因而，讲求终极关切与精神安顿的道德关切就成了人们迫切的精神需要。雷锋精神包含的道德性以人格的形式系统生动地展现出来，易以平凡真实的形式感召人们，促使人们养成良好的道德行为习惯，进而使得人们的心理结构得以跃升，道德境界得以提升，善美心灵得以形成，从而避免出现“灵魂的分裂”现象。以达致人性提升和自我完善的目的，最终使人在德性的培养与实践中寻找到自我的价值和存在意义。同时，人们的人格也得以挺立，精神得到安顿，不再是一个精神迷茫的可怜虫。如果说底线伦理对于维护社会秩序和共同体的利益有着基础作用的话，那么诸如包括雷锋精神在内的德性伦理对于人们摆脱外在物欲追求、去除低级趣味，陶冶心灵，获得精神上的愉悦和平衡，彰显人的尊严则具有独特的功效。雷锋精神的树立无疑保证了善美人格的确立，使人由内而外、心甘情愿地自觉遵守法律和社会道德责任与义务，使人在自我实现和价值认同过程中体验人间的真情与温暖，进而体验生命、生活与人生的意义，“美丽人生”因此变得可能。

（3）践行雷锋精神具有可贵的和谐价值：社会和谐的精神纽带。首先，雷锋精神的和谐价值首先体现在促进身心和谐上，如上所述，雷锋精神作为积极向“善”的德性人格有助于人们的精神安顿和善美心灵的形成，不但解决了“我应该成为什么样的人”的困惑，而且有助于人们找到自我价值，同时也为人们正确对待困难、挫折和荣誉提供了榜样，使人们减少内心的斗争与纷扰。其次，雷锋精神的和谐价值体现在维系人际和谐关系上。雷锋精神所蕴含的团结友善、助人为乐、尊老爱幼、扶贫济危、宽容谦让等美德与和谐理念是一致的，有助于培育和谐精神，构建和谐的人际关系，推动“我为人人、人人为我”相互关爱的良好道德风尚与社会氛围的形成。再次，雷锋精神的和谐价值体现在化解人与社会的矛盾上。现代社会分工的细化对于提高生产效率、促进社会发展有着不可磨灭的作用，但与此同时也给人的发展带来了诸多不良影响，人的全面发展因此受到局限和束缚，从而导致人们产生对于异化的反抗意识和对于社会的疏离感。社会分工同时也容易造成财富的悬殊和社会地位差距的拉大，容易诱发人们产生对于社会的诸多不良情绪。如何消除人与社会的疏离感和人们对于社会的各种不良情绪，就成了现代化国家必须面对的问题。而雷锋精神之“螺丝钉”精神倡导人们“干一行、爱一行、钻一行”，蕴含了社会地位和社会角色的认同意识、爱岗敬业和服务社会的责任意识，对于化解人与社会的矛盾、增强人的主人翁意识和社会认同感具有重要意义，有利于“促进和谐人人有责、和谐社会人人共享”生动局面的形成。最后，弘扬雷锋精神有利于提高公务员的服务奉献意识，有利于增强中国共产党的执政能力，更好地发挥政府的公共服务职能，从而有利于维系政府与人民的和谐关系，营造安定团结的政治局面和社会氛围。

2. 雷锋精神对构建社会主义和谐社会的现实意义。基于此，雷锋大公无私的精神，团结友爱、助人为乐的精神，奋发向上、勇于进取、艰苦奋斗的精神，对构建社会主义和谐社会存在重要的现实意义，主要表现如下：

（1）有利于提高人们的道德素质。当前，我国正处在实施“十二五”规划承上启下的关键阶段，正处在全力推进全社会科学发展的关键时期，大力弘扬雷锋精神，对于大力推进社会主义核心价值体系建设，统一思想、凝神聚力，教育和引导广大干部群众进一步振奋精神、推动发展、促进和谐，激发人们思想道德建设热情，提高公民思想道德素质和社会文明程度，具有十分重要的意义。

（2）有利于坚定人们的理想信念。当前，世界范围内各种思想文化交流交融交锋更加频繁，国内社会意识日益多样多元多变，迫切需要巩固马克思主义在意识形态领域的指导地位，坚定广大干部群众建设中国特色社会主义的理想信念。深入开展学雷锋活动，可以帮助人们树立正确的世界观、人生观、价值观，增强高举中国特色社会主义旗帜、坚持中国特色社会主义道路、理论体系、制度的自觉性和坚定性。

（3）有利于培育人们的爱国情感。雷锋把个人的前途命运与国家、民族的前途命运紧紧联系在一起，处处以国家、民族、集体利益为重，充分表现了国家主人翁精神。在新的历史时期深入开展学雷锋活动，就是要引导广大社会成员像雷锋那样，在祖国和人民最需要的时刻挺身而出、不怕牺牲，坚持从我做起、从点滴做起、从本职岗位做起。这对于增强全体社会成员的自尊、自信、自强意识，积极投身中国特色社会主义事业具有积极意义。

（4）有利于增强人们的创新意识。创新是一个民族进步的灵魂，是一个国家兴旺发达的不竭动力。当前我国正处于全面建设小康社会的关键时期和深化改革开放、加快转变经济发展方式的攻坚时期，尤其需要教育引导广大干部群众像雷锋那样积极进取、锐意创新，坚持用科学理论和各种有益知识武装自己、提高自己、完善自己，主动应对各种风险挑战，努力解决社会发展中的矛盾问题，不断开创事业发展新局面。

（5）有利于推动良好的社会风尚。市场经济理论的重要奠基人亚当·斯密说，“没有诚信、同情心这些最基本的道德观念，市场经济就会引发灾难”。社会主义市场经济强调以社会主义价值观去克服市场经济过程中可能带来的消极因素，倡导艰苦创业、积极进取、自强不息、奋力拼搏的奉献精神，呼唤顾全大局、忠于职守、克己奉公、以国家和集体利益为重的主人翁态度，努力建设相互尊重、助人为乐、诚实守信、和谐融洽的良好社会风尚。呼唤新时代的雷锋精神，“为了使别人过得更美好”的价值追求，恰恰是填补监管空白、提高市场经济运行效率和品质的精神力量。当人们在追求利润最大化、效用最大化的同时，倾听道德良知的深沉呼唤，引领人们在物质浪潮的冲刷中坚守价值

理念、彰显道德追求。通过道德情操，克服市场制度本身的天然性不足，让财富和才智运用到更加高尚的目的，这样的市场制度才更加完善，更加有益于人的生存，更利于社会的发展。

三、内化社会主义核心价值体系需要雷锋和雷锋精神

党的十七届六中全会指出，社会主义核心价值体系是兴国之魂，是社会主义先进文化的精髓，决定着中国特色社会主义的发展方向。雷锋精神又是一个与时俱进的精神标杆，把两者有机结合起来，成为新时期发展雷锋精神、推进中国特色社会主义文化建设的关键所在。从根本上讲，雷锋精神和社会主义核心价值体系是同一的。

1. 雷锋爱党爱国的坚定信念是社会主义核心价值体系价值目标的内在要求。雷锋爱党爱国的坚定信念有助于树立有中国特色的社会主义共同理想，这是社会主义核心价值体系价值目标的内在要求。雷锋一生树立远大理想，并为之进取、奋斗。他把党比做母亲，把社会主义看做是命根子。经常说，我就长着一个心眼，我一心向着党，向着社会主义，向着共产主义。他充分表达了对党、对社会主义的无比热爱、对共产主义的坚定信念。

中国特色社会主义的本质是解放生产力和发展生产力，消灭剥削，消除两极分化，最终达到共同富裕。社会主义初级阶段是中国最大的实际。当前社会最主要任务，就是发展生产力，只有生产力发展了，才能提高人民生活水平。中国经过60多年的建设，特别是经过改革开放30多年的高速发展，经济社会和文化形态都发生了巨大的变化。中国经济虽然已经跃居世界第二，属于世界前列，但人均水平仍然很低，属于世界后列，从根本上改变贫困面貌还需要很长的奋斗过程，因此，处于社会主义初级阶段的基本国情没有变。学习雷锋爱党爱国的无限忠诚精神，加强自身修养，树立马克思主义的世界观、人生观、价值观和劳动观，把个人的价值追求融入中华民族振兴、建设有中国特色社会主义伟大事业之中，对于推动经济又好又快发展无疑具有深远意义。

2. 雷锋艰苦奋斗、自强不息的创业精神是社会主义核心价值体系

精神动力的内在要求。雷锋艰苦奋斗、自强不息的创业精神是激励我们为实现国家富强、民族振兴的强大精神力量，是社会主义核心价值体系精神动力的内在要求。雷锋的勤俭节约、艰苦朴素的优良传统，这些不止在20世纪60年代适用，在今天仍然适用。雷锋无论在哪里都能自觉服从社会主义建设事业的需要，像一颗永不生锈的螺丝钉，在平凡的岗位上做出不平凡的成绩。“螺丝钉”精神体现的是爱岗敬业，无私奉献，体现着一种责任意识和担当精神，锐意进取、自强不息的创新精神。反映了求真务实的扎实作风，正是“螺丝钉”精神的钻劲，雷锋学会很多技能，不断提高本领，实现了自己的人生理想和价值，也体现了中华民族“艰苦奋斗、自强不息”的进取精神。

千百年来，中华民族形成的自力更生、艰苦奋斗、为人民服务等核心价值，激励着无数志士仁人为民族独立、国家富强而不懈努力，这些在雷锋的身上都得到了生动体现并发扬光大。艰苦奋斗、自强不息是中华民族的优良传统，也是我们党的优良传统。历史和现实都表明，艰苦奋斗、自强不息是成就伟业不可或缺的条件。这种精神，革命战争年代需要，如今改革开放、全面建设小康社会的时代也不能丢。当今世界正处在大发展大变革大调整时期，科技和文化竞争成为综合国力竞争的焦点。谁在科技和文化创新方面占据优势，谁就能够掌握发展的主动权。当前和今后一个时期是我国全面建设小康社会的关键时期，是深化改革开放、加快转变经济发展方式的攻坚时期，更需改革创新的时代精神，任重道远，务必保持中华民族“艰难困苦、玉汝于成”的创业精神，继续发扬艰苦奋斗、自强不息的优良作风，像雷锋那样成为具有“钉子”精神的建设者，成为在科技创新、文化创新和工作创新中的自觉推动者，为建设创新型国家作出更大的贡献。

3. 雷锋助人为乐、服务人民的奉献精神是社会主义核心价值体系道德准则的内在要求。雷锋助人为乐、服务人民的奉献精神有助于我们营造良好社会道德风尚，是社会主义核心价值体系道德准则的内在要求。如今，雷锋已经成为了一种精神的象征，一个道德的标杆。雷锋的一生，走到哪里，好事做到哪里，助人为乐的精神播撒到哪里。雷锋把助人为乐当做日常生活，心里装着感恩的心，手里攥着“做好人好事”的劲，时刻把个人的利益同人民的利益、他人的利益联系起来，把自己的一切无私奉献给社会、奉献给他人。

不管时代怎样变化、社会怎样发展、环境如何不同，善良和高尚总归是人心所向。在市场经济的背景下，人们的物质利益观念强化了、价值观念强化了、竞争观念强化了，无私奉献精神淡化了、助人为乐的精神淡化了、个人主义思想膨胀了等等，特别是在这个多元的时代和多元的社会，一切向钱看的人并不少，他们把功利放在第一位，在很多事情面前暴露出人性的冷漠和无情。只有树立为人民服务的人生观，发扬服务人民、助人为乐的奉献精神，人们才能对人生的目的有更深刻的理解，切实把人民利益放在首位，在服务人民、奉献社会的实践中创造人生价值。当下把雷锋这种大爱无疆、甘于奉献的精神传承下来，有助于营造良好社会风尚，并根植到自己的血液之中、灵魂深处。

总而言之，雷锋精神涵盖了当代中国社会主义核心价值体系建设的基本内容和核心要求。无论是对执政党还是对普通公民和各阶层各类群体，它都能提供具有感召力的道德示范和榜样作用。

第三节　弘扬雷锋精神是人民所愿

3 月 5 日不是法定节假日，但是每年的这一天，人们会自发地学习雷锋，缅怀雷锋。为什么雷锋会在人们的精神生活中产生如此巨大而深刻的影响？广泛而深刻的人民性是雷锋精神被人们传颂的一个根本原因。人民是历史的创造者，也是每个时代精神产品的创造者。马克思在《〈黑格尔法哲学批判〉导言》中也提出，理论只有掌握群众，才能变成物质力量，理论掌握群众就是这个理论要反映时代呼声，源于群众的社会生活，出自实践的内在要求，所以说雷锋精神来自人民。雷锋的一言一行、所思所想，无不渗透着中华民族的文化传统、心理趋向、价值观念。他的公而忘私、艰苦奋斗、助人为乐，都使人自然而然地联想起祖先所追求的“天下为公”、“先忧后乐”、“勤劳俭朴”、“扶危济困”的美德。雷锋树立了一个社会主义时期“好人”的具体形象；雷锋精神提供了一个把中华民族的优良传统与共产主义先进道德和谐结合的典范。全心全意为人民服务的人生宗旨反映了人民群众的愿望，必然为人民群众所称颂，在人民群众中薪火相传。

一、人们的日常道德生活需要雷锋和雷锋精神

人们日常生活、学习和工作与社会公德息息相关，这是社会成员共同利益的反映，最能激起人们的共鸣。在社会中，社会主义、共产主义道德，革命军人道德和社会公德相互联系和影响。对社会公德的坚守，是雷锋精神的基本层面。正因为有了社会主义、共产主义道德和革命军人道德的指引，雷锋践行社会公德才显得更自觉、更纯粹，因而也更高尚、更感人。雷锋告诫自己：“如果你是一滴水，你是否滋润了一寸土地？如果你是一线阳光，你是否照亮了一分黑暗？如果你是一颗粮食，你是否哺育了有用的生命？如果你是一颗最小的螺丝钉，你是否永远坚守在你生活的岗位上？”纵观雷锋一生，善良的感恩意识，强烈的使命召唤，积极进取的人生态度，春天般的温暖的待人方式，扶贫济困、尊老爱幼、乐于助人等等这些都是人类共同生活的需要，是人们在日常生活、学习和工作中应该遵守的基本的社会公德。

道德产生于人们共同生活的需要。大家居住在同一个地球，分享着同一片天。雷锋短暂的一生，既没有惊世骇俗的英雄壮举，也没有超凡出众的发明创造，他所遇到的，都是常人遇到的，他所做到的，都是常人经过努力后可以做到的。他的死平常不过，只用“以身殉职”四个字一笔带过。然而，正是在这平凡中，人们看到了雷锋的真诚、可信和可学，这种平凡而又伟大的特征，这种在本职工作中诚实劳动、积极进取的敬业态度，这种对有难者鼎力相助、不图回报的博大的爱，沐浴着同一片阳光，有类似的生存背景和面临的共同问题，人们在社会日常生活及其交往中有着共同的利益诉求，产生了共同的道德，即社会公德。雷锋自觉践行社会公德，他背小学生过桥，为丢车票的妇女补票，冒雨

送带着两个孩子的妇女回家……这些是中华民族传统美德的继承和弘扬，是人类最宝贵的共同精神财富，值得全人类拥护和赞赏。

具体来说，道德就是人性向善的实践理性。人可以在学习和践行道德中不断实现人性的升华。法国启蒙思想家卢梭说过：人有生存——生活——生命三种境界。人一出生，首先要生存，这和动物有一定程度的相似性。但是人终究是不同于动物，人有自己生活的目的性、理想性和规范性。正是这种目的性、理想性和规范性，使人的生物本能隐藏，在生存和生活的基础上追求更高层次的意义。实际道德就是人对生活“应该”的遵循，对意义和价值的追求，是一种人性向善的实践理性，结果使人能够超越自然生命的有限，追求社会生命和精神生命的无限。正如诗人臧克家言：“有的人活着，他已经死了；有的人死了，他还活着。”雷锋一直活在人们心中，就是因为他对道德的坚守。社会公德是社会成员共同利益的反映，遵守了社会公德的行为会受到人们一致的赞扬。遵守社会公德越自觉、越彻底，越会受到人们的尊敬和赞扬。这是雷锋和雷锋精神超越时空界限具有广泛久远影响的深厚社会道德根源。

今天，中国人学雷锋，外国人也学雷锋，美国西点军校专门开设了“学雷锋”的课程，雷锋被一些师生称为“当代最佳军人”。美国社会上一些青年人曾经戴着“雷锋”字样的标记组成救护队，扶老携幼过马路。荷兰曾有“牛仔雷锋”，法国曾有“老年雷锋”，巴西有位侨胞热心向上海市教育局捐款，设立“雷锋奖学金”。事实说明，雷锋精神既是中华民族的，也是世界的，学习雷锋是弘扬人类共同的美德。

二、道德缺失的人们更加呼唤雷锋和雷锋精神

改革开放30多年来，中国取得了令世界为之瞩目的辉煌成就。然而，在这一系列辉煌成就的背后，道德却遭遇巨大的冲击：拜金主义、极端个人主义滋生蔓延，一些人成为金钱的奴隶，许多人唯利是图，社会诚信严重缺损，假冒伪劣行为比比皆是，人们的衣食住行等充斥着不安全感，“毒奶粉”、“瘦肉精”、“地沟油”、“彩色馒头”等恶性食品安全事件，屡屡挑战社会道德伦理。在人与人的关系方面，近年来也接

连发生了一系列挑战社会伦理常识的事件，儿子机场刺母、老人摔倒无人扶、落水游客无人救、少女轻生跳楼引发路人围观起哄等，不经意间，“道德滑坡”已经成为中国社会精神现状的主题词。

这一幕幕深深地撕裂了国人的道德神经，使人们痛切地感到“雷锋叔叔不在了”。失去了方知存在的可贵。面对道德缺失、“道德底线”下沉，人们更加呼唤道德，呼唤雷锋和雷锋精神。在现代社会生活中，能不能很好地弘扬雷锋和雷锋精神，形成良好的社会道德风尚，与每个社会成员都有着非常密切的关系。

道德缺失会使社会成员受害。道德是人类共同生活的需要，社会道德如果风尚好，风气正，和谐稳定，社会成员都将共同受益。反面思考，社会风气差，生活不安定，社会成员势必会受影响和伤害。

道德缺失影响也包括失德者。因为缺德，失德者会受到种种惩处、谴责或因“做贼心虚”而产生紧张、恐惧、内疚等，食不香、睡不安，按照医学的解释，人的不良情绪会引起神经中枢、内分泌系统的功能失调，干扰各种器官组织的正常代谢削弱免疫系统的防御能力，导致各种心身疾病，或早衰，或丧失生命。所以说善良的品性，坦荡的心境，关心社会，关心他人，乐于助人，不仅有助于建立和谐的人际关系，也有助于自己保持良好的心理状态，从而促进人体内分泌出更多的有益激素、酶类和乙酰胆碱等，增强机体的抗病力，促进人体健康长寿。

理论和实践都证明，无论时空如何变化，雷锋和雷锋精神的价值是久远的，正如胡锦涛强调：“雷锋对于我们这个民族和社会过去具有、现在仍然具有重大价值和时代意义”。

三、加强公民思想道德建设需要雷锋和雷锋精神

当前，实现雷锋精神的一种内化，是加强公民思想道德建设、提升公民思想道德水平的可实施举措。

1. 雷锋精神内化可促使公民更好地理解与把握社会主义道德建设的要求。雷锋精神的丰富内涵，具体表现为爱党、爱国、爱人民、爱社会主义的坚定政治立场，为了人民的利益无私奉献的高尚品格，工作上

甘当永不生锈的“螺丝钉”的爱岗敬业精神，学习中忘我努力、刻苦钻研的“钉子”精神，生活里勤俭节约、艰苦奋斗的优良作风以及团结协作、助人为乐的高尚道德情操等，究其实质可以概括为一点，就是全心全意为人民服务。

2001年，中央制定颁布了《公民道德建设实施纲要》（以下简称《纲要》）。这个《纲要》中明确指出公民道德建设的主要内容，即“社会主义道德建设要坚持以为人民服务为核心，以集体主义为原则，以爱祖国、爱人民、爱劳动、爱科学、爱社会主义为基本要求，以社会公德、职业道德、家庭美德为着力点”，同时进一步提出了“爱国守法、明礼诚信、团结友善、勤俭自强、敬业奉献”的20字基本道德规范。

纵观以上，雷锋精神与人民道德建设是一脉相承、紧密结合的，无论在内涵上还是在实质上都是相关联、相一致的。由于雷锋精神在日常生活中的具体生动性，被广大群众所接受，具有广泛的群众基础和巨大的亲和力，因此，现阶段加强对雷锋精神的宣传与学习，并逐步使其内化于心，对于人们更好地理解与把握公民道德建设的主要内容及其实质具有很大的促进作用。

2. 雷锋精神内化对公民思想道德发展具有引导与领率作用。我国正处于社会主义初级阶段，其多种经济成分、多种利益主体以及多种分配方式并存的经济基础特点，客观上要求人们道德要体现出多层次结构——既要有处于低层次的，包括社会公德和家庭道德两大部分在内的最简单、最一般的起码道德要求，即爱祖国、爱人民、爱劳动、爱科学、爱社会主义为具体内容的基本道德规范，既要鼓励人们爱岗敬业、诚实守信、办事公道、服务群众、奉献社会，做一个具有职业道德的好的建设者，又要倡导为了人民的利益和幸福，为了共产主义理想，不惜牺牲自己的一切甚至生命的崇高的共产主义道德。

雷锋精神中既包含着大众的道德要求，又体现着先进的道德价值观。具体表现在雷锋精神的具体内容是具有层次性的，它既有平凡大众的一面，又有伟大先进的一面，既包括现阶段的社会主义道德精神，又渗透了崇高的共产主义道德精神。因此，在全社会范围内大力倡导雷锋精神，使其转变为人们内在的道德规范与行为准则，自觉自愿地加以奉行，即不断实现雷锋精神内化，有利于当前既鼓励先进又照顾多数，把先进性要求与广泛性要求有机结合起来的多层次伦理关系的实现，在此基础上通过其内在的价值导向性引导人们过有道德的生活，连接并统率着思想道德觉悟程度不同的社会成员接近、达到甚至超越所期望的道德境界，进而推动人们思想道德水平的整体提升。

在新的历史条件下，要进一步推进学雷锋活动，必须更深刻地认识雷锋精神的底蕴，更准确地把握雷锋精神的本质，更自觉地遵循雷锋精神的发展规律，立足现实，注重内涵，讲究方式，让雷锋和雷锋精神对人们更有吸引力、更富亲和力。雷锋当过通讯员、农场拖拉机手，入伍后当过战士、班长，用今天的话说，雷锋来自“草根阶层”，做的都是平凡的工作。然而正是在党的培育下，雷锋不断实现道德境界的升华，雷锋以共产党员、革命军人的胸怀和境界，在日常生活、学习和工作中积极自觉地践行社会公德，在平凡中尽显伟大。因为平凡，老百姓感到可信，感受到做一个好人，过一种有价值、有意义的生活并不难，只要在日常道德生活中努力就能达到，由此产生了很强的吸引力和亲和力，这是雷锋和雷锋精神有着广泛久远影响的现实道德基础。今天，我们要进一步挖掘和宣传雷锋自觉践行社会公德的道德精神，让这种精神更好地渗入人们的日常道德生活，让生活中时时处处有雷锋，在军人身上、在农民身上、在工人身上、在知识分子身上、在学生身上、在“白领”身上，在你身上，在我身上，在各行各业的劳动者身上都闪耀着雷锋精神。要让雷锋和雷锋精神更好地走向世界。蓬勃发展的“全球化”推动着人们在世界范围内的普遍联系和交往，人力、资本、服务、信息、技术的流动，政治、经济、文化、艺术、科学、教育的交流、碰撞、融合，使人的生存方式、生存境遇在许多方面公共化，民族的地域性的文化通过交流碰撞而形成新的具有世界性的文化，“各民族的精神产品成了公共的财产”，既是民族的，也是世界的。几十年的学雷锋活动，使雷锋不仅在国内享有盛名，而且已经走向世界，雷锋精神的许多方面得到越来越多的世界人民的认同和践行，我们应该充分继承与发扬已有的优势，更加鲜活地向世界宣传雷锋，通过雷锋精神展现中国人的优秀形象，推动中华文化更好地走向世界。

第四节　弘扬雷锋精神是个人所求

雷锋精神不仅是国家、社会发展进步的宝贵精神财富，而且最重要的是具有独特的个人魅力。一个人的发展是成熟与成长的过程。看一个人的发展既看个人素质的提高，又看社会对其公众形象的认可。从雷锋身上，深刻地看到他是一个愿意也能够将自身潜力充分发挥出来的人。雷锋是个感情丰富的人，性格温和为人热情，待人处事恰到好处。用现代的话来说，他是一个中华民族传统美德的传承者、社会主义道德规范的实践者、新型人际关系的倡导者。诸多优秀品质造就的人，才可能牢固树立正确的权力观、地位观、利益观，才能得到组织的信任和重用。雷锋生前的表现以及牺牲后人们对他精神的总结，都可以称得上一个得到良好发展的人，或者说在同龄人中是非常出色的人。所以，雷锋精神展示了共产党人的特殊品格，体现了伟大的民族精神。而这些当然应该是当代个人发展的精神源泉和动力。

一、引导个体人生方向

雷锋精神可以引导个体去思考人生课题和把握人生取向。

雷锋精神具有强烈的人生意蕴，深刻回答了“怎样做人，为谁活着”的人生课题。人生在世，都会面临着人生的选择和规划，其中最根本的是要回答人怎样活着，为谁活着这个问题。综观雷锋短暂而光辉的一生，他明确地思考和把握了人生面临的根本课题。雷锋说：“我活着，只有一个目的，就是做一个对人民有用的人”，“我要做一个有利于人民，有利于国家的人”，“我觉得自己活着，就是为了使别人过得更美好”。一方面，从雷锋的言论看，雷锋精神首先明确地思考和把握了“怎样做人，为谁活着”这个人生课题。人如果要培养崇高精神和辉煌事业，必须首先认真思考和回答人生面临的课题。另一方面，由于雷锋精神不仅思考而且正确地回答了人生课题，因而雷锋精神就可以为个体人生课题的解答提供指导，能够启示个体做出正确的人生选择和规划，在怎样做人和做什么人的问题上获得正确的人生指导。

具体说来，雷锋精神蕴含的人生道理可以让个体知道：一个人在怎样做人和做什么样的人的问题上必须全面地联系地去把握，必须从自己与他人、与社会、与国家等现实关系中去把握，必须把个人的人生取向融入现实关系中，并在现实关系中获得自身的规定性，这样才能树立起高远的人生发展取向。

人活着要有理想和追求。雷锋精神不仅蕴含着人生课题的思考和解答，而且还鲜明地体现着人活着要有追求和理想。雷锋的一生是不断追求发展进步的一生。雷锋说：“真正的青春，只属于这些永远力争上游的人，永远忘我劳动的人，永远谦虚的人”，“我要把自己最可爱的青春献给祖国最壮丽的事业”，“我要把有限的生命，投入到无限的为人民服务之中去”。雷锋不仅具有积极的人生追求，而且还具有崇高的人生理想，即为共产主义事业奋斗的人生志向。弘扬雷锋精神能够使个体认识到人是可以保持昂扬精神和进取心态并充满人生追求和理想的。从现实看，个体容易面临着人生的困惑和危机，因为个体在过度宣扬自我和个性的同时，却不知道自己到底想要什么和该要什么。其实，人无法承受生命之轻。人活着要有一份厚重感。一个人追求理想，就会成为一个有理想的人。人有理想、人追求理想、人实践理想的过程和结果就是创造辉煌。雷锋精神在这里所起的作用就是一种人生“立志”教育。个体通过了解雷锋的人生追求和理想就可以得到启发，深刻懂得人活着必须追求发展进步并结合实际树立自己的人生理想。

雷锋精神同时可以引导个体积极进行人生的自我创造和实现。人生方向指导的实质是让个体具备人生自我创造和实现的发展取向。这是人生发展的关键，也是人生指导的根本。人要学会思考人生，而且要充满理想，那么人生思考和理想的指向是什么？那就是个体积极投身到人生的自我创造和实现中去。雷锋精神蕴含着个体自我创造和实现的人生哲理，明确地处理了个人和集体、自我价值和社会价值、现实需要和未来追求、脚踏实地和理想远大等一系列关于人生创造和实现的关系。一定意义上说，雷锋精神就是雷锋的人生自我创造和实现的产物。因而雷锋精神的弘扬可以促使个体进行人生的自我创造和实现。实际上，人的本质特征就是非前定性，人是一种自我创造的生成性，人是以自我创造的方式去确证和发展人的本质力量，但人在进行自我生成时并不是随心所欲，而是在特定历史条件和社会基础以及现实的社会关系中在自我人生发展理念的指导下进行的。因而雷锋精神的价值就在于可从人生维度为引导个体的人生创造提供经验指导，使个体在现实中去选择正确的人生方向并创造辉煌人生。

二、激发个体精神动力

雷锋精神使个体认识到精神力量的作用，树立起追求精神动力的意识。从主观看，雷锋精神的生成是雷锋内在精神力量推动和外化的结果。雷锋精神的生成与雷锋自身的精神结构和精神生活密切相关。从雷锋精神生成的主观条件看，雷锋精神是雷锋的思想、信念、道德和情操等因素辩证统一、综合作用的结果。因而雷锋精神可以充分让个体认识到雷锋精神的生成与雷锋的精神世界的构成及其定向的密切关系，认识到雷锋自身的思想、信念、道德和情操等精神因素在雷锋精神生成中的推动作用。同时，也可使个体通过反观雷锋精神生成的精神力量，认识到人要确立和享有高贵的精神境界必须首先从营建自身的精神世界做起，从树立自觉的思想、信念、道德和情操做起。只有营建起强有力的精神力量，才能不断推动自身产生和外化出高贵的精神追求，因而雷锋精神的培育可以使个体强烈地认识到精神动力在伟大精神生成中的作用，并使个体在成长发展和建功立业中树立起强烈的追求精神动力的意识。

雷锋精神还可以激发个体的精神需求，把雷锋精神转化为个体的精神追求。雷锋精神不仅可以让个体认识到雷锋的精神力量在雷锋精神生成中的作用，而且还可以通过发挥雷锋精神本身的魅力，去激扬个体自觉进行思想品德修养的热情、激发个体心中蕴藏的追求美好的品德潜能。雷锋精神是一种高贵的精神境界，体现了人类所孜孜企求的真善美。人是有精神性的动物。雷锋精神会让个体深刻认识到雷锋精神的高贵，并且从对雷锋精神的体认中获得个体心灵的契合，并随着美好的心理体验去实现雷锋精神的认同和把雷锋精神转化为个体自身的精神需求。这是从雷锋精神本身和人的一般精神需求确证雷锋精神培育可以激发个体的精神需求。实际上，雷锋精神也可以从另一个角度激发个体的精神需求，即雷锋自身的人生轨迹和个人经历可以激发个体的精神需求。雷锋精神能够让个体认识到雷锋平凡而朴实的人生阅历，让个体认识到雷锋是在何种条件下创造出令人感动和敬仰的崇高精神。这种让个体认识到雷锋精神生成的雷锋人生经历的过程就会使个体认识到雷锋平凡中的伟大，伟大出自平凡，雷锋精神是能够学习的，只要认真做好身边的事情并不断追求进步是可以拥有雷锋的精神境界和分享雷锋的人生幸福，因而这也会激发个体的精神需求，并把雷锋精神转化为自觉追求，不断提升个体自身的精神境界。

雷锋精神可以将个体掌握的雷锋精神运用到自身的生活、工作和学习中，为个体自身的成长发展和建功立业提供精神动力。这是雷锋精神培育激发个体精神动力的最高层次，这不是指向激发个体内在精神需求，而是指向个体为自身成长发展和建功立业提供精神动力。雷锋精神既然能让个体把雷锋精神转化为自己的精神需求，那么个体就会不断地认同和内化雷锋精神，并能把雷锋精神转化为个体行为实践的思想观念体系、心理动力体系和行为外化体系。因而个体自身存在着把雷锋精神运用到自身的生活、工作和学习中的可能性。对此，雷锋精神的塑造过程可以促使这种可能成为现实。这是因为通过对雷锋精神外化环节的引导和强化可以保证个体把内化的雷锋精神运用到日常生活、工作和学习中，体现在个体自身成长发展和建功立业中。由于雷锋精神是一种不断追求发展进步的精神冲力，因而雷锋精神的培育可以把雷锋精神转化为个体自身发展进步和事业成功的精神动力。

三、塑造个体健全人格

雷锋精神可以促使个体形成鲜明的自我意识。人格是一个多义概念，通俗地讲，人格就是一个人相对稳定的个性特征。从人格健全的标准看，其中重要的标准就是个体要具有鲜明的自我意识。雷锋精神能否促成个体形成鲜明的自我意识，取决于两个方面：一是雷锋精神是否具有自我意识的意蕴。雷锋精神是一种高度的主体道德自觉意识。雷锋精神把助人为乐、与人为善等视为主体生命发展的本质要求。雷锋精神还从反思维度提出个体如何处理自身以及自身与他人、社会等现实关系。故雷锋精神蕴含着自我意识，用雷锋精神可以启发和引导个体树立自我意识。二是用雷锋精神塑造个体的自我意识还在于雷锋的生活是否具有强烈的自我意识。雷锋有着极强的超自我意识，从而任何时候都能正确地认识自我、把握自我、调适自我。这一点，我们仅可以从雷锋短暂而光辉的成长史看到，而且可以从他留下的日记中强烈地感受到。因而，可以结合雷锋的人生经历以及雷锋的言论等具体的材料让个体认识到：一个人要形成一种崇高的境界必须不断地进行自我认识、自我反省、自我调节以及客观地评价自己，并勇于开展批评与自我批评，才能树立起高度的精神自觉和道德自律。从雷锋精神蕴含的自我意识以及雷锋对自我意识的生命诠释看，雷锋精神能够促使个体从自我反思的角度树立起鲜明的自我意识。而鲜明的自我意识，尤其是道德自律意识的形成在健全人格中具有核心地位。一个人只有具备强烈的自我意识才能积极主动去追求自身多方面的发展，才能自觉加强自我的人格修为和锻炼。

雷锋精神可以促使个体形成健康的心理素质。一定意义上说，人格也是个体具有的相对稳定的心理特征和心理倾向，因而健康的心理素质在健全人格中具有重要的地位。雷锋精神可以起到塑造个体健康的心理特征和心理倾向的作用，这主要源于思想与心理的辩证关系。心理是思想的基础，思想是心理的升华。雷锋精神在此属于思想的范畴。这一方面表明雷锋精神必须从个体的心理基础人手，关注个体的心灵世界，塑造个体良好的性格、气质和个性以及情感、态度和价值观。只有树立良好的心理基础，才能在此基础上引导个体不断生发雷锋精神。因而雷锋精神本身就是从个体良好心理基础开始的，这就直接助益于塑造个体健全的心理特征和心理倾向。另一方面也表明弘扬雷锋精神的结果反过来也可以提升个体良好心理素质，雷锋精神对个体心理健康具有引导作用，雷锋精神宣传的结果可以从精神自觉的角度引导个体自觉树立和养成良好的性格、气质、个性和情感、态度和价值观。雷锋精神的心理培育功能归根结底是雷锋精神本身蕴含着良好的心理特征和心理倾向。这是雷锋精神本身的高贵性所赋予的。当然，雷锋精神培育个体心理人格的功能不得不强调的一点是雷锋自身洋溢的热爱生活、积极活泼、团结友爱、意志坚强、努力进取以及理想远大的个体心理品质。这虽然是雷锋精神产生存在和抽象概括的心理基础，但是雷锋这种良好的心理品质在雷锋精神培育中具有重要的作用，这可以作为个体心理人格培育的佐证材料，而个体通过了解雷锋的心理品质也可以直接体会到雷锋身上洋溢的优秀心理品质，从而促使和激励个体不断地提升自身心理素质。

雷锋精神也可以促使个体形成崇高的人格理想。从人格目标角度看，雷锋精神可以使个体形成崇高的人格理想。人格理想不同于人生理想，它是个体对自身的思想、情感、道德和心理等人格构成的整体发展目标的追求，个体追求什么样的理想人格将直接决定个体未来的人格发展走向，因而可从此角度去把握雷锋精神培育是否具有塑造个体健全人格的价值。雷锋精神是一种个体成长发展的精神高地，是一种精神旗帜，深刻回答了个体的人格完美和道德追求应具有的理想目标，告诉了个体一个人要想具备崇高的精神境界就应该在思想、情感、道德和心理等方面应具达到的人格层次。因而可以用雷锋精神蕴含的人格要求去培育个体的理想人格。从现实看，学雷锋活动几十年来，个体也都是把雷锋作为人格榜样来学习和效仿的，雷锋作为雷锋精神的人格体现，也的确具有和发挥了其在引导个体追求理想人格方面的功能。因而雷锋精神的自觉宣传可彰显雷锋精神蕴含的理想人格维度，激发个体确立和追求理想人格，并吸引个体不断追求精神完善与人格健全。对此，雷锋精神一方面可以让个体懂得理想人格在个体人格健全和养成崇高精神中的地位和作用，以引导个体结合自身实际自觉树立在思想、情感、道德和心理等方面应达到的人格层次；另一方面也可以用雷锋本身的人格魅力，去吸引个体自觉向雷锋学习，树立雷锋具有的崇高的人格理想，把雷锋的人格追求转化为个体自觉的人格理想。

四、规范个体行为实践

雷锋精神可以规范个体正确地处理德与才的关系。德与才的关系是个体成长发展和建功立业必须面对的重要问题。如何处理德与才的关系，也是自古以来关注的问题，不论过去还是今天，哲人都认为“才者，德之资也；德者，才之帅也”。从当前人才培养和个体追求看，却存在个体重智轻德、以智害德的现象，个体看重的是知识的增加和积累，而不是德性境界的存养和提升。这种现象势必造成当前个体精神生活低迷、理想信念缺失，价值取向扭曲等有关思想问题或品德问题。弘扬雷锋精神可以在一定程度上警醒个体重智轻德的偏向。因为一方面雷锋精神本身蕴含了对个体的德性要求，要求个体树立正确的价值观、世界观和人生观。因而雷锋精神的培育可以矫正个体现存的思想问题和品德问题。同时，另一方面雷锋是德才兼备的典范，且他的人生也生动诠释了德与才的辩证关系。因为从雷锋的人生轨迹看，雷锋始终是把追求自身德性提升放在首位，并且正是在崇高理想、坚定信念以及敬业精神和奉献精神的支撑下不断地加强自身的学习和进步，使雷锋个人的业务成绩和知识积累不断提高。对此，雷锋精神的培育可以让个体体会到一个人的思想境界和道德水平对个体自身的智力提高和事业成功的价值，自觉树立起重视个体品德修养和思想进步的意愿，从而规范个体在自身工作、生活和学习中去正确处理德与才的关系。

雷锋精神也可以规范个体正确地处理个人与集体的关系。个人与集体的关系是个体行为实践必须面对的关键问题。如何处理个人与集体的关系直接影响到个体行为实践的成败。雷锋精神中蕴含着在现实社会中如何处理个人与集体的关系的智慧。一方面，雷锋正确处理认识了个人与集体以及二者的关系。雷锋说：“我懂得了这个道理：一朵鲜花打扮不出美丽的春天，一个人先进总是单枪匹马，众人先进才能移山填海。”因而雷锋精神的培育可以把雷锋关于个人与集体以及二者的关系正确认识通过生动的论证和实例引导个体从认识上正确把握个人与集体的关系。另一方面，雷锋论及了个体在实践中如何实现个人与集体的有机统一。雷锋说：“我认为个人和集体的关系，正像细胞和人的整个身体的关系一样。”因而作为雷锋思想世界的集中体现的雷锋精神可以让个体懂得如何在实践中实现个体与集体的辩证统一，以及这种统一不是抽象的统一，而是从自身的实际出发，从自身的现实关系出发，从社会和集体的发展需要出发，使个人的发展进入到现实中去，融入到社会和集体的发展需要中去，在为集体贡献个人力量的过程中实现个人发展。当然，雷锋精神也蕴含着当个人利益与集体利益发生矛盾时以集体利益为重的要求。在个体行为实践中，个人利益与集体利益难免会发生矛盾。这种矛盾，有的是可以缓和的、化解的，有的则会发生或大或小的冲突，雷锋精神强调，在个人利益与集体利益发生冲突，尤其是发生激烈冲突时，坚持集体利益高于个人利益，即个人利益应当以大局为重，在必要时，甚至为集体利益牺牲个人利益。

雷锋精神同时可以规范个体正确地处理“干大事”与“做小事”的关系。从个体行为实践看，个体不仅要正确处理德与才、个人与集体的关系，同时还面对另一个重要的关系，那就是“干大事”与“做小事”的关系。在现实中，个体都喜欢做大事，且不论是教育，还是舆论，似乎也都喜欢或期待个体去做大事。按常理说，这种追求和引导好像并没有错。但是仔细想想，就值得商榷。一方面，个体喜欢做大事，似乎越做大事就越惹人喜爱，但是如果个体在日常的学习、生活和工作中只是一味追求做大事，势必好高骛远、眼高手低，结果小事不愿做，大事也干不成。另一方面，从人才结构看，虽然“不想当将军的士兵不是好士兵”，问题是如果个体都去干大事，那么小事谁来做呢？这势必造成人才的浪费和人才结构的畸形。对此，雷锋精神的弘扬可以规范个体正确处理“干大事”与“做小事”的关系。雷锋精神是一种从平凡中形成的崇高精神，是一种从小事中生成的伟大精神。尤其雷锋的事迹正确处理了“干大事”与“做小事”的关系，雷锋作为一个普通的人，在胸怀崇高理想的同时，立足本职、积累点滴、从微善做起，结果其在平凡的岗位上做出了不平凡的大业绩。同时，从雷锋留给后人的精神财富看，雷锋的一生干的都是小事，但他的精神留给世间并被敬仰，就后者的影响看，那也是雷锋干的一件大事。因而，雷锋精神既可以让个体认识到做小事与干大事并不矛盾，也可让个体认识到自身行为实践必须从大处着眼、小处着手，摆正“干大事”与“做小事”的关系，尤其在道德实践上要规范自己从个人做起、从小事做起，脚踏实地，言行一致，以不断提升个体自身德性发展的层次和水平。

第六章

雷锋精神在社会主义核心价值体系建设中的地位

半个世纪以来，雷锋精神引导亿万人民树立正确的世界观、人生观、价值观，形成文明道德风尚，为促进社会和谐、发展中国特色社会主义注入了重要的精神力量。学雷锋的实质就是要发扬光大中华民族的优秀传统文化，颂扬激活人民心中蕴藏的美好思想品德，持续推进社会主义核心价值体系建设，为中国特色社会主义事业提供强有力的思想道德支撑。特别是世情党情国情发生深刻变化、改革开放和社会主义市场经济发展日益深入的今天，深刻认识雷锋精神在社会主义核心价值体系建设中的地位，具有特殊意义。这种新的深层次认识有利于全体人民进一步树立和实践社会主义核心价值体系，有利于奋力开拓中国特色社会主义的新前景，有利于“坚定不移沿着中国特色社会主义道路前进，为全面建成小康社会而奋斗”①。

---

① 胡锦涛：《坚定不移沿着中国特色社会主义道路前进　为全面建成小康社会而奋斗——在中国共产党第十八次全国代表大会上的报告》，《人民日报》2012 年 11 月 18 日。

第一节　雷锋精神是社会主义核心价值体系建设内容的具体体现

社会主义核心价值体系是党的十六届六中全会首次明确提出的科学命题。社会主义核心价值体系是社会主义意识形态的本质体现，是指引社会前进方向的精神旗帜，是社会主义精神文明的精髓所在。它在中国整体社会价值体系中居于核心地位，发挥着主导作用，决定着整个价值体系的基本特征和基本方向。社会主义核心价值体系包括四个方面的基本内容，即马克思主义指导思想、中国特色社会主义共同理想、以爱国主义为核心的民族精神和以改革创新为核心的时代精神、以“八荣八耻”为主要内容的社会主义荣辱观。这四个方面的基本内容相互联系、相互贯通，共同构成辩证统一的有机整体。马克思主义指导思想是社会主义核心价值体系的灵魂；中国特色社会主义共同理想是社会主义核心价值体系的主题；以爱国主义为核心的民族精神和以改革创新为核心的时代精神是社会主义核心价值体系的精髓；社会主义荣辱观是社会主义核心价值体系的基础。而雷锋精神的时代内涵则集中体现在“以科学真理为行动指南，以爱党爱国爱社会主义为基本立场，以全心全意为人民服务为人生价值，以履行义务恪尽职守为行为准则”四个方面。两者对照，不难看出雷锋精神源于马克思主义的根本指导思想、基于社会主义建设的伟大理想、充分体现民族精神和时代精神、始终践行社会主义荣辱观。胡锦涛同志指出：“雷锋这个光辉的名字和他崇高的精神品格，在历史发展中始终焕发着光彩。”① 这其中的一个重要原因就在于，随着时空流转而不断与时俱进的雷锋精神，正是社会主义核心价值体系的具体体现，赋予了社会主义核心价值体系以鲜活的精神力量和人格

① 转引自王珉：《让雷锋精神在历史发展中始终焕发光彩》，《人民日报》2001 年 6 月 7 日。

魅力。

一、马克思主义指导思想是社会主义核心价值体系的灵魂

马克思主义指导思想是社会主义核心价值体系的灵魂，也是雷锋精神的理性所依。马克思主义的基本内涵十分宽泛，从不同的角度，我们可以作出不同的回答。从它的创造者、继承者的认识成果讲，马克思主义是由马克思恩格斯创立的，而由其后各个时代、各个民族的马克思主义者不断丰富和发展的观点和学说的体系。从它的阶级属性讲，马克思主义是无产阶级争取自身解放和整个人类解放的科学理论，是关于无产阶级斗争的性质、目的和解放条件的学说。从它的研究对象和主要内容讲，马克思主义是无产阶级的科学世界观和方法论，是关于自然、社会和思维发展的普遍规律的学说。马克思主义是由一系列的基本理论、基本观点和基本方法构成的科学体系，它是一个完整的整体。其中，马克思主义哲学、马克思主义政治经济学和科学社会主义，是马克思主义理论体系不可分割的三个主要组成部分。马克思主义是我们立党立国的根本指导思想，是社会主义意识形态的旗帜和灵魂。在社会主义核心价值体系中，马克思主义提供的是科学的世界观，是认识世界和改造世界的立场、观点、方法。中国共产党坚持把马克思主义基本原理同中国具体实际紧密结合，从而形成了毛泽东思想、邓小平理论和“三个代表”重要思想，形成了科学发展观和构建社会主义和谐社会等重大战略思想。这些理论成果是中国化的马克思主义。马克思主义把严格的科学性和高度的革命性有机结合起来，科学揭示了人类社会发展规律，又为我们提供了科学的世界观和方法论，成为我们立党立国的根本指导思想，是社会主义意识形态的旗帜。

雷锋的所言所行，雷锋精神的历久弥新无不显示出马克思主义的正确引领。雷锋有着坚定的共产主义崇高理想，懂得“怎样做人、为谁活着”，就是因为他长期坚持学习马克思主义理论，潜心研读毛泽东著作。尤其对毛泽东著作的学习更是刻苦勤奋，通过读书笔记和眉批等多种学习形式掌握了毛泽东思想的精髓所在。例如，雷锋读过《整顿党的作风》一文，用红铅笔在文章中重点画了这样一段话："对于马克思主义的理论，要能够精通它，应用它，精通的目的全在于应用。"他在这段话的下边写道："……努力学好马克思主义理论，并做到理论联系实际，改造思想，做好各项工作。"毛泽东同志在这篇著作中，还引用刘少奇同志说过的一段话："有一种人的手特别长，很会替自己个人打算，至于别人的利益和全党的利益，那是不大关心的。'我的就是我的，你的还是我的'。这种人闹什么东西呢？闹名誉，闹地位，闹出风头。"雷锋读后用蓝铅笔圈画了这段话，并针对这种人，在书上批了三个字："没出息。"在《论联合政府》一文最后一节的空白处，雷锋写道："无数革命先烈为了人民的利益牺牲了他们的生命，给我们换来了幸福。今天，我们没有理由不好好工作和学习，没有理由不改正缺点和错误，没有理由只顾自己不顾集体，没有理由只顾个人眼前利益，而忘记了整个无产阶级的最大利益。"翻开《为人民服务》一文，雷锋在最后一页的空白处写道："我觉得一个革命者活着，就应该把毕生精力和整个生命为人类解放事业——共产主义全部献出。我活着只有一个目的，就是做一个对人民有用的人。生为人民生，死为人民死。"雷锋在日记中曾经写道："我学习了《毛泽东选集》一、二、三、四卷以后，感受最深的是，懂得了怎样做人，为谁活着……我觉得要使自己活着，就是为了使别人过得更美好。"雷锋还写道："人的生命是有限的，可是为人民服务是无限的。我要把有限的生命，投入到无限的为人民服务之中去。"这就是雷锋依据马克思主义，对人生根本问题做出的正确回答。他用马克思主义的人生观、世界观和价值观指导自己的人生学习和人生实践，并找到了自己最大的人生动力源泉。在雷锋精神的感召下，广大党员群众以饱满的热情积极学习中国化的马克思主义，推动中国特色社会主义伟大事业不断向前发展，进一步显示着马克思主义的真理性力量。

二、中国特色社会主义共同理想是社会主义核心价值体系的主题

中国特色社会主义共同理想是社会主义核心价值体系的主题，也是

雷锋精神的方向所指。这一共同理想，就是在中国共产党领导下，走中国特色社会主义道路，实现中华民族的伟大复兴，这是现阶段中国各族人民的共同理想。这个共同理想，把党在社会主义初级阶段的目标、国家的发展、民族的振兴与个人的幸福紧密联系在一起，把各个阶层、各个群体的共同愿望有机结合在一起，经过实践的检验，有着广泛的社会共识，具有令人信服的必然性、广泛性和包容性，具有强大的感召力、亲和力和凝聚力，是保证全体人民在政治上、道义上、精神上团结一致，凝聚智慧和力量，克服任何困难、创造美好未来的强大精神纽带和动力。中国特色社会主义共同理想不仅是马克思主义基本原理同中国实际相结合的产物和科学社会主义在当代中国的主要表现形式，而且是当代中国发展进步的旗帜，是动员、激励全国各族人民团结奋斗的旗帜。在雷锋日记中，“党”、“祖国”、“社会主义”、“事业”是用得最多的字眼儿，这些字眼儿也是他人生航程的价值理想、不懈奋斗的方向所在，与中国特色社会主义共同理想是完全一致的。不断丰富发展着的雷锋精神与共同理想一道，集中反映了我国最广大人民的根本利益、共同愿望和普遍追求，既实在具体又鼓舞人心。发展着的雷锋精神与中国特色社会主义共同理想的契合点主要表现为以下两个方面。

1. 雷锋精神与中国特色社会主义共同理想具有目标上的一致性。中国特色社会主义共同理想是通向共产主义的，我们的最终目标是实现共产主义，这是邓小平在改革开放之初就反复告诫的。雷锋的信念是很坚定的，虽然他很年轻，那个时候我们对社会主义、共产主义认识也不够深刻，但是，正如列宁所说，每一代人了解共产主义，确立共产主义信念都是同他们参加当时的共产主义建设分不开的。

雷锋爱党、爱社会主义，坚信共产主义，是因为他全身心地投入到了当时的社会主义建设事业中，是他把为人民服务看做是最大的幸福，把有限的生命投入到了无限的为人民服务之中去。雷锋确立了坚定的共产主义信念，全身心投入到中国特色社会主义建设中，为中国特色社会主义共同理想的最终目标奋斗终身。这种奋斗具体表现为两个层次：一是为中国特色社会主义的物质生活理想而奋斗；二是为中国特色社会主义的精神生活理想而奋斗。

（1）物质生活理想。中国特色社会主义的物质生活共同理想，就是在中国共产党领导下，走中国特色社会主义道路，使经济更发展，文化更繁荣，社会更和谐，人民生活更幸福。目前看来，中国特色社会主义经过几代人的探索，特别是经过改革开放三十多年的探索，已经找到了适合中国国情的发展道路，对社会主义有了更深刻的理解和更全面的认识，取得了举世瞩目的伟大的经济和物质成就。雷锋精神的表层目标是全心全意为人民服务，具体表现为做好本职工作，并且精益求精；就是力所能及，关心他人，服务社会；其实，从本质上看，雷锋精神的深层目标是为人民的富足的物质生活而努力工作。雷锋精神产生于社会主义经济建设的火热实践中，中国特色社会主义的伟大实践需要雷锋精神，这两者的依存关系反映了雷锋精神的本质和实现中国特色社会主义共同理想的必要条件。雷锋精神也以不同方式、不同面貌在我们当前的中国特色社会主义社会中发扬光大，社会各阶层涌现出的许多爱党、爱国、爱社会主义的学雷锋积极分子，他们通过自己的实践活动使人民的物质生活理想逐步实现，生活更加幸福，这既是学雷锋活动的重要意义，也是推进中国特色社会主义建设的重要目标。从而把学习雷锋精神同实现中国特色社会主义物质生活理想的伟大实践有机地结合了起来。

（2）精神生活理想。中国特色社会主义的另一个重要目标就是建设社会主义精神文明，抵制个人主义、利己主义、拜金主义、享乐主义等资本主义思想和生活方式的影响，普遍提高人的思想道德素质，不能经济发展了，生活条件好了，人的思想道德却颓废了。社会主义是基于资本主义不可克服的矛盾而产生的。资本主义由于私人占有导致经济危机，更重要的是那个制度造成贫富悬殊，物欲膨胀，精神颓废，把人相互对立，相互隔绝，使社会的每一个人都陷入精神痛苦之中。社会主义制度就是要从根本上铲除这些东西，但是，这个过程并不是一场彻底的革命就能完成的。实践证明，社会主义代替资本主义的过程是极其复杂的，这不仅包括社会主义是建立在资本主义一定发展基础上的，而且包

括资本主义暂时的某些优势和世界一体化进程必然使这种联系更紧密。因此，抵制资本主义腐朽思想的影响就变得更加紧迫和困难。雷锋的艰苦朴素作风，对生命意义和生活态度的认识，勤奋学习，把别人休息娱乐的时间都用来学习；像钉子一样见缝插针，像从海绵里挤水一样利用时间的精神，对于在全社会倡导勤奋学习、艰苦奋斗、勤俭节约的道德风尚，对于促使人们实现中国特色社会主义精神生活理想具有深远意义。

2. 雷锋精神与中国特色社会主义共同理想具有方法上的一致性。中国特色社会主义是一个很长的发展过程，在发展进程中，公平和效率会是一个长期的矛盾。不同区域、不同利益群体之间，同一利益群体内部不同成员之间都会存在利益的矛盾；劳动者付出和所得的客观公平和主观感受会存在较大反差；一些低收入群体和某些遭遇临时困难的群众常常不能得到及时有效的救助；社会服务有时也会不尽如人意等等。种种问题像马克思说旧社会的痕迹必然要伴随一样，这些问题是难免的。如果不能及时有效地化解，就可能影响中国特色社会主义的进程。雷锋做好事助人为乐，并且甘当无名英雄的精神是实现矛盾化解的十分重要的方法。雷锋精神使人们之间增强互信，使人们相信党和政府，对未来充满信心，从而有效缓解了由于公平效率问题所带来的副产品。此外，中国特色社会主义是社会主义的一般原理原则同中国国情相结合的产物，是实现共产主义的一个重要阶段，这个阶段要完成的最主要任务，就是发展经济，增加社会生产力的总量，从根本上改变国家贫穷落后的面貌，改善人民生活。人口多，底子薄，这是中国的长期国情，经过改革开放三十多年的发展，这种状况有了很大的改变。不过，中国经济虽然已经跃居世界第二，但人均水平仍然很低，从根本上改变贫困面貌还需要很长的奋斗过程。而雷锋那种干一行爱一行，对工作尽职尽责，无论在哪条战线上都是模范的精神，是实现社会经济发展的最重要的手段和方法。如果人人都依照雷锋精神所提倡的爱岗敬业和奋发向上的精神进行日常的工作和生活，必将推动中国特色社会主义经济的又好又快发展，为实现中国特色社会主义的共同理想奠定强大的经济基础。

三、民族精神和时代精神是社会主义核心价值体系的精髓

民族精神和时代精神是社会主义核心价值体系的精髓，也是雷锋精神的活力所在。民族精神和时代精神是中华民族自强不息、发展壮大的强大精神支撑，是我们不断开辟新征程、开创新未来的不竭精神动力。民族精神和时代精神相辅相成、相融相生。时代精神离不开民族精神，需要从民族精神中汲取养分；民族精神也离不开时代精神，需要用时代精神丰富自身的内涵，两者统一于中华民族的精神品格之中。雷锋身上带着中华民族优良传统的烙印，也闪耀着社会主义新时代的光辉。民族精神孕育了他，他的事迹中映射出热爱党、热爱祖国、热爱社会主义的精髓；时代精神滋润了他，信仰与忠贞赋予他行动的坚定和追求的执著。雷锋用自己的行动对民族精神和时代精神作出了全面而又生动的诠释，是民族精神和时代精神相结合的典范。

以爱国主义为核心的民族精神，其思想根源来自个人对于他人、对于民族国家关系的正确认识。几千年来，中国人民深刻地认识到个人与他人、与社会集体、与民族国家的依赖关系，一直重视这些关系，并且强调把个人融入他人、融入社会集体和民族国家之中，知恩图报，讲究“己所不欲，勿施于人”、“己欲立而立人，己欲达而达人”的“仁爱”和“仁义”，进而发展到忠于祖国、热爱人民：在和平的日子里辛勤劳动，挥洒汗水以建设自己的家园；一旦民族处于生死存亡的危急时刻，国家受到凌辱侵略，就挺身而出，不惜血溅疆场，“杀身成仁，舍生取义”。我们中华民族几千年来形成的这种极其宝贵的民族精神，在雷锋身上有着极为生动的表现。雷锋把对个人与他人、与社会集体、与民族国家关系的正确认识，以及永不忘本、感恩报恩的仁厚之心，上升成为热爱祖国、忠于人民的思想品德。雷锋同志生活的年代，社会主义建设尚处于早期阶段，缺乏经验，再加上帝国主义和霸权主义的层层封锁，物质生活条件异常困难。但雷锋仍然以忠于祖国、热爱人民之心看待形势，指导行动。在他的眼里看到的不只是物质，还有精神；不只是个人，还有群众；不只是现在，还有未来。所以，在他心里存在的不是与

个人幻想存在差距的悲观和抱怨，而是当家做主的人民，对于党和国家的感谢和热爱；他感到的不是个人欲望无法满足的种种痛苦，而是新社会带给他的幸福，是与旧社会的悲惨生活相比较的踏踏实实的幸福；他从来不停留在个人对于他人、对于社会的索取上，而总是考虑如何回报祖国和人民。这些都是我们今天提倡的以爱国主义为核心的民族精神。不仅如此，雷锋从来不把这种由知恩图报激发出来的爱祖国、爱人民之情停留在感性的阶段，而是通过认真学习，特别是学习马克思主义和毛泽东思想，使之上升到理性的、科学的高度上，建立在牢固的热爱党、热爱社会主义的基础上，这就使得雷锋的崇高精神和伟大品质更加自觉、也更能够积极地转变成为全心全意为人民服务的决心和实践。在1961年的《做一个有益于人民的人》一文中，雷锋写道："我从1958年起，一直坚持学习毛主席著作……几年来，尽管环境一变再变，工作担子越来越重，可是我从来没间断过政治理论学习。""3年多来，我利用休息日、节假日以及出车前、饭前饭后和业余休息等可以利用的时间，读完了《毛泽东选集》一、二、三、四卷，其中有些文章我读了很多遍。另外，还读了《论共产党员的修养》等60多本政治理论书籍。"可以想象，对于一个原来文化水平不高、工作非常繁忙的他，这样坚持学习是多么的不容易。但是，也正是这种坚持不懈的学习成就了他，使得他在短短的几年里，成为一名解放军战士、一名光荣的共产党员。

雷锋干一行、爱一行、专一行，在每个地方、每个岗位上都敬业奉献、锐意进取，让自己的生命到处闪光发亮。在岗位之外，他也时时处处"坚持从小处动手，从大处着眼的行动原则"，保持艰苦奋斗的优良作风，发扬乐于助人精神。"雷锋出差几千里，好事做了一火车"。他忠诚地实践了自己的诺言，把有限的生命投入到无限的为人民服务事业中去。这些都是社会主义核心价值体系所要倡导的时代精神。雷锋精神是民族精神和时代精神的组成部分，是二者相结合的典范，昭示了我们今天培育和弘扬民族精神与时代精神的道路。如今，人们之间的相互服务关系比以往更普遍、更深刻：如果没有他人的服务，我们起码的生活，甚至日常的衣食住行都不能保障；如果没有日渐繁荣富强的祖国和人民群众的哺育保护之恩，我们的安全和发展更是无法想象。因此，像雷锋那样坚持全心全意为人民服务的根本宗旨，从感恩报恩出发，仍然是我们培育以爱国主义为核心的民族精神的正确道路。而从努力学习，特别是学习马克思主义入手，也仍然是我们培养以改革创新为核心的时代精神的正确道路。

四、社会主义荣辱观是社会主义核心价值体系的基础

社会主义荣辱观是社会主义核心价值体系的基础，也是雷锋精神的境界所系。一个社会是否和谐，一个国家能否实现长治久安，很大程度上取决于全体社会成员的思想道德素质。以“八荣八耻”为主要内容的社会主义荣辱观，充分体现了我们这样一个发展中大国所需确立的人人皆知、普遍奉行的价值准则和道德行为规范，构成了社会主义核心价值体系的基础。正如马克思所说：“人类生存于各种社会关系之中，正是通过为他人的服务，才真正体现自身的价值。社会越向现代化发展，对人的这种要求就越强烈。”荣辱观是由世界观、人生观、价值观所决定的。不同的荣辱观，是不同的世界观、人生观、价值观的反映，它渗透在整个社会的生活之中，不仅影响着社会的风气，体现着社会的价值导向，标志着社会的文明程度，而且对社会的经济发展有巨大的反作用。社会主义荣辱观是在我们从传统社会向现代社会转型时，必须树立的社会价值观和个人人生观。它会成为我们这个社会的共识，也应当成为每个人做人的准则。雷锋是共产主义战士，是共产主义道德的模范。雷锋精神展示的那种大公无私、献身人类等崭新境界，是共产主义社会至善至美的道德境界，是我们永不停歇的追求目标。社会主义荣辱观与雷锋精神所展示的道德境界在目标上是完全一致的，是雷锋精神的道德境界之所系。

1. 雷锋精神彰显了“以热爱祖国为荣，以危害祖国为耻；以服务人民为荣，以背离人民为耻”的道德境界。雷锋精神产生于20世纪社会主义建设年代，是对雷锋事迹所表现出来的先进思想、道德观念和崇

高品质的理论概括和总结。即为党和国家的事业，不计个人得失；全心全意为人民服务的崇高思想；助人为乐，无私奉献的“傻子”精神。已经成为雷锋和雷锋式的先进人物崇高思想和优秀品德的结晶，已经成为热爱祖国、服务人民、热爱党、坚定共产主义信仰、发展人与人之间团结友爱互助的社会主义新型关系的象征。党的十六大报告指出：“民族精神是一个民族赖以生存和发展的精神支撑。一个民族，没有振奋的精神和高尚的品格，不可能自立于世界民族之林。在五千多年的发展中，中华民族形成了以爱国主义为核心的团结统一、爱好和平、勤劳勇敢、自强不息的伟大民族精神。我们党领导人民在长期实践中不断结合时代和社会的发展要求，丰富着这个民族精神。”① 加强公民思想道德建设，最为重要的就是必须坚持以热爱祖国为荣、以危害祖国为耻，以服务人民为荣、以背离人民为耻。因此，站在历史的高度，也更加突出了我们必须坚持开展“学雷锋”活动，大力弘扬雷锋精神和践行社会主义荣辱观的重大意义。

2. 雷锋精神彰显了“以崇尚科学为荣，以愚昧无知为耻；以辛勤劳动为荣，以好逸恶劳为耻”的道德境界。雷锋精神具有鲜明的时代性，体现了先进文化的前进方向。胡锦涛说：“发扬光大雷锋精神，就要像雷锋那样发扬‘钉子’精神，努力学习，刻苦钻研，用马克思主义理论和现代科学文化知识武装自己、提高自己、完善自己。”② 他还在中央纪委第七次全体会议的重要讲话中，着重强调要把“坚持勤奋好学，学以致用”作为全面加强新形势下的领导干部作风建设和社会良好风气建设的第一条。马克思主义认为，在改造客观世界的同时改造主观世界，改造主观世界，实质上就是努力使主观的思想认识与客观事物的规律相符合，从而获得真理性的认识。在改造客观世界的同时努力

---

① 江泽民：《全面建设小康社会，开创中国特色社会主义事业新局面》，《江泽民文选》第 3 卷，人民出版社 2006 年版，第 55 页。

② 胡锦涛：《在纪念毛泽东等老一辈革命家为雷锋同志题词三十周年大会上的讲话》，《人民日报》1993 年 3 月 5 日。

改造自己的主观世界，一刻也离不开学习。学习是个前提，不学习，政治上就不可能成熟，就不可能自觉改造自己的主观世界；不学好理论，没有正确的理论指导，主观世界的改造也会偏离方向。实践证明，只有学好马克思主义理论，才能在人生的轨道上不断校正自己的世界观、人生观、价值观坐标；只有努力汲取一切人类文明的优秀成果，提高科学素养和文化素养，才能塑造自己崇高的思想情操和博大的胸怀，使自己逐步成为一个坚定的马克思主义者。

雷锋的一生就是学习的一生，坚定持有崇尚科学和反对愚昧的世界观和人生观。雷锋崇尚科学，热爱学习的实例不胜枚举。例如，雷锋来到位于抚顺的运输连时，分配到汽车连的新兵已经基本学完了汽车理论课，要转到实际驾驶阶段了。雷锋落下了一个多月的课程，他一方面刻苦学习《汽车驾驶》课本，另一方面把汽车的构造、各种机件的性能和操作方法，同拖拉机、推土机作比较，找到和汽车的相同点和不同点。由于雷锋刻苦学习，他终于把落下的课程赶上了，而且担任了技术学习小组长。一个月后，雷锋成了一个合格的汽车驾驶兵，第一个下到战斗班里。就我们当前来说，我们正处在一个知识创新的时代，一个修身学习的时代。面对新形势、新任务，任何人都必须要深入学习各种理论知识，全面提高自己的综合素养。同时，要从自己工作的实际需要出发，本着缺什么、补什么的原则，加快知识更新，优化知识结构，着眼于解决改革发展稳定中的实际问题，自觉地把学习的体会和成果转化为谋划工作的思路和驾驭工作的本领，以沉着面对新的变化新的需要。如果认为学不学习无所谓，不学习照样干工作，认为搞好“关系”更管用，满足于一知半解，浅尝辄止，就很容易落后于时代。只有勤奋好学、刻苦钻研，提高理论素养，树立世界眼光，培养战略思维，才能加强修养，不断增强解决问题、促进发展的能力。这些都充分说明了雷锋精神“以崇尚科学为荣，以愚昧无知为耻”的精神境界和学习雷锋这种精神境界的重要性。

3. 雷锋精神彰显了“以团结互助为荣，以损人利己为耻；以诚实守信为荣，以见利忘义为耻”的道德境界。古人云“亲仁善邻”、“讲

信修睦”、“冤家宜解不宜结”等，都表现了在处理社会关系和人际关系问题上对于团结互助的推崇。而中国民间历来有这一传统，例如，乡村中农忙季节的“换工互助”，街坊四邻之间的相互关照、接济贫困，甚至夫妻吵架、儿女不孝都有邻居劝解批评等。所以，在中国的邻里关系之间素有“远亲不如近邻”之说。而随着生活节奏的加快，以及市场经济消极方面的影响，在一些地区一定程度上也出现了公民道德素质滑坡、人情冷漠等不和谐现象。所以我们要像雷锋同志那样，“活着，就是为了让别人生活得更美好”。进一步加强社会主义思想道德建设，提高人们的社会公德、家庭美德和职业道德；在全社会倡导爱国守法、明礼诚信、团结友善、勤俭自强、敬业奉献的基本道德规范，培养良好的道德品质和道德风尚。弘扬雷锋精神，需要不同行业、不同群体从自己的实际出发，开展具有行业特色、职业特点的道德实践活动，使社会主义荣辱观贯穿到社会生活的各个领域、各个方面，最大限度地吸引群众参与，努力形成全体人民团结、友爱、互助，各尽其能、各得其所而又和谐相处的局面。

“以团结互助为荣，以损人利己为耻；以诚实守信为荣，以见利忘义为耻”，涵盖个人、集体、国家三者关系，涉及人生态度、公共行为、社会风尚，而这正是雷锋精神的重要内涵之一。“我要做一颗永不生锈的螺丝钉，党把自己拧在哪里，就在哪里闪闪发光。要做一个有利于人民，有利于国家的人。”这是雷锋同志留给我们的一句名言，已深深地铭刻在亿万中国人民的心目中，在激励着大家为社会主义建设事业无私地贡献自己的光和热。雷锋同志这种毫不利己、专门利人、乐于助人，做一行、爱一行，谦虚谨慎的作风和“利他”、“诚信”的道德精神是一种庄重的责任感和伟大的激情，它体现了雷锋同志的公而忘私的共产主义风格和奋不顾身的无产阶级斗志。雷锋同志的事迹，在各个侧面体现了他的世界观、人生观、价值观念。今天我们在全社会大力弘扬“以团结互助为荣，以损人利己为耻；以诚实守信为荣，以见利忘义为耻”，其实质就是雷锋的爱国主义、集体主义、社会主义思想，同时也是他的社会主义基本道德规范，扶正祛邪，扬善惩恶，促进良好社会风气的形成和发展。

现时代，学雷锋，最根本的就是要用雷锋精神提高自身素质，团结互助、诚实守信。雷锋已经为我们树立正确的价值观念和道德风尚作出了积极的好榜样。现代社会的发展进程很快，不仅是不断增长的物质财富，是迅速变化的社会生活，社会主义现代化建设对于人的素质要求越来越高，我们必须像雷锋那样，刻苦学习，学理论，学技术，学知识。我们也要像雷锋同志那样弘扬爱国主义精神，爱憎分明，自觉抵制不良的社会风气，要辨是非，明荣辱，分善恶，别美丑。社会的深刻变革和经济的快速发展，在西方文化的强烈冲击下，对于我们的思想观念、生活方式和价值取向上都产生了多方面的影响。我们要热爱祖国、积极向上、科学文明、团结友爱，这才是我们社会精神风貌的主流。

4. 雷锋精神彰显了“以遵纪守法为荣，以违法乱纪为耻；以艰苦奋斗为荣，以骄奢淫逸为耻”的道德境界。雷锋的言行中表现出高度自律意识。纪律是他律具体化形式，是集体乃至整个社会正常运转外部条件，纪律是严肃的，带有一定的强制性，纪律同时又需自觉遵守。纪律同法律类似同属于行为规范。纪律与道德的不同之处，在于纪律具有强制性的要求，遵守纪律需建立在自觉的基础上，即要求自律。一个人的纪律性如何，能够直接反映出他们的思想道德水平。唯有思想道德高尚，才能对纪律的重要性具有深刻的理解，且具有执行纪律、维护纪律的高度自觉性、坚韧性和坚强的意志品质。艰苦奋斗是人类一种永恒的精神力量，任何时代、任何民族、任何国家、任何个人都需要这种精神。一个没有艰苦奋斗精神作支撑的民族，难以自立自强；一个没有艰苦奋斗精神作支撑的国家，难以发展进步；一个没有艰苦奋斗精神的人，难以获得人生的成功发展。出身贫苦的雷锋，他深知生活的艰辛，他工作和生活的一言一行都体现出中华民族勤俭节约、艰苦奋斗的传统美德。雷锋严格自律和艰苦奋斗的优秀品格彰显了“以遵纪守法为荣，以违法乱纪为耻；以艰苦奋斗为荣，以骄奢淫逸为耻”的道德境界。

雷锋的自律意识凸显“以遵纪守法为荣，以违法乱纪为耻”。雷锋对纪律的重要性具有深刻的理解，多次在日记中强调纪律的重要性。

1961年的6月15日雷锋在日记中写到组织纪律对于军队的重要性："军队，他是战斗的集体，要有严格的组织纪律，一切要适应战斗的需要。很难设想一支锣鼓不齐，行动不一的军队，在战场上能打败敌人，取得胜利。"1961年的4月某日雷锋在日记中写到组织纪律对于一名党员的重要性："当你在最困难、最危险、甚至威胁生命时，也能严格地遵守纪律，那就是好党员。"1962年的4月27日雷锋在日记中写到组织纪律对于一个人的道德品质形成，以及对于劳动、工作、学习等日常生活秩序的维持的重要性："我们青年人要把自己培养成为一个具有共产主义道德的人。我们不能忘记了培养共产主义道德品质的一个重要方面，就是以自觉遵守纪律的精神来锻炼自己。你不管去战斗，去劳动和工作、学习等，都必须遵守纪律。就是我们的日常生活，也得有纪律。如果我们没有纪律的话，我们可以想象到，我们的社会将会成为什么样子呢？人人自由行动，社会必然会混乱起来，就像乐队队员们在演奏时不听指挥一样，你干你的，我干我的，一定会弄得杂乱无章，不成音乐了。"

雷锋的艰苦奋斗精神凸显"以艰苦奋斗为荣，以骄奢淫逸为耻"。雷锋一生生活俭朴，他的一双袜子补了一层又一层，穿了多年舍不得丢掉。部队发给每人两套夏装，他只领一套。他的搪瓷盆和漱口杯已用了多年，上边的瓷已残缺不全，还是照样用。他的一件衬衣是从湖南老家带来的，补了又补，还穿在身上。他当兵几年，连香皂都没用过，洗手洗脸都用肥皂。他有一个"节约箱"，平时拣到一颗钉子、一个牙膏皮都收集起来。每月6元钱津贴费，除了留下交团费、党费、买书及必要的生活用品外，其余的全部存到储蓄所。1960年底，雷锋事迹以《苦孩子好战士》为题在报刊上发表以后，各地邀请他去作报告。他以自己的一部血泪斑斑的家史，告诉人们不要忘记过去，激励人们在保卫祖国、建设祖国的斗争中，团结一致，更坚定地去战胜困难。雷锋的事迹登报以后，运输连把他的东西收拾一下，摆在几张桌子上：一张桌子上放着他的衣物——一件补了又补的衬衣；一件印着字的绒衣，也打了补丁；一条补了不少补丁的裤子；两双打了补丁的鞋子和一双补了好几种颜色补丁的袜子。另一张桌子上，放着他的“节约箱”，里面有边角料、螺丝钉、牙膏皮、破手套、用过的擦车布等等。还有一张桌子，摆着他扫水泥用的簸箕和扫帚，旁边写着这样的说明词：雷锋在给建筑工地运输水泥期间，坚持用这个簸箕和扫帚扫取洒落在车厢上的水泥，前后扫了两千多斤等等。这些本来是对全连同志进行艰苦奋斗的思想教育，这个小小的展览一传出去，每天都吸引着一些人来参观。

第二节　雷锋精神是社会主义核心价值体系建设载体的生动样板

任何理论只有与大众践行有机结合，才能体现其指导价值。作为一套科学的理论体系，社会主义核心价值体系不可避免地具有一定的概括性、抽象性、单调性。雷锋作为实践人类道德的优秀楷模，虽然已经离开我们半个世纪了，但雷锋精神却已深深融入人们的灵魂深处，融入中华民族的精神血液和道德肌体，成为社会主义核心价值体系建设载体的生动样板。尤为重要的是，雷锋精神以其鲜明可感、易懂可信的特点，多方位、多角度、立体式地对社会主义核心价值体系做了生动诠释，使其更易为大众所理解、所接受、所践行。大力提倡学习作为社会主义核心价值体系建设载体的雷锋精神，对于我们推进学雷锋活动常态化、持续深入开展社会主义核心价值体系建设，具有极其重要的意义。

一、雷锋精神促使社会主义核心价值体系建设生动化

通常情况下，社会主义核心价值体系一直都是作为一种整体理论体系出现的，具有一定的理论形式和逻辑结构，因此作为理论形式出现的社会主义核心价值体系天然具有抽象性，普通群众不易内化接受。雷锋精神恰恰起到了使社会主义核心价值体系生动化的作用，促使社会主义核心价值体系被大众内化认同，进而推动社会大众将其作为自己日常生活的行动指南。

雷锋精神使社会主义核心价值体系的基本内容得到了生动而形象的诠释，使其更为大众所理解接受。同时，与时俱进的学雷锋活动更是让核心价值体系在具体践行中深入人心。具体说来，大致有以下三点：其一，爱党、爱国、爱社会主义的坚定信念。这是雷锋精神的核心内容，也是雷锋精神50年长久不衰的灵魂所在。在20世纪，雷锋的这种精神具体表现为对中国共产党深厚的阶级感情和强烈的情感认同，为建设社会主义大厦添瓦加砖的忘我工作热情，为创造社会主义新生活，为共产主义而奋斗的献身精神。雷锋的这种精神，为先进文化的核心价值体系提供了价值资源，就是为民族、为国家的整体理念，强调个人必须服从并服务于民族和国家。这个整体理念，也是中华民族特有的顾全大局、乐于奉献、公而忘私，以民族和国家利益为重的民族精神。其二，服务人民、全心全意为人民谋利益的精神。全心全意为人民服务是贯穿雷锋一生和雷锋精神的主线，雷锋在他的一生中自觉实践了全心全意为人民服务的思想。雷锋的以人民利益为上的理念，也是社会主义核心价值体系的宝贵资源。为人民服务是中国特色社会主义价值体系的基本道德，是社会主义市场经济以及中国共产党宗旨的根本要求。说它是中国特色社会主义的根本要求，是因为社会主义革命与社会主义建设以及改革开放的目的就是为人民群众能翻身解放建立崭新合理的社会制度，就是为绝大多数人谋利益；说它是社会主义价值体系的基本道德要求，就在于它完全符合人民的根本利益；说它是社会主义市场经济的要求，是因为社会主义市场经济的根本目的也是为了全体人民的共同富裕和幸福；说它是中国共产党宗旨的根本要求，更是无须多言，这是普天下人人皆知的社会主义道德。能符合和满足这个基本需要的文化资源，自然是社会主义核心价值体系的宝贵资源。其三，雷锋的艰苦奋斗理念。勤俭节约、艰苦奋斗是雷锋精神锐意进取且极具特色的本质内容。它秉承了中华民族艰苦奋斗、发愤图强的民族精神，光大艰苦创业、勤俭建国的革命传统，是社会主义核心价值的宝贵资源。建设社会主义核心价值的一个重要内容就是要牢记“两个务必”，增强忧患意识，树立长期艰苦奋斗的理念。从执政党角度说，中国共产党90多年的历程，艰苦奋斗的精神始终是共产党人的座右铭。艰苦奋斗作为共产党的优良传统和作风，作为政治本色，是凝聚党心民心、激励全党和全体人民为实现国家富强、民族振兴共同奋斗的强大精神力量，是党保持同人民群众血肉联系的重要法宝。越是改革开放和发展社会主义市场经济，越要弘扬艰苦奋斗的精神，即使将来实现现代化，国家发达、人民富强了，艰苦奋斗的精神也不能丢，雷锋精神同样也不能丢。

从雷锋精神对社会主义核心价值体系的生动诠释可以看出，任何一个文化体系的发展，包括社会主义核心价值体系，都离不开先进典型代表的通俗化表达方式和生动形象。如若不是这样，任何一种道德指向和价值要求必然会成为无源之水和无本之木。社会主义核心价值体系的形成是一个长期的发展过程。它在不断创新与发展过程中，继承以往的优秀文化传统和革命文化传统当中的文化资源，并将其作为继续前进的基础和平台。因此，从文化的继承性特点来看，社会主义核心价值体系无疑应当注重通过雷锋精神文化进行理论疏导和思想引领。传承包括雷锋精神在内的以往文化成果的睿智，开发包括雷锋精神文化在内的以往文化资源的功能，接续包括雷锋精神文化在内的以往的中华文化的发展，进而创造地实现中国特色的社会主义核心价值体系在群众中的内化传承。

二、雷锋精神促使社会主义核心价值体系建设大众化

雷锋精神促使社会主义核心价值体系建设更趋大众化，易于大众日常践行。雷锋精神经历半个世纪仍历久弥新，主要是其贴近实际、贴近生活、贴近群众，并集中反映广大人民群众的愿望与要求。大力传承和弘扬雷锋精神，有利于将抽象的理论体现在大众的日常生活与工作之中，引导人们从小事做起、从身边做起、从日常做起，深刻认识并自觉践行社会主义核心价值体系。雷锋日记中的很多事例都以“小事”和“身边事”的形式，以其贴近实际、贴近生活、贴近群众的优势，生动诠释了社会主义核心价值体系。

例如，雷锋对遵纪守法的深刻认识对我们践行社会主义荣辱观起到

了重要的榜样作用。1959 年 8 月 26 日，雷锋反思从鞍山转到弓长岭以来自己的各种表现时在日记中写道：“自从由鞍山转到弓长岭以来……没有违犯过纪律，都能按规定去做。今后，我应当继续加强组织纪律性，向违法乱纪做斗争，严守纪律，听从指挥，做好机器检查和保养，保证安全，消灭事故。”1960 年 1 月 8 日，雷锋光荣地参加了中国人民解放军，他感到这是他一生最大的幸福。在入伍的这一天雷锋给自己提出六条保证作为自己努力的方向和奋斗目标，其中三条是关于纪律遵守方面的：“这天是我永远不能忘记的日子，这天是我最大的荣幸和光荣的日子。我走上了新的战斗岗位，穿上了黄军服，光荣地参加了中国人民解放军。我好几年来的愿望在今天已实现了，真感到万分的高兴和喜悦，这是我一生最大的幸福。在党的正确领导下，在革命的大家庭里，我一定要好好地锻炼自己，在入伍的这一天，我并提出如下保证：一、听党的话，服从命令听指挥，党指向哪里，我就冲向哪里。二、加强政治学习，多看报纸和政治书籍，按时参加部队各种会议和学习，积极宣传党的政策，密切靠近组织，及时向组织反映各种情况，不断提高自己的政治思想觉悟。……四、严格遵守部队一切纪律，做到虚心向老战士学习，刻苦钻研，加强军事学习，随时准备打击敌人。……”1962 年，雷锋在学习《中国人民解放军宣言》后写自己应如何遵守纪律：“必须提高纪律性，坚决执行命令，执行政策，执行三大纪律八项注意，军民一致，军政一致，官兵一致，全军一致，不允许任何破坏纪律的现象存在。我要严格遵守纪律、国家法律、法令及部队各种条例、条令，尊重首长，热爱同志，搞好团结，做个遵守纪律的模范。”

此外，雷锋在保持艰苦奋斗精神方面的具体实例，为我们践行社会主义核心价值体系起到了重要的先锋模范作用。雷锋在 1961 年 4 月 28 日的日记中写道：“现在，我们国家处于困难时期。我们是国家的主人，应该处处为国家着想，事事要精打细算，不能今朝有酒今朝醉，明日愁来明日忧。我们要奋发图强，自力更生，克服当前存在的暂时困难，坚决反对大吃大喝，力戒浪费。”在雷锋看来，我国还存在许多困难，为了克服这些困难，一切都要做长期的打算，注意节约。正是从这种思想认识出发，雷锋对自己提出了严格的要求，他在日记中写道："要记住：在工作上，要向积极性最高的同志看齐；在生活上，要向水平最低的同志看齐。""应当积极响应党的号召，发愤图强，自力更生，处处做到增产节约，发扬我军艰苦朴素，勤俭节约的优良传统。"这是雷锋的座右铭。在短暂的一生中，为了党和人民的事业，他勤俭节约，努力工作，不怕艰难困苦，严格要求自己，为我们树立了光辉榜样。1962 年 5 月 8 日，部队发放了夏天的军装，本来每人发两套军服、两双胶鞋等。这时，雷锋想到此时国家正处在困难时期，可是党和人民对部队却还这样无微不至地关怀，使雷锋从内心感激党和人民的关怀。他说，党和人民对我们这样好，我们也得为党和人民着想。应该积极响应党的号召，发奋图强，自力更生，处处做到增产节约，发扬我军艰苦朴素、勤俭节约的优良传统。为了和人民群众同甘共苦，减轻人民的负担，共同克服目前的困难，他只领了一套单军服，一双新胶鞋，其他用品也少领了。以前用过的东西，他利用业余时间都修补好了，继续使用，穿破了的衣服补好了再穿。

三、雷锋精神促使社会主义核心价值体系建设感召化

作为社会主义核心价值体系建设的一个重要载体，雷锋精神以生动、具体的事实打动人心，以深厚的影响力和巨大的感召力赋予了社会主义核心价值体系鲜活的精神力量和人格魅力。在雷锋精神的感召下，广大人民群众的心灵得到触发、思想产生共鸣、从而不断把学习雷锋、争当雷锋作为自身的价值取向和自觉行动。简言之，雷锋精神促使社会主义核心价值体系建设更趋感召化，易于鼓舞激励大众。

人的品格是一种内在精神与外在表现的协调统一。具备了崇高品格的人，同时具有赢得人心的巨大吸引力和不竭感召力。雷锋正是将一点一滴的平凡小事与对共产主义事业的伟大追求统一起来，使其人格魅力产生了高山仰止、凝聚人心的无限力量。全国政协副主席赵朴初对雷锋的品格曾经有过这样的题词：为善不辞心力，为学只争朝夕。为善不辞心力，是雷锋品格最突出的特点。在湖南望城县委，他是机关工作模

范；在根治沩水工程中，雷锋是治水模范；在团山湖农场，雷锋是优秀的拖拉机手；在第二故乡辽宁的鞍山化工总厂和弓长岭铁矿，雷锋多次被评为先进工作者、红旗手和标兵。在解放军这个革命的大熔炉的第一年，雷锋就荣记了二等功、三等功，曾被沈阳军区工程兵授予“模范共青团员”称号，被选为抚顺市人民代表。为了支援人民公社和支援辽阳灾区，他把自己一点一滴节约下来的200元钱捐献出来，却把自己的生活水平降到最低。在担任少先队辅导员的日子里，他热心辅导孩子们的学习，教育孩子们要热爱党、热爱祖国、热爱社会主义，要团结友爱，是团中央表彰的优秀少先队辅导员，在大雨如注的天气里，他送素不相识的大嫂和孩子回家。在火车上，他打水、扫地，扶老携幼，是义务列车员。这些真实事例的简单罗列就能看出雷锋崇高的人格魅力，这种超越常人的道德形象促使社会主义核心价值体系建设更趋感召化，易于鼓舞激励大众。

四、雷锋精神传承社会主义核心价值体系的深刻原因

我们不仅要明了雷锋精神作为传承和普及社会主义核心价值体系载体的具体表现和重要意义，而且应该深入研究雷锋精神长盛不衰、薪火相传的深层原因，从中发现蕴含于其中的历史必然性和内在规律性，这对于我们在社会主义新时期和新阶段推进学雷锋活动常态化，进而持续深入开展社会主义核心价值体系建设活动具有十分重要的价值。雷锋精神传承社会主义核心价值体系的深刻原因主要有以下四个方面。

1. 现实的经济基础：社会主义道德本质的集中体现。唯物史观认为，道德作为意识形态的重要组成部分，一方面，由经济基础决定并服务于经济基础；另一方面，道德又具有相对的独立性，有着自身发展的独特规律。思想道德作为社会意识形态的组成部分，归根结底是由经济基础决定的。雷锋精神作为社会主义建设时期思想道德建设的产物，反映了社会主义制度对思想道德的要求，彰显了社会主义道德的本质特征。以公有制为主体的经济制度、人民民主专政的国家政权和以马克思主义为指导的社会意识形态，引导着时代潮流和时代精神，激励着广大

人民群众破除千百年来私有制和小生产的道德观念，在根本利益和共同目标基础上形成共同的思想道德和理想信念。雷锋那种热爱党、热爱祖国、热爱社会主义的崇高理想和坚定信念；服务人民、助人为乐的奉献精神；干一行爱一行、专一行精一行的敬业精神；锐意进取、自强不息的创新精神；艰苦奋斗、勤俭节约的创业精神，正是集中体现了社会主义先进的思想道德，是社会主义基本经济和政治制度在思想道德建设上的必然产物。雷锋精神在今天之所以长盛不衰，最根本的原因，就在于它集中体现了社会主义道德的本质特征。

2. 丰富的历史资源：中华民族优秀传统美德的浸染熏陶。“雷锋精神是中华民族传统美德与共产主义光辉思想相结合的典范。”① 雷锋精神继承了中华民族几千年来的传统美德，体现了伟大的民族精神。中华民族传统美德的熏陶浸染，是雷锋精神产生和接力传递的深厚历史文化资源和思想基础，也是雷锋精神鲜明的民族性的具体表现。中华民族的优秀道德传统源远流长，博大精深，其“仁、义、礼、智、信”的道德准则，“扶危济贫”、“己所不欲、勿施于人”的道德信条，在社会生活实践中形成了尊师爱幼、助人为乐、诚实守信、廉洁奉公、吃苦耐劳、勤俭节约等道德准则。雷锋精神正是中华民族丰富的道德传统宝库中一朵璀璨夺目的奇葩，是伟大的中华民族精神在社会主义建设、改革和发展时期的具体表现。雷锋精神融会和展示了中华民族传统美德的精华，以极大的凝聚作用贯注于全国人民的精神支柱之中，充分展示了社会主义核心价值体系的内在魅力。而社会主义核心价值体系，则又赋予雷锋精神以新的时代内涵，培养了一代又一代社会主义新人，培育出千千万万个雷锋式的英雄模范人物，因而成为雷锋精神具有长久的生命力和永恒价值魅力的无穷源泉。

3. 人民的根本利益：主流精神现象的价值指向。在唯物史观看来，任何意识形态都与某种特定社会利益联系在一起，都有鲜明的利益指向性。否则，它就会变成无用的教条。所以，社会群体的根本利益是意识

① 《十三大以来重要文献选编》（中），人民出版社 1991 年版，第 981 页。

形态的现实基础和灵魂，这是意识形态的本质特征。雷锋精神和社会主义核心价值体系都是社会主义制度的精神形式、社会主义主流意识形态的重要体现。从马克思主义价值论来看，任何一种反映意识形态的精神要为人民群众所青睐和仰慕，实现“大众化”，必须要有效管用，能给大众带来实实在在的利益和效益，集中反映人民群众的根本利益。今天，雷锋精神之所以对人民群众仍有着深层次的感染力和号召力、巨大的亲和力和吸引力，就在于它始终与每个时代的社会发展、现实问题、精神需求相对接。深入开展学雷锋活动，其实质就是要把社会主义核心价值体系所蕴含的主流价值、道德追求和人民主体利益深度挖掘和展示出来，充分体现其利民性、亲民性和为民性，使二者的精神实质顺畅地走进大众的心灵世界，贴近大众的“心”情，解决大众精神世界问题，使之真正成为人民群众树立共同理想、优化社会心态、提升幸福感的精神食粮。

4. 我党我军的优良传统：党的先进本色的充分彰显。雷锋精神作为社会主义核心价值体系的人格形象代表，体现了我党我军全心全意为人民服务的根本宗旨，彰显了共产党人的先进本色，是共产党人的党性和无产阶级的阶级性在思想道德上的生动体现。雷锋精神是社会主义条件下我党我军优良传统培育的结晶。雷锋的成长过程，始终伴随着革命传统对他潜移默化的教育和熏陶。入伍前，他通过耳濡目染，从身边的许多共产党员和领导干部身上感受到了共产党人的优秀品质。入伍后，在人民解放军这个大学校里，他进一步受到了系统的革命传统教育，对党和军队宗旨的深刻理解和领悟，使他更加明确了人生的意义和价值；通过对张思德、董存瑞、黄继光、邱少云等革命英雄事迹的学习，使他进一步坚定了忠诚于党、热爱人民、报效祖国、献身使命的政治信念；人民军队中高扬的革命集体主义精神，使他正确处理个人与社会、个人与集体、个人与他人的关系，自觉地把革命利益、集体利益摆在个人利益之上，等等。这些直接来自于革命传统的优秀品质，在雷锋身上展现为具有现实人格化的精神力量，也是雷锋精神永葆生命力的内在基因和强大动力。雷锋精神与我党我军优良传统的一致性，既说明其在建设社会主义核心价值体系中的重要地位，也说明它在社会主义核心价值体系建设中具有巨大的能动作用。

第三节　雷锋精神是社会主义核心价值体系建设导向的鲜明旗帜

雷锋精神源于时代，但它的意义和影响远远超越了那个时代，并在人们的思想行动中逐渐成为代表社会主义道德价值取向的一面旗帜。党的十七届六中全会之所以强调以建设社会主义核心价值体系为根本任务，深入开展学雷锋活动，并采取措施推动学习活动常态化，主要在于雷锋精神超越了时代，顺应了社会进步的潮流，代表了社会主义先进文化的前进方向，体现了中华民族的传统美德，成为指引广大干部群众树立实践社会主义核心价值体系的光辉旗帜。

一、雷锋精神是引领社会主义先进文化，推动社会科学发展的鲜明旗帜

我们党始终坚持将马克思主义作为立党之本、执政之基，并不断研究深化其中国化成果，不断形成了中国特色社会主义的先进文化。雷锋精神不仅科学处理了指导思想一元化与社会思潮多元化的关系，而且集中体现了社会主义先进文化的逻辑内涵。雷锋精神作为半个世纪以来不断传承、历久弥新的精神财富，深深地镌刻在几代人的记忆中，深刻地影响人们的价值取向，成为引领社会主义先进文化，推动社会科学发展的鲜明旗帜。

（一）社会主义先进文化

先进文化是指面向现代化、面向世界、面向未来的，民族的科学的大众的社会主义文化。其价值取向是有利于个人、家庭、国家、全人类的和谐与全面协调可持续发展，使人们在心灵自由、身体健康、财富自由等方面获得最大满足，全球一体，最终实现多民族、多文化相互尊

重、竞和并存而共荣，统一在唯一宇宙之下的共产主义。社会主义先进文化的基本特征主要有以下几个方面：

1. 具有适应和推动社会生产力发展的特征。先进文化的发展在通常情况下，离不开先进生产力的发展。物质生产的发展状况，往往对文化有其直接影响。恩格斯曾强调指出：不论哪个国家“哲学和那个时代的文学的普遍繁荣一样，都是经济高涨的结果。经济发展对这些领域的最终的支配作用，在我看来是无疑的”①。历史条件相联系，因而具有自身的特点。中国先进文化又与我们国家、民族的具体历史条件相联系，因而具有中国自身的特点。中国先进文化就是有中国特色社会主义的文化，其内容同共产党一贯倡导的社会主义精神文明是一致的。它是推动人类先进生产力发展和社会全面进步的精神动力，是民族的血脉和灵魂，是凝聚各族人民的重要力量和坚强的精神支柱。

2. 具有科学性和实践性的特征。任何先进文化都是科学的文化，都有其严格的科学精神、科学内涵、科学方法，都能经得起历史的沉淀和实践的检验。封建迷信、愚昧落后、坑蒙拐骗都是非科学的、落后的文化，与先进文化的科学性是水火不相容的。应把弘扬科学理性精神与倡导人文精神统一起来。科学的文化能高屋建瓴地站在时代的前沿阵地，指导和统帅人类历史的前进。所以说先进文化一定具有科学性和实践性的特征。

3. 具有鲜明时代性和前瞻性的特征。先进文化不应当受固有的文化糟粕和外来消极因素的影响，它在发展的过程中不断地修正自己，不断更新和完善自身，以宏大的气魄把人们引向光辉灿烂的未来。首先，先进文化是一种面向世界、面向未来、面向现代的文化。要面向世界，就要开放；要面向未来，就要有相对的前瞻性、导向性和方向性。其次，具有与广大人民群众利益紧密联系的特征。先进文化必须要反映人民群众的理想愿望和审美要求，必须要代表人民群众的根本利益，必须要满足广大人民群众的不断增长的精神生活需求，必须对人民群众有陶

① 《马克思恩格斯选集》第4卷，人民出版社1972年版，第485页。

冶、教育和愉悦作用。文化如果脱离了人民群众而成为少数人的贵族文化，那就不是保障人民群众利益的先进文化，就不能形成民族的科学的大众的社会主义文化。

4. 具有博采古今中外的容纳性特征。先进文化有其博大的胸怀，是一种海纳百川，博采古今中外，广集世间百家的文化。先进文化有着对其他文化慷慨吸收、鉴别采纳的特点。在全球化时代，先进文化更应具有“海纳百川”的胸怀。只有这样，才能成为凝聚全世界华人的精神财富和维护国家统一的牢固壁垒，才能“把亿万人民紧紧地吸引到有中国特色社会主义的伟大旗帜下”。无论是中国优秀的传统文化还是有益的外来文化，都是中国先进文化建设的“流”而不是“源”。中国先进文化植根于有中国特色社会主义实践，它反映我国社会主义经济和政治的基本特征，又对经济和政治的发展起巨大促进作用。

（二）雷锋精神引领社会主义先进文化

改革开放后的三十多年，中国经历了从计划经济到市场经济的重大转变，在社会格局和利益多元化变迁的同时，整个社会的价值观体系也受到前所未有的冲击，计划经济下传统的道德标准被市场经济的价值准则所取代，集体主义观念受到市场经济中的个人权利和利益意识的撞击，由此形成了新旧价值观交织、碰撞、角力的复杂局面。有关社会层面的道德冷漠和信仰危机的质疑也层出不穷，整个社会都迫切需要社会主义先进文化的引领，以便重塑社会道德信仰，雷锋精神就起到了这样的作用。

1. “热爱党、热爱祖国、热爱社会主义的崇高理想和坚定信念”是雷锋精神引领社会主义先进文化建设的根本原则。雷锋在日记中写道：“我就长着一个心眼，我一心向着党，向着社会主义，向着共产主义。”雷锋坚定的理想和信念是雷锋精神的核心和灵魂，一心为公、追求精神满足的价值取向成为雷锋精神的生命载体，是促使他立场坚定、无私奉献的内在动力。不同的时代都有与之相适应的文化主旋律，甚至有不同的话语系统，但精神内核和透射出的精神光芒却是相通甚至一致的。雷锋精神之所以能够跨越近半个世纪的春秋，超越了不同历史时期

又永不过时，就是因为雷锋精神所蕴含的对理想和信念的坚定和执著，可以说雷锋精神既是中华民族传统美德的继承和升华，又是与时俱进的时代精神的结晶。

2.“干一行爱一行、专一行精一行”的敬业精神是雷锋精神引领社会主义先进文化建设的基本要求。“做一颗永不生锈的螺丝钉”是雷锋的名言，也是雷锋的行为准则。他深信“一滴水只有放进大海才能永远不干，一个人只有当他把自己和集体融合在一起的时候才能有力量”。雷锋的“螺丝钉”精神体现的是爱岗敬业和无私奉献，反映了求真务实的扎实作风，这同建设有中国特色社会主义所需要的创业精神和进取精神是完全一致的，永远不会过时，尤其是建设小康社会的重要时期，更应将这种敬业精神发扬光大。

3.“锐意进取、自强不息”的创新精神是雷锋精神引领社会主义先进文化建设的内在动因。“我要做一个有利于人民、有利于国家的人。如果说这是‘傻子’，那我甘心情愿做这样的‘傻子’。革命需要这样的‘傻子’，建设也需要这样的‘傻子’。”雷锋以其实际行为践行了自己的诺言，以各种方式为社会主义建设添砖加瓦，他在学习上永不满足、永不懈怠、锐意进取、自强不息，体现出一种创新精神。因此，做“雷锋式的人”并非局限于做好人好事，而应当扩展为做优秀创新人才。在新的历史时期，具备创新精神的人才是推动科技进步和社会发展、促进文化繁荣、壮大国家实力和国际竞争力的关键要素。

4.“艰苦奋斗、勤俭节约”的创业精神是雷锋精神引领社会主义先进文化建设的基础，也是社会主义核心价值观的实质。雷锋自觉节约每一分钱，干好每一件事。《雷锋日记》中写道：“要记住：在工作上，要向积极性最高的同志看齐，在生活上，要向水平最低的同志看齐。”“勤俭节约、艰苦奋斗”是中华民族的优良传统，也是成就伟业不可或缺的条件，“艰难困苦，玉汝于成”的创业精神始终是激励我们为实现国家富强、民族振兴而共同奋斗的强大精神力量。在大发展、大变革、大调整的社会转型期，经济越是快速发展，改革开放越是深入，社会就越是需要建设与物质文明相协调的精神文明，就越需要凝聚人心的核心价值观；物质条件越是改善，思想观念越是多元，人们就越需要启迪心灵的精神生活、引领人生的理想坐标；“四大考验”越是严峻，“四大危险”越是紧迫，就越需要我们党坚守为人民服务的宗旨理念，越需要保持党的先进性、纯洁性。破解这些问题，我们就要从时代精神和民族精神的内涵中寻找到答案，要从爱党爱国、助人为乐、敬业奉献、锐意创新、艰苦奋斗的雷锋精神中获得力量。雷锋短暂的一生，创造了巨大的精神价值。雷锋是实践人类道德的优秀楷模，雷锋精神反映了中国人民建设美好家园、创造理想生活的热切愿望，雷锋精神之所以薪火相传，生生不息，根本就在于雷锋精神体现着丰富的历史内涵和时代价值，焕发出灿烂的时代光辉，彰显出强大的生命力。

二、雷锋精神是引领社会主义理想信念，推动社会全面建设的鲜明旗帜

雷锋精神集中反映了我国最广大人民的根本利益，既实在具体又鼓舞人心。在雷锋精神的激励下，我们党始终坚持用中国特色社会主义理论体系武装头脑、指导实践、推动工作。雷锋精神进一步增强了广大干部群众的社会主义理想信念，促使其为全面建成小康社会、实现中华民族伟大复兴贡献力量。简言之，雷锋精神已经成为推动社会全面建设的鲜明旗帜。

1. 雷锋无比坚定的社会主义理想信念成为推动社会政治建设的鲜明旗帜。在雷锋的心目中，是共产党给了他新的人生，给了他一切。所以，雷锋甘愿为了社会主义理想信念献出自己的一切，只要是为社会主义理想信念而工作，雷锋不仅从来不讲代价，而且，专门去做党和国家最需要的工作。只要是为党工作、为人民服务，雷锋都是心甘情愿，乐在其中。雷锋抱定一个信念：我活着只有一个目的，就是做一个对人民有用的人。雷锋对党的感激和社会主义理想信念的坚定，已经化为了他忠贞不渝的人生信仰。表现在行动上，则是一生交给党安排，完全服从党的利益；全心全意地为人民服务。“人的生命是有限的，可是，为人民服务是无限的，我要把有限的生命，投入到无限的为人民服务之中

去。”“我活着是为了全心全意为人民服务，是为人类的解放事业——共产主义而斗争。”

2. 雷锋爱岗敬业的“螺丝钉”精神成为推动社会经济建设的鲜明旗帜。社会主义经济建设是全面建成小康社会的重要基础，没有经济的迅速发展，就没有全体人民的幸福，更没有中华民族的伟大复兴。而经济建设则需要每一个社会成员依靠自己的诚实劳动，本着爱岗敬业的原则，为社会的经济进步贡献力量。雷锋爱岗敬业精神就是我们普通民众树立勤劳敬业理念的重要精神感召力。雷锋爱岗敬业精神的最鲜明体现就是他的“永远做一颗螺丝钉”的实干精神。雷锋先后当过农业社的记工员、乡政府的通信员、农场的拖拉机手、工厂的推土机手、人民解放军的汽车兵。无论在什么岗位上，他都以对党、对人民、对祖国的无限热爱，对自己的工作充满爱敬和虔信，专心致志，勤勉工作。正如雷锋的所说、所做与所为，哪里需要他，他就去哪儿，即使是一颗最小的螺丝钉，他也毫不埋怨，尽职尽责，爱岗敬业，“干一行、爱一行、专一行”，自觉努力为国家和人民建功立业。1962 年 4 月 17 日雷锋在日记中写道：“一个人的作用，对于革命事业来说，就如一架机器上的一颗螺丝钉。机器由于有许许多多的螺丝钉的连接和固定，才成了一个坚实的整体，才能够运转自如，发挥它巨大的工作能。螺丝钉虽小，其作用是不可估计的。我愿永远做一颗螺丝钉。螺丝钉要经常保养和清洗，才不会生锈。人的思想也是这样，要经常检查，才不会出毛病。”

3. 雷锋为人民服务的文化意识成为推动社会文化建设的鲜明旗帜。雷锋精神中所蕴涵的为人民服务的文化意识体现了党的根本宗旨和社会主义文化准则的双重要求，在本质上与社会主义公民道德建设的核心内容是一致的。对雷锋精神的实质的定位，有助于在全社会倡导为人民服务的精神，使每个公民在自己工作的岗位上做到为人民服务。经过中国共产党的长期实践和大力倡导，为人民服务的思想日益深入人心，已经具有广泛的群众基础。改革开放、发展社会主义市场经济这场伟大变革，又给为人民服务注入了新的时代内容；同时迫切需要把为人民服务的思想在全社会进一步推广开来，由党的根本宗旨扩展为公民道德建设的要求。中共中央颁发的《公民道德建设实施纲要》指出："为人民服务作为公民道德建设的核心，是社会主义道德区别和优越于其他社会形态道德的显著标志。它不仅是对共产党员和领导干部的要求，也是对广大群众的要求。"公民道德建设的主要内容，包括集体主义原则、"五爱"基本要求、社会公德、职业道德、家庭美德、社会主义的人际关系等，体现着个人与国家、个人与社会、个人与集体、个人与职业、个人与家庭等方面的辩证关系。归根到底，雷锋精神贯穿着为人民服务的文化要求。现阶段，我国把雷锋精神中为人民服务的核心要素确立为公民道德建设的核心内容，是发展社会主义市场经济的必然要求，是建设中国特色社会主义文化的必然要求，也是广大人民群众的共同愿望。

三、雷锋精神是引领社会主义道德风尚，推动社会文明和谐的鲜明旗帜

（一）雷锋精神引领社会主义道德风尚

雷锋是我们时代的先进典型和道德楷模，雷锋精神闪耀着更高层次的共产主义道德光芒，成为中华民族优秀传统道德的一朵亮丽奇葩。雷锋精神的道德意识成为推动社会道德建设的鲜明旗帜。

雷锋那种爱党、爱国、爱社会主义、爱人民，忠于人民、忠于党、忠于社会主义事业的执著精神；那种"天下兴亡，匹夫有责"的坚定政治信念；那种"把有限的生命，投入到无限的为人民服务之中"、"先天下之忧而忧，后天下之乐而乐"、"天下为公"无私奉献的高尚风格；那种"干一行、爱一行、钻一行"业精于勤的传统美德和"钉子"精神；那种勤俭节约、艰苦奋斗，不骄不躁的优良传统作风，都是对社会主义道德的丰富和升华，具有时代的内涵和典型性、先进性。这种社会主义道德又体现了广泛性，被全社会所认可、所接受，成为亿万人民的共同理想和共同遵守实践的道德规范，激励越来越多的人为实现社会理想、社会价值而奋斗，在实现社会价值的奋斗中哺育和造就了千千万万的"活雷锋"，这就是雷锋精神时代性、先进性、典型

性，其辐射力、影响力、感召力又体现了先进性与广泛性、“质”与“量”的统一，使全社会千千万万的人在道德发展的阶梯上“攀登得更高”。

（二）郭明义：当代雷锋式的道德楷模

雷锋是实践社会主义、共产主义思想的道德楷模。雷锋精神成为激励着人们奋勇前进的精神支柱，在雷锋精神的指导激励下，我们党始终坚持将学雷锋活动作为推进社会主义核心价值的重要载体，并在具体的实践中不断深化，并催生了无数的先进典型和英雄模范，进一步提升了民众的文明素质和社会的道德水平。郭明义就是这些人中的最杰出代表。

郭明义1958年12月出生，辽宁鞍山人，1977年参军，1980年入党，1982年复员到齐大山铁矿工作。现任鞍山钢铁集团矿山公司齐大山铁矿生产技术室采场公路管理员。先后任矿用大型生产汽车驾驶员、车间团支部书记、矿党委宣传部干事、车间统计员兼人事员、英文翻译等。他是土生土长的鞍山人，从事着非常普通的职业，干着非常平凡的工作，然而他身上体现出来的道德感召力，却是那么巨大，那么有吸引力、凝聚力、号召力，以至于发展成一个爱心团队，他的影响力还在进一步扩大。回顾郭明义身上的这种超乎寻常的道德感召力，无不来源于他平时的一点一滴、一言一行，具体来说主要体现在以下几个方面：

一是无私。他可以为了别人把一切都捐献出来，包括自己的钱、物、血液、骨髓、血小板等，在30年坚持中，140张汇款单、180名复学儿童、55次义务献血，彰显出了人间大爱，这已经远远超出了“小我”，走上了“大我”的崇高境界，成为时代良好风尚的践行者、带头人，尽管他并不富有。

二是奉献。他坚持每天早上班多干活不计报酬，15载坚守，不分寒暑，没有节假，每天提前2小时上班，40公里盘“坑”路，见证“矿山铁汉”。把工作上升到事业的高度，变成自觉自愿履行职责的自觉行动，这份执著奉献的精神、热情、坚守是最为难能可贵的。因为奉献而富足的精神，这是郭明义的最大财富，这种与奉献联系在一起的事业观，正是郭明义身上的最大亮点。

三是为民。在矿山工作 28 年，不管做翻译，还是当公路管理员，郭明义手中，其实都掌握着一定的权力，但他始终牢记手中的权力，是为国家和企业服务的，是为人民服务的，不能为个人谋私利。尽管他家里生活很清贫，但他始终坚持不收“小费”、酬金，拒绝手机、礼品，放弃到外企工作的机会，以行动诠释什么叫“权为民所用”。他的身上集中体现了共产党人的权力观，实实在在地解释了“权为民所用，利为民所谋，情为民所系”。

四是感恩。生在新中国成长在新中国，对于生养自己的培养自己的社会、企业、组织他义无反顾地感恩，用自己的行动诠释着共产党人的伦理道德，共产党人的精神境界。当初和郭明义一起培训的 3 名英语翻译，如今都已远走高飞，收入远超郭明义。郭明义也曾有这样的机会。组装电动轮汽车期间，美国犹格里德公司技术服务部中国区总管被郭明义的敬业精神打动，两次劝说他到美国公司工作，并承诺给他的报酬至少比鞍钢高六七倍。而郭明义却一连说了三个“NO!”他说：“我上党校、夜校、进修，都是企业掏的学费，鞍钢培养了我，我要回报鞍钢。”

五是爱家。如果没有这么多的捐款，没有这么多的帮助别人，他夫妻两人收入完全可以让他家的物质生活过得更好，然而他的家里却简单得让人想象不到，连最起码的电视机也是团市委给的，并且明确规定“只有使用权而不能送人”。他以自己的特殊方式表达了他对家人的爱，没有太多的存款，没有太多的物质上的富足，然而他把女儿培养成优秀的大学生，对妻子无限的爱，哪怕只给了妻子一枚 28 元的“戒指”，孙秀英上班、干活都不舍得戴，等郭明义下班回家，才戴上“给他看”。“他不着家，我们几乎没在一起休过一个完整的周末，家务活也指不上他。”说起郭明义，妻子好像很矛盾，“实际上，老郭很顾家，心里总惦记着我和女儿。”正是默默的理解，铸造了他们雄厚的感情基础。

第四节　雷锋精神是社会主义核心价值体系建设成果的光辉结晶

任何崇高的精神，都是其所处时代的产物。在雷锋身上所体现的崇高的思想道德境界，正是社会主义核心价值体系建设的丰硕成果和光辉结晶。新时期，雷锋精神在广大党员、社会先进分子和人民群众践行社会主义核心价值体系的长期实践中不断丰富，在社会主义先进文化与时俱进中不断赋予时代内涵。以科学真理为思想指南，以爱党、爱祖国、爱社会主义为基本立场，以全心全意为人民服务为人生价值，以履行义务恪尽职守为行为准则。雷锋精神是社会主义核心价值体系用马克思主义理论成果武装全党、用中国特色社会主义共同理想凝聚力量、用民族精神和时代精神鼓舞斗志、用社会主义荣辱观引领风尚的浓缩与精华。

一、雷锋精神的强大生命力源于社会主义核心价值体系的长期培育

雷锋的生命是短暂的，阅历是有限的，事迹是可数的，但雷锋精神是永恒的，雷锋精神的生命力是巨大的。这种生命力表明，雷锋精神与社会价值的主流和方向相一致，与人民群众的美德和共识相契合，与时代发展的节奏和内涵相衔接，它植根于当代中国文化主旋律的肥沃土壤之中，是社会主义核心价值体系长期培育的结晶。

社会主义核心价值体系是在中国共产党带领人民所进行的 90 多年奋斗历程中逐渐形成的，是新中国成立和改革开放以来所创建的精神文化成果，它不仅继承了中华传统价值的精华，而且汲取了世界人类文明的全部优秀成果。正是社会主义核心价值体系这一精神文化成果塑造了雷锋精神，培养了几代中国共产党人和广大人民群众，孕育出千千万万个像雷锋那样的英雄模范人物，从而为雷锋精神提供永不衰竭的无穷源泉。雷锋生于旧社会，长于新中国，亲身经历与鲜明对比，党性教育与

不懈学习，使他由衷认同并信奉新中国的新文化，自觉接受并践行社会主义的价值观，努力按照社会先进分子的要求做人行事。无论是在农村、工厂和部队，无论是当通讯员、推土机手和汽车驾驶员，无论是出名前还是出名后，雷锋充满了真诚之情、上进之心、奉献之意，总是竭尽所能，为党的事业多作贡献，为人民群众多做好事，在本职工作中当好螺丝钉。雷锋如饥似渴地学习毛泽东同志的著作，并将这些著作当做自己的思想指南；满怀崇敬地学习方志敏、白求恩、董存瑞、黄继光、邱少云、向秀丽等英模的事迹，作为自己的人生楷模；真心实意地向身边的领导和同志学习，作为自己的行为镜鉴。所以，科学理论、远大理想、崇高精神、先进道德等在雷锋心中深深地扎下了根，雷锋不愧为践行社会主义核心价值体系的时代楷模。毛泽东曾评价雷锋："我看过雷锋日记的一部分，此人懂得一点哲学。"雷锋懂得的哲学不仅是个人与集体、个人与社会的生活辩证法，最重要的是为人民服务的唯物史观。民主革命时期，毛泽东号召全党学习白求恩毫不利己、专门利人的精神，学习张思德完全彻底为人民服务的精神。社会主义建设时期，毛泽东亲笔题词"向雷锋同志学习"，正是表明雷锋是我们党优良传统的忠实继承和践行者，雷锋精神是白求恩精神、张思德精神在社会主义时期的传承和拓展，是为人民服务精神的生动写照。雷锋在世时，他的言论和行为就是社会主义价值观念和道德规范的典型表现，是无数优秀党员、干部和群众先进事迹的集中体现。雷锋像一团火，用他"有一分热发一分光"的高尚情操和模范行动，为造就良好的社会风气，推动社会主义思想道德建设，尽其所能作出贡献。如同任何历史人物一样，雷锋的言行不可避免地带有历史的烙印和局限，但雷锋精神的底蕴是社会主义生产关系所要求的价值取向，是社会主义公民应有的道德准则，雷锋精神将随着社会主义的与时俱进而开拓创新，也将随着社会主义核心价值体系的不断完善而丰富发展。

雷锋去世后，《学习雷锋好榜样》传唱不衰。全国性的学习雷锋活动兴起高潮，雷锋精神蔚然成风；雷锋精神已融入社会主义核心价值体系之中，成为民族精神和时代精神的重要标志。历经"文化大革命"

的是非混淆和改革开放的锤炼洗礼，雷锋仍然活在人民心中，雷锋精神仍然是建设中国特色社会主义的重要精神资源。这是因为雷锋精神从世界观、人生观、价值观层面反映了社会主义的本质要求，坚持不懈地学雷锋活动使雷锋精神在一代代青年人之间薪火相传，建设社会主义核心价值体系的崭新实践赋予雷锋精神新的内涵。人民呼唤雷锋精神，改革开放需要雷锋精神。党的十八大报告明确了“扎实推进社会主义文化强国建设”① 的宏伟蓝图，要求以建设社会主义核心价值体系为根本任务，“深化群众性精神文明创建活动，广泛开展志愿服务，推动学雷锋活动、学习宣传道德模范常态化。”② 这表明，推进社会主义核心价值体系建设要求不断深化雷锋精神，雷锋精神在社会主义核心价值体系建设过程中不断保持旺盛的生命力。

二、雷锋精神的强大感召力源于社会主义核心价值体系的深厚内涵

1975 年，邓小平在军队一次重要会议上借老百姓的话“雷锋叔叔不在了”③，表达了雷锋精神对于加强军队思想作风建设乃至改善社会风气的重要作用。1997 年，电影《离开雷锋的日子》上映，仅北京的观众就达 128 万多人次，说明广大群众无比渴望雷锋精神的复兴。说到底，人民群众渴望的是社会主义核心价值体系得以实现、得以普及、得以传承。雷锋精神之所以具有这样强大的感召力，来自于社会主义核心价值体系的感召力。

1. 社会主义核心价值体系把价值导向与人民利益统一起来，增强

---

① 胡锦涛：《坚定不移沿着中国特色社会主义道路前进　为全面建成小康社会而奋斗——在中国共产党第十八次全国代表大会上的报告》，人民出版社 2012 年版，第 30 页。

② 胡锦涛：《坚定不移沿着中国特色社会主义道路前进　为全面建成小康社会而奋斗——在中国共产党第十八次全国代表大会上的报告》，人民出版社 2012 年版，第 32 页。

③《邓小平文选》第 2 卷，人民出版社 1994 年版，第 18 页。

了雷锋精神的群众性。社会主义核心价值体系是社会主义制度体系的精神形式，是为巩固发展社会主义制度服务的，具有鲜明的价值导向。而社会主义制度是属于人民、为了人民、依靠人民的，人民利益是社会主义的根本价值。因此，社会主义核心价值体系坚持社会主义价值导向与人民利益价值导向的高度统一，坚持社会主义就要维护人民利益，服务社会主义就要服务人民群众。雷锋热爱党、热爱新中国、热爱社会主义、热爱人民，他要“把有限的生命，投入到无限的为人民服务之中去”，他把平时节约下来的200元钱分别捐献给了新成立的人民公社和遭受洪水灾害的人民群众。人们从雷锋精神深切地感受到，社会主义所倡导的价值就是人民的价值，每一个人无论职务高低、年龄大小、财富多少，都可以做一个对人民有利、有益、有用的人。雷锋精神传播得越广、展现得越多，人民利益实现得就越好。

2. 社会主义核心价值体系把社会理想与职业准则统一起来，增强了雷锋精神的普遍性。建立符合经济发展规律和人的发展要求的社会主义社会以及更高阶段的共产主义社会，是马克思主义阐述的科学的社会理想，是马克思主义政党和一切共产党人必须确立和为之奋斗的社会信仰。社会理想始终是社会主义核心价值体系的价值目标和社会追求。在社会主义条件下，经济建设是中心任务，广大党员和群众都是在不同劳动分工、社会职业中承担自己的社会角色，故而社会理想更多地通过每个人的职业行为来体现，爱岗敬业、尽职尽责就是实现社会理想的途径和平台。雷锋是一个普通的战士，没有惊天动地的事迹和惊心动魄的故事，正是他胸怀共产主义远大理想，又脚踏实地做好每一项工作，“对待工作要像夏天一样的火热”，在平凡的工作中追求卓越、实现卓越。伟大起于平凡，高尚出于平凡，可贵在于平凡。人们从雷锋精神深切地感受到，雷锋就在我们身边，人皆可以为雷锋，人皆可以为社会理想的实现增砖添瓦。

3. 社会主义核心价值体系把道德规范与传统美德统一起来，增强了雷锋精神的包容性。不同社会形态都有与之相适应的道德规范，各民族又有在长期发展进程中形成和延续的传统美德，成为民族凝聚力的重要因素。社会主义核心价值体系以社会主义荣辱观为基本道德规范，是与社会主义经济基础和上层建筑相适应的道德规范。社会主义道德规范不是隔断历史、隔断传统的，而是将民族以及人类的传统美德包含于自身。中华民族几千年文明积淀的传统美德，如勤劳勇敢、正直善良、诚实守信等，深深地渗入于民族的文化心理、伦理观念、交往规则中，影响熏陶了一代代人。雷锋的许多事迹和品德，如忠诚奉献、助人为乐、勤俭节约、谦虚谨慎等，既是社会主义道德规范的要求，也是中华民族传统美德的体现。人们从雷锋精神深切地感受到，学雷锋做雷锋就是在生活中明辨是非、扬善去恶、尚美弃丑，在道德修养中追求崇高、坚守信仰。

4. 社会主义核心价值体系把人的价值与社会贡献统一起来，增强了雷锋精神的激励性。社会主义承认、尊重、提升人的价值，在人的社会关系、社会作用中评价人的价值。社会主义核心价值体系所倡导的正确的人生观和价值观，就是像雷锋那样在为人民服务中实现自己的人生价值。为人民而死，生命比泰山还重；为人民而生，生命同样比泰山还重。社会主义制度就是要着力构建有利于人的价值与社会贡献相统一的机制与环境，鼓励个人价值融入社会价值之中，在创造社会价值中实现个人价值。雷锋在为他人做好事、为社会作贡献的同时，收获的不仅是乐趣、满足和幸福，而且是个人价值的实现、增大。人们从雷锋精神中深切地感受到，脱离社会的“自我实现”，不可能真正实现人的价值。尽管现实生活中存在着不劳而获、少劳多获的不公平现象，但这是与社会公论相悖的。社会普遍认同和尊重的，还是雷锋、郭明义和杨善洲这样的人，他们是道德的楷模和人民的期盼。

三、雷锋精神的强大引领力源于社会主义核心价值体系的时代魅力

时代在发展，社会在前进。半个世纪以来，我们的国家经历了重大历史性转折，我们党的历史方位也相应地发生了重大变化。如今，中国发展实践出现了许多以往未曾遇到和预料的新矛盾新问题。社会实践的

变革发展推动着社会主义文化的创新发展，推动着社会主义核心价值体系的丰富发展。社会主义核心价值体系是一个开放的体系，它的理论基础、价值目标、精神内涵、道德准则等都反映了实践的呼唤，吸收了时代的精神，顺应了人民的心声。社会主义核心价值体系的与时俱进，使得我们在新的历史条件下，对雷锋精神有了新的认识和理解，对雷锋精神的内核有了更加深入的提炼和把握，对雷锋精神的当代价值有了更加自觉的领悟和发挥。引领时代就要满足时代的需求，雷锋精神的当代价值就在于有助于满足当代社会及民众的精神需求。雷锋精神的当代价值源于社会主义核心价值体系的时代魅力。

1. 社会主义核心价值体系要求我们坚持不懈地用马克思主义中国化最新成果武装全党、教育人民，巩固马克思主义在意识形态领域的指导地位。雷锋就是我们学习科学理论的楷模，他当年学习的毛泽东著作和我们今天学习的中国特色社会主义理论体系，都是马克思主义中国化的理论成果。雷锋的共产主义信念和全心全意为人民服务的人生观，来自马克思列宁主义、毛泽东思想。雷锋把毛泽东著作比做粮食、武器和方向盘。他以孜孜以求的精神刻苦钻研《毛泽东选集》一至四卷，反复学习《矛盾论》、《实践论》、《为人民服务》等文章，把马克思列宁主义、毛泽东思想当做照耀人生的火炬。建设社会主义核心价值体系，第一位的就是坚持马克思主义的指导地位，就是像雷锋那样，把马克思主义当做我们认识和改造世界的强大思想武器，使之成为全体共产党员的坚定信念，成为广大人民群众的价值认同。

2. 社会主义核心价值体系要求我们用中国特色社会主义共同理想凝聚力量。雷锋胸怀社会主义、共产主义的远大理想，是一个志存高远、追求卓越、追求完美人格的人。他说：“我就是长着一个心眼，我一心向着党，向着社会主义，向着共产主义。”邓小平同志曾这样给雷锋题词：“谁愿当一个真正的共产主义者，就应该向雷锋同志的品德和风格学习。”雷锋有着为社会主义、共产主义而奋斗的理想信念。在今天，这种理想信念就是要树立中国特色社会主义共同理想。这一共同理想，集中反映了全体人民对国家和民族未来发展美好前景的向往，代表了全体人民的根本利益，揭示了国家富强、民族振兴、人民幸福、社会和谐的必由之路。学习雷锋精神，就是要像雷锋那样，有坚定的理想信念，有为社会主义和共产主义执著奋斗的精神。

3. 社会主义核心价值体系要求我们用以爱国主义为核心的民族精神和以改革创新为核心的时代精神鼓舞斗志。改革开放以来，我国现代化建设取得了举世瞩目的成就。但是，我国社会主义初级阶段的基本国情、主要矛盾并没有改变，我们的指导思想和奋斗目标并没有改变，我们的基本理论、基本路线和基本纲领也未发生改变。中国的改革开放正处于一个攻坚的关键时期，继续发扬我们党艰苦奋斗的优良传统和中华民族勤俭节约的道德风尚，弘扬民族精神和时代精神，比以往任何时候都更加迫切。而所有这些正是构成雷锋精神的重要元素。雷锋精神彰显着我们的民族精神，同时也体现着我们的时代精神。雷锋甘当螺丝钉，干一行爱一行，专一行精一行；锐意进取，刻苦钻研；工作上向高标准看齐，生活上向低标准看齐，就是敬业精神、创新精神和创业精神的典范。深入开展学习雷锋活动，就是为了给中国特色社会主义伟大事业注入更强大的精神动力。

4. 社会主义核心价值体系要求我们用社会主义荣辱观引领风尚。确立和实践社会主义核心价值体系，必须以全体社会成员的思想修养和道德素质为基础。以“八荣八耻”为主要内容的社会主义荣辱观，是对社会主义思想道德体系全面系统、准确通俗的表达，是全体社会成员判断行为得失、作出道德选择的价值标准，是全体社会成员应普遍遵循的基本行为规范。雷锋是我们的道德楷模、弘扬社会主义荣辱观的榜样。“雷锋精神的实质，是全心全意为人民服务，为了人民的事业无私奉献。”他以对党的无尚忠诚、对祖国的无比热爱、对人民的无限深情、对人民事业的无私奉献，谱写了光彩夺目的人生诗篇；他敬仰科学、勤于劳动、乐于助人、诚实守信、遵纪守法、艰苦奋斗，树立了历久弥新的思想道德标杆。

总之，精神的母体是人，精神的载体也是人。雷锋精神来自人民，还要回归人民，它只有深入人心、深入生活、深入实践，才能发挥精神的力量。广大党员和各级领导是社会的先进分子，在弘扬社会主义核心价值体系、传播雷锋精神上负有重要责任。雷锋精神的说服力、信服力，不仅取决于雷锋精神本身的时代魅力，而且取决于社会先进分子的率先垂范。广大群众与雷锋精神息息相通，学习雷锋就要从我做起、从每件事做起，为社会主义核心价值体系建设作出自己应有的贡献。

第七章

雷锋精神在社会主义核心价值体系构建中的作用

党的十七届六中全会通过的《中共中央关于深化文化体制改革推动社会主义文化大发展大繁荣若干重大问题的决定》特别强调了社会主义核心价值体系宣传教育普及的重要性。雷锋精神以及学雷锋运动是在20世纪五六十年代这个特定的时代背景下形成的，在促进社会主义核心价值体系的普及方面取得了很大成功。因此，学雷锋运动作为推进社会主义核心价值体系大众化的成功实践，该运动中的许多做法和经验对我们构建社会主义核心价值体系具有重要的启示。所以，把构建社会主义核心价值体系与学雷锋运动结合起来进行研究具有重要的理论意义和实践意义，有利于推动学雷锋活动常态化，雷锋精神是社会主义核心价值体系的真实诠释，社会主义核心价值体系要求新时期对雷锋精神坚持与践行。必须在丰富的社会实践中不断发扬雷锋敬业奉献精神，不断发扬雷锋忠于职守与刻苦钻研精神，加强在全社会范围内对雷锋精神的大力宣传，进而推进社会主义核心价值体系的建设。

第一节　弘扬雷锋精神能有效推进社会主义核心价值体系的大众化

雷锋是中华民族在社会主义时期的先进人物和精神楷模，雷锋精神是历久弥新的民族精神财富，是影响熏陶社会民众、引领道德风尚的一面旗帜。雷锋精神的内涵非常丰富，雷锋精神中所蕴含的爱党爱祖国爱社会主义、全心全意为人民服务、履行义务恪尽职守等内容恰恰是社会主义核心价值体系的生动体现。弘扬雷锋精神就是宣传普及社会主义核心价值体系的生动实践，因此，在社会主义核心价值体系建设过程中，充分重视榜样人物——雷锋的模范示范作用，充分调动和运用各种媒体弘扬雷锋精神，并把雷锋精神对社会主义核心价值体系的学习和践行相结合，这些都是弘扬雷锋精神在推进社会主义核心价值体系大众化方面的经验总结，对于今天我国构建社会主义核心价值体系，推动社会主义核心价值体系大众化仍具有重要的作用。

一、弘扬雷锋精神能有效推进社会主义核心价值体系的大众化

2013 年是“向雷锋同志学习”题词50 周年，半个世纪以来，雷锋精神引导亿万人民树立正确的世界观、人生观、价值观，形成文明道德风尚，为促进社会和谐、发展中国特色社会主义注入了重要的精神力量。弘扬雷锋精神对推动社会主义核心价值观念的普及和大众化起了很大的推动作用，从这一点上来讲，弘扬雷锋精神是非常成功的典型事例。弘扬雷锋精神对推进社会主义核心价值体系大众化的成效主要有以下几个方面：

1. 爱党、爱国、走社会主义道路的政治立场更加坚定。爱党、爱国与爱社会主义是统一的。爱国主义是中华民族精神的核心，中华民族一直以来都有爱国主义的优良传统，而学雷锋运动则把这一精神进一步发扬光大。无论是面对新疆、西藏的分裂势力还是面对香港、澳门的回归，全国人民都表现出了强烈的爱国主义情感，坚决拥护祖国统一，反对一切分裂国家的言论和行为。在社会主义建设中，全国人民也是表现出了极大的热情，积极拥护党的路线、方针、政策，一切以国家利益、人民利益为重，积极投身社会主义建设。“我是社会主义一块砖，哪里需要哪里搬”就形象地说明了广大人民群众为社会主义建设增砖添瓦的热情。

首先，从学雷锋运动发起的历史背景来看，学雷锋运动是在社会主义建设遭受到暂时的困难，人民群众对社会主义的信心不足的情况下发起的。所以，通过学雷锋运动使人民群众进一步认识社会主义，增强对执政的无产阶级政党中国共产党的信任，从而使全国人民团结一致、同舟共济共同度过社会主义建设的困难时期，这是学雷锋运动发起的重要目的。其次，从学雷锋运动的整个开展过程来看，学雷锋运动的重要内容就是宣传并号召全国人民学习雷锋的全心全意为人民服务、一心为集体的共产主义信念和大公无私、为社会主义增产节约，支援社会主义建设的强烈的爱国主义情怀。再次，从学雷锋运动开展的效果来看，通过学习，人们普遍增强了对社会主义的信仰，增强了广大群众的社会主义国家主人翁的积极性和主动性，从而巩固了社会主义制度并推动了社会主义核心价值体系走向大众的进程，即促进了社会主义核心价值体系大众化。

2. 共产主义理想信念和全心全意为人民服务的思想深入人心。雷锋曾经在日记中写过："人的生命是有限的，可是，为人民服务是无限的，我要把有限的生命，投入到无限的为人民服务之中去。"① 他是这样想的，也是这样做的。在雷锋的有生之年，他总是把大家的困难当做自己的困难，热情帮助需要帮助的人。自学雷锋运动发起以来，雷锋精神不仅渗透进人们的思想意识之中，而且对人们的行动也产生了深刻的影响。以孔繁森、徐洪刚为代表的先进模范人物成千上万，他们虽然来自不同的行业，但是他们却都用自己的实际行动践行着同样的价值观念，那就是全心全意为人民服务。

援藏干部孔繁森，先后两次赴西藏工作，赴任阿里地委书记后，在不到两年的时间里，全地区 106 个乡他跑遍了 98 个，行程达 8 万多公里，在恶劣的自然环境下为发展藏民的教育、卫生和民政事业而鞠躬尽瘁。他领养藏族孤儿，并 3 次以"洛珠"的名义为孤儿献血 900 毫升。最后，阿里的经济发展起来了，孔繁森却不幸以身殉职。在孔繁森的葬

① 《雷锋日记》，吉林文史出版社 2008 年版，第 58 页。

礼上，悬挂着一副挽联，“一尘不染，两袖清风，视名利安危淡似狮泉河水；两离桑梓，独恋雪域，置民族团结重如冈底斯山。”这幅挽联是对孔繁森一生的概括，饱含着藏族人民对他的敬仰和爱，也是他全心全意为人民服务的一生的真实写照。

徐洪刚，济南军区某团通信连班长，在长途公共汽车上勇斗歹徒，在被连捅14刀，肠子流出体外50多厘米的情况下，用背心兜着肠子，忍剧痛，追赶歹徒。他多次被评为“军事训练标兵”和“学雷锋标兵”，先后8次受嘉奖。只有心里装着对人民的爱，对国家的爱才能做出如此义勇之举。如果没有共产主义信念和全心全意为人民服务的精神作支撑，就不会有抗洪精神、抗非典精神还有航天精神，就不会有我国今天在社会主义政治、经济和科学文化方面取得的巨大成就。通过全民学雷锋运动，共产主义理想信念和全心全意为人民服务的思想深入人心。

3. 勤俭节约、艰苦奋斗的传统美德得到弘扬。《朱子家训》曾有：“一粥一饭，当思来处不易；半丝半缕，恒念物力维艰。”陆游也曾经说过：“天下之事，常成于勤俭而败于奢靡。”勤劳节俭、艰苦朴素是中华民族的传统美德。在学雷锋运动中，这一传统美德得到进一步弘扬。20世纪60年代，由于天灾人祸的原因，社会物资极度匮乏，生产资料不足、生活物品短缺。在这种情况下，增产节约成为社会风尚。节约本来就是中华民族优秀传统美德的重要组成部分，在这种社会环境下，它更加作为替国家节省资源支援社会主义建设的有效途径而备受全社会的推崇。随着学雷锋运动的不断推进，越来越多的群众加入到节俭的队伍中来，于是，节俭之风在全社会普遍盛行起来。在全中国，上自国家领导人，下至平民百姓，都厉行节俭。周总理的睡衣的故事是大家耳熟能详的，周总理作为国家领导人，却是穿着补丁摞补丁的睡衣；总理日理万机，深夜加班，夜宵却只是一碟花生米。总理的这种勤俭节约、艰苦奋斗的精神为全国人民所叹服和敬仰，人民纷纷效仿，“新三年，旧三年，缝缝补补又三年”，这在当时是很普遍的现象，穿戴朴素被视为美德。在当时，穿戴新鲜、打扮入时的人会被大家看做“二流

子”，出入娱乐场所会被认为生活糜烂。包括当时的电影、电视剧也会把不务正业的人特意刻画成装扮入时，生活中极为铺张浪费的人。所以，在这样的氛围下，全国人民曾经以穿打补丁的衣服为荣。后来，随着改革开放政策的实施、社会主义建设的发展和国民经济条件的不断改善，人民生活水平不断提高，吃、穿、住、行等各方面的条件都有很大改善，但是，勤俭节约、艰苦奋斗的传统美德却并没有被遗忘，仍然是社会弘扬的主旋律。所以，针对新时期部分地区和部分人出现奢侈浪费现象的新情况，党中央提出“八荣八耻”，号召以勤俭节约为荣，以奢侈浪费为耻。这与当前的学雷锋运动相结合，勤俭节约的传统美德再次得到弘扬。工农业生产都强调集约经营，减少资源浪费，提高经济效益，在全社会范围力倡节约，拒绝攀比。

4. 干一行、爱一行、钻一行的爱岗敬业态度普遍形成。爱岗敬业本来就是中华民族的传统美德之一，“在其位，谋其政”，“学而不厌，诲人不倦”这些古语都是对爱岗敬业态度的精彩阐释。在学雷锋运动中，雷锋的干一行、爱一行、钻一行的爱岗敬业品质成为大家学习的重要内容之一。不论在什么岗位上，大家都学习雷锋的“螺丝钉”精神，爱岗敬业，无私奉献，很多人在平凡的岗位上做出了不平凡的成绩。张秉贵，原北京市百货大楼糖果柜台售货员，他以“为人民服务”的热忱，练就了“一抓准”、“一口清”技艺。他工作30多年，接待顾客几百万人次，但从没跟顾客发生过口角，在他生前许多外地顾客为了目睹他那令人称奇的技艺而慕名前来。1978年，他被北京市授予特级售货员称号。

徐虎，在水电修理工的平凡岗位上，用“辛苦我一人，方便千万家”的精神，长期积极主动地为居民排忧解难，被誉为20世纪90年代的活雷锋。三次被评为全国劳动模范。

1996年4月17日，中央宣传部、建设部和上海市委在北京联合举行徐虎先进事迹报告会。

1996年4月18日，人民日报、新华社、中央电视台等首都各家新闻媒介纷纷在头版头条位置大篇幅地介绍徐虎的先进事迹，在全国掀起了学习徐虎的热潮。上海市委发出了《关于进一步学习徐虎同志先进事迹的通知》。

许振超，青岛港工人，青岛市劳动模范、全国劳动模范。他以“干就干一流，争就争第一”的精神，立足本职，务实创新，干一行，爱一行，精一行，自学成才，苦练技术，练就了“一钩准”、“一钩净”、“无声响操作”等绝活，并模范地带出了“王啸飞燕”、“显新穿针”、“刘洋神绳”等一大批具有社会影响的工作品牌。经过学习，全社会开始形成一种爱岗敬业的良好风气。

5. 助人为乐、团结友爱的社会风气得到快速提升。在中国，雷锋就是助人为乐的代名词。雷锋做过很多的好人好事，他的热情和无私使得很多受过他帮助的人都能感觉到人间真情的存在。他把春天般的温暖给予同志，给予需要帮助的人。

在学雷锋运动中，雷锋做过的很多不留名的好事都通过他的日记被广大群众所了解，这不仅深化了群众对雷锋的认识与了解，还激起了群众向雷锋学习，做好事回报他人回报社会的热情。随着越来越多的人加入到学习雷锋做好事的队伍中来，全社会开始形成一种助人为乐、团结友爱的社会风气。人与人之间形成一种和谐而融洽的关系，真正体现了社会主义大家庭的人情与温暖。所以，从这个方面来看，学雷锋运动不仅有利于改善社会关系，还有利于社会主义制度的巩固。

1978 年 10 月底，共青团中央提出在全国开展“学雷锋、树新风”活动，全国掀起向雷锋学习的热潮。上百万青少年走上街头，维护公共秩序，打扫环境卫生，为群众做好事。

该活动继续深入发展，最终形成了以“五讲四美三热爱”为核心的全民文明礼貌活动。其中，“五讲”是指讲文明、讲礼貌、讲卫生、讲秩序、讲道德；“四美”是指心灵美、语言美、行为美、环境美；“三热爱”是指热爱祖国、热爱社会主义、热爱中国共产党。通过这些学雷锋活动，广大群众积极参与，从小事做起，传承中华传统美德，践行社会道德规范，建立新型人际关系，公民道德水平普遍提高，助人为乐、团结友爱的社会风气得到极大提升。

二、雷锋精神推进社会主义核心价值体系大众化的启示

党的十七届六中全会通过的《中共中央关于深化文化体制改革推动社会主义文化大发展大繁荣若干重大问题的决定》特别强调了社会主义核心价值体系宣传教育普及的重要性，指出：“必须强化教育引导，增进社会共识，创新方式方法，健全制度保障，把社会主义核心价值体系融入国民教育、精神文明建设和党的建设全过程，贯穿改革开放和社会主义现代化建设各领域，体现到精神文化产品创作生产传播各方面，坚持用社会主义核心价值体系引领社会思潮，在全党全社会形成统一指导思想、共同理想信念、强大精神力量、基本道德规范。”那么在当前如何有效推进社会主义核心价值体系大众化呢？学雷锋运动中的许多做法和经验具有重要的启示意义。

1. 榜样示范是推进社会主义核心价值体系大众化的有效方式。榜样的作用是巨大的。学雷锋运动就是典型的以榜样示范作用推进社会主义核心价值体系大众化的例子。学雷锋运动中了解到，雷锋进部队不久就自制了一个箱子，作为“节约箱”，把平时捡来的一些尚有利用价值的东西存起来，以待利用。1960 年 9 月，雷锋被授予“艰苦奋斗节约标兵”称号。于是，雷锋作为践行社会主义核心价值观念的榜样人物被发现以后，首先是在雷锋所在部队被树为典型并进行广泛宣传，要求广大官兵学习雷锋勤俭节约、艰苦朴素的作风。之后，随着雷锋影响的逐渐扩大，开始在全国范围内宣传雷锋，要求广大人民群众向雷锋学习，学习雷锋爱党、爱社会主义的坚定政治立场，大公无私的无产阶级情感、全心全意为人民服务的思想及勤勉敬业的“螺丝钉”精神。之后，随着学雷锋运动的开展，一些在学雷锋运动中表现突出的个人被树立为典型人物，也成为学习榜样。

朱伯儒，曾担任空军航空兵空中通信员、团参谋等职，被群众誉为“八十年代新雷锋”。1983 年 7 月 7 日被授予“学习雷锋的光荣标兵”荣誉称号。成为干部模范，干群学习的榜样。

“把自己有限的生命，投入到无限的为人民服务之中去”，他们用自己的亲身实践践行着雷锋精神，所以，他们的言行也体现着社会主义核心价值体系的内容和要求。这些榜样来自全国各行各业，他们被树立为榜样就成为身边人的学习、模仿的对象，成为同行业的人的行为的范本，这对促进全社会风气的好转和社会主义核心价值体系建设都起到了重要的作用。

学雷锋运动的成功开展启示我们，在社会主义核心价值体系大众化过程中，发挥榜样的模范示范作用是非常重要的。所以，在我们当前的社会主义核心价值体系大众化中，也应该善于发现榜样，树立典型。树立榜样与典型有以下两点值得注意：

第一，典型树立以后，要采取有效的方式和途径对榜样进行宣传，使其影响得以扩大。典型的树立很重要，但是典型并不是为了树立而树立，而是为了起到榜样作用，所以，如果对典型只树立而不宣传，那么所树立的典型就不能为群众了解，不能发挥典型的榜样示范作用，从而起不到号召群众向其学习的作用。

第二，在对榜样进行宣传的过程中还应该采用合适的方法。首先，典型的宣传要适合时代特征并符合广大人民群众的利益，使得所树立的典型能够适应时代的特点符合时代的要求，即典型的特点能够体现一种先进性的要求；其次，在典型宣传上，应该注意避免把典型塑造为高、大、全的形象的倾向，以免所树立的典型对于人民群众来讲可望而不可即，失去学习与模仿性；再次，典型应该具有亲和力，尽量拉近典型与人民群众的距离。在学雷锋运动中，对典型的宣传所采用的方法途径对雷锋榜样的树立就起到了很重要的作用，这些方法值得借鉴。

2. 学习与践行紧密结合是社会主义核心价值体系大众化的重要途径。要想使社会主义核心价值体系深入人们的思想，使人们在思想中牢固树立起社会主义核心价值体系就要首先通过学习使人民群众认识、了解社会主义核心价值体系，这是社会主义核心价值体系实现大众化的前提，是必不可少的途径。通过学习认识社会主义核心价值体系虽然是实现社会主义核心价值体系大众化的必不可少的环节，但是却并不是社会主义核心价值体系大众化的最终目的。社会主义核心价值体系要想真正

实现大众化必须使人民群众把通过学习建立起来的有关社会主义核心价值体系的思想和原则落实到具体行动中，从而使社会主义核心价值体系实现由思想认识到行为习惯的转变。只有当社会主义核心价值体系作为一种行为规范被人民群众自觉践行的时候，社会主义核心价值体系才真正实现了其大众化的任务。

通过学雷锋运动可以看出，社会主义核心价值观念对于普通民众来说是个比较抽象的概念，到底什么是社会主义核心价值观念，其原则、要求是什么，这是比较模糊的概念。

然而，雷锋这个典型的树立，却使得社会主义核心价值观念由抽象走向了具体，从雷锋身上人们可以很容易地看出社会主义核心价值观念所要求和倡导的东西是什么。这个学习雷锋的过程也正是人民群众认识、了解社会主义核心价值观念的过程。雷锋作为践行社会主义核心价值观念的榜样人物被宣传、被授予各种荣誉称号，这也使得人民群众认识到这是受到社会认可与奖励的，于是就更加增强了社会主义核心价值观念对人民群众的吸引力和影响力。在这种影响下，人民群众就会有意地去学习、模仿雷锋，例如，在不同的行业都进行学雷锋大比武，评选出行业内思想先进、技术娴熟的优秀个人；通过这种活动激发了广大群众向雷锋同志学习，争优秀评先进的热情，力争在自己的本职工作中作出优异成绩，积极为社会主义建设贡献力量，这是社会主义社会所倡导的；学校也在少先队员中评选雷锋式好少年，这种评选活动以荣誉刺激的方式使得学生们懂得向雷锋叔叔学习，助人为乐、热爱集体是值得赞扬的行为，这比单纯的道德说教生动形象。同时，也可以使学生把课堂上学到的社会主义道德价值观念应用到日常的行为实践中，这对学生的道德养成教育来说具有重要意义，此外，学生们是社会主义事业的接班人，对他们从小进行社会主义道德教育对社会主义核心价值观念在社会的普及与巩固具有重要作用。这些活动的开展推动了学雷锋运动的发展。通过这些学雷锋的活动，使得雷锋由一个变多个，社会上多了很多雷锋式人物，这对当时的社会主义核心价值观念的成功普及与实践起了举足轻重的作用。这些学习活动使社会主义核心价值观念在潜移默化中内化成为一种行为规则。在这种自觉的行为实践中，又加深了人民群众对社会主义核心价值观念的认识与理解。这样，社会主义核心价值观念就实现了大众化。

由学雷锋运动这个实例可以看出，学习与实践的紧密结合是实现社会主义核心价值体系大众化的重要途径。从社会主义核心价值体系大众化的概念上来看，社会主义核心价值体系大众化就是通过各种途径使得社会主义核心价值体系所倡导的基本原则被人民群众从思想上认识并接受然后付诸行动，在实践中落实的过程。所以，社会主义核心价值体系大众化既包括思想的大众化，也包括行为的大众化。所以，在社会主义核心价值体系大众化的过程中，学习与实践必须紧密结合。

3. 充分调动和运用各种媒体是社会主义核心价值体系大众化的重要手段。社会主义核心价值体系大众化是社会主义核心价值体系在社会广大群众中的传播，所以，应当充分重视大众媒体在社会主义核心价值体系宣传中的作用。媒体是信息传播的中介，大众媒体在信息传播中具有速度快、跨地域广等优点。

在学雷锋运动中，新闻媒体对雷锋的宣传起了重要的作用。这些新闻媒体主要包括报纸杂志、广播、电影等。这些报刊媒体的宣传对于学雷锋运动的促进作用是不可小觑的。它一方面扩大了雷锋的影响，使得雷锋走出一个地区，被更多的人所认识，这是单纯的人们口口相传所不能达到的效果。另一方面，它在介绍宣传雷锋的同时会有侧重、有选择地选择有关雷锋的不同侧面进行报道，这就为通过雷锋这个典型宣传社会主义核心价值观念提供了便利。

学雷锋运动的成功开展提醒我们，在社会核心价值体系的传播过程中应该充分调动各种媒体，为社会主义核心价值体系大众化服务。随着社会的不断发展和技术的不断进步，新的传播媒体不断出现，使得信息传播途径更加多样化，也更加方便。当前，网络作为一种新的传播媒体在信息传播的过程中发挥着愈来愈重要的作用。因此，在社会主义核心价值体系大众化中应该在调动报刊、电视等各种传统大众媒体的同时充分重视网络在推进社会主义核心价值体系大众化中的作用。因为网络具

有参与主体广泛而复杂，信息量大且真伪并存的特点，所以，在利用网络进行社会主义核心价值体系大众化时，有关部门应该做好监管工作，为社会主义核心价值体系大众化提供好的信息环境。

4. 以全民动员为特征的群众性运动是社会主义核心价值体系大众化的重要形式。群众运动是人民群众组织起来进行的具有一定规模和声势的持续活动，以某种政治、经济利益的实现为目的。

学雷锋运动是一场以全民动员为特征的群众性运动。从学雷锋运动开展的目的来看，学雷锋运动是在 20 世纪六七十年代，为了实现全国人民在政治上的团结一致和提高经济上的干劲而组织发动起来的一场运动；从其参加的主体来看，可以说学雷锋运动是一场广泛发动社会各阶层参与的一场运动。工人、农民、学生、官兵都被发动并参与到运动中来。

从学雷锋运动的宣传内容来看，学习的主要是社会主义社会政治原则和道德观念以及中国传统文化的优秀成分。从学雷锋运动的效果来看，通过这场运动的开展，社会主义价值原则得到认可，中华优秀传统道德和文化也得到弘扬，极大地促进了社会主义核心价值体系的宣传和普及。

三、雷锋精神推进社会主义核心价值体系大众化的原因

通过学雷锋运动在社会主义核心价值体系大众化上取得的明显成效可以看出，以全民动员为特征的群众性运动对促进社会主义核心价值体系大众化具有重要作用，是社会主义核心价值体系大众化的重要形式。

1. 从群众性运动的目的来看。从群众性运动的目的来分析，群众性运动是以实现群众的利益为目的的。这就为运动的开展指明了方向，运动是保护人民利益的，因此能够得到群众的拥护和支持。只有维护人民利益的运动才是具有生命力的，所以，以群众运动的方式推进社会主义核心价值体系大众化就为社会主义核心价值体系大众化最大限度地掌握群众，拥有更多的受众奠定了群众基础。

2. 从群众性运动的规模来看。从群众性运动的规模来分析，只有

具有一定规模和声势的运动才能被称为群众性运动。所以，通过群众性运动的方式进行社会主义核心价值体系大众化就可以提高社会主义核心价值体系在全社会的影响力，营造一种热烈的学习氛围，对全社会的广大群众形成一种强大的向心力，从而取得规模效益。

3. 从群众性运动的持续时间来看。从群众性运动的持续时间来分析，群众性运动是一种持续性的活动。所以，在推进社会主义核心价值体系大众化时有效地利用群众运动的方式能够为社会主义核心价值体系大众化较长时间地持续进行提供有效的保证。社会主义核心价值体系大众化是一个长期的过程，只有持续进行才能对群众的思想形成一种潜移默化的影响，才能具有比较好的效果。

鉴于以上几个方面，可以说，以全民动员为特征的群众性运动是社会主义核心价值体系大众化的重要形式。但是，在采用这种方法时也应该看到我国当前的社会历史环境和当时的社会历史环境是有着很大差别的。当时是社会主义核心价值观念一元价值观主导的历史时期，而现在则是一个以社会主义核心价值观念主导下的多元价值观念并存的时期，所以，相对于当时群众运动易于组织与发动的事实来说，当前在社会主义核心价值体系大众化过程中若采用全民动员的群众性运动的方式在组织与发动方面有一定难度。但是，如果组织形式适当，开展全社会范围的大规模的学习运动还是具有可能性的。

第二节　弘扬雷锋精神能有效巩固社会主义核心价值体系的思想基础

党的十七届六中全会指出，深入开展学雷锋活动，采取措施推动学习活动常态化，这是我们党积极适应时代发展要求、顺应人民群众期待所作出的正确选择，是推进社会主义核心价值体系建设、提升全社会文明程度的战略部署。在社会主义先进文化不断发展的前提下，雷锋精神以其强大的生命力使自身有了更为丰富的文化内涵和时代价值，并在社会主义核心价值体系的建设和发展中发挥着巨大的理论和实践作用。雷锋精神具有非凡的先进性和强大的生命力。深刻认识和大力发扬雷锋精神，必将有效促进社会主义核心价值体系的建设，巩固其指导地位，丰富其科学内涵，提高其育人功能，进而推进社会主义核心价值体系的大众化。

一、弘扬雷锋精神丰富了社会主义核心价值体系的科学内涵

社会主义核心价值体系基本内容中的马克思主义指导思想、中国特色社会主义共同理想、以爱国主义为核心的民族精神和以改革创新为核心的时代精神、社会主义荣辱观，是对社会主义核心价值体系深刻内涵的科学揭示。关于雷锋精神的实质和内涵，李长春在纪念学雷锋活动40周年大会上以及社论《发扬光大雷锋精神》中的概括总结是：热爱祖国、忠于党，坚定社会主义和共产主义的崇高理想，为祖国的繁荣富强贡献自己的力量；全心全意为人民服务，以服务人民为最大的动力，为国家、民族和人民的事业百折不挠、视死如归、奋勇向前的奉献精神和革命精神；“干一行爱一行、专一行精一行”，立足本职工作、忠于职守，在平凡的工作岗位上创造不平凡的业绩的敬业精神；与时俱进、开拓进取、自强不息的创新精神，不断完善自己，提高自己，充实自己；勤俭节约、艰苦奋斗，在艰苦环境中磨砺意志，锻炼品行，成长成才。社会主义核心价值体系与雷锋精神所体现的先进思想、远大理想、崇高精神和完美境界，都是我国社会主义先进文化发展和精神文明建设的丰硕成果。

雷锋精神是马克思主义与中国传统文化相结合的产物，具有丰富马克思主义理论宝库，增强其指导思想的实效性、科学性的内涵。雷锋精神具有朴素化的特点，为社会大众所熟知，而其中多带有“党”、“国家”、“中华民族”和“社会主义事业”的表述，使得它与国家的阶段性目标及中国特色社会主义事业紧密相连，这既满足了中国特色社会主义共同理想的内在要求，又把中国特色社会主义共同理想更加具体化、阶段化，不断增强其感召力、亲和力和凝聚力。雷锋精神对于民族精神

和时代精神的贡献在于它实现了二者的有机结合，是在民族精神中体现时代精神，在时代精神中传承民族精神。以“八荣八耻”为主要内容的社会主义荣辱观是对社会成员道德素质的总体要求，雷锋精神则以通俗的形式表达了对爱国主义、集体主义和社会主义思想和行为的向往和追求，而且它的内容从中国传统文化贯穿到新时期的时代文明，从对人最基本的日常行为进行规范升华到对人的人生观、价值观的引导，雷锋精神的丰富内涵提高了社会主义荣辱观的深度和广度，为社会主义荣辱观引导人们确立正确的价值取向，提高思想道德素质提供了坚实的基础。因此，社会主义核心价值体系与雷锋精神具有高度的一致性，在推进社会主义核心价值体系建设过程中要求不断深化对雷锋精神的认识，能够促进社会主义核心价值体系更加完善。

二、弘扬雷锋精神有效巩固社会主义核心价值体系的指导地位

雷锋精神是对中华民族传统价值精华的继承，是党带领全国人民在革命、建设和改革的奋斗过程中创建的精神文明成果。雷锋精神的发展表明，它是与我国社会的价值取向和主流意识形态相一致的，是与时代发展的内在要求和人民群众的道德期望相契合的，是根植于新时期我国社会主义先进文化的主旋律——社会主义核心价值体系的肥沃土壤之中的。马克思主义指导思想是社会主义核心价值体系的灵魂，也是雷锋精神的理性所依。中国特色社会主义共同理想是社会主义核心价值体系的主题，也是雷锋精神的方向所指。民族精神和时代精神是社会主义核心价值体系的精髓，也是雷锋精神的活力所在。社会主义荣辱观是社会主义核心价值体系的基础，也是雷锋精神的境界所系。在雷锋精神的感召下，全国人民积极学习社会主义先进文化特别是社会主义核心价值体系，进一步增强自身对党的领导、社会主义制度、改革开放大局和中国特色社会主义道路的信念和信心，推进中国特色社会主义事业不断向前发展。同时，雷锋精神在被宣传和弘扬的过程中，增添了解放思想、求真务实、开拓进取等新的内涵和时代特征，这样的雷锋精神既实现了民族精神和时代精神的有机结合，又使民族精神和时代精神更加深入人

心。雷锋精神是共产主义道德的崇高境界，它所倡导的精神境界与社会主义荣辱观所倡导的“八荣八耻”具有高度的一致性，在雷锋精神的指引下，社会主义荣辱观必然会被落实到基本规范之中，得到人们的践行。

改革开放以来，随着我国意识形态领域的不断开放，良莠不齐的各种外来文化和思想观念相继涌入，先进文化、落后文化同时并存，主流意识形态和非主流意识形态相互交织，严重影响着我国社会主流意识形态，冲击着社会主义核心价值体系的主导地位。雷锋精神是社会主义核心价值体系的生动展现，是指引全国人民树立和实践社会主义核心价值体系的一面鲜明旗帜。雷锋精神是一种思考人生意义、探索成长道路的精神，它以科学的世界观和方法论为指导，能够帮助人们树立正确的人生观、价值观，塑造健康的心理和信念，使人们能够在坚信崇高中抛弃低俗，在追求理想中着眼现实，科学地对待各种文化思潮，弘扬积极、健康的主流文化，遏制低俗、落后的非主流文化，把握正确的价值取向，确保社会主义核心价值体系能够站在社会文化前沿。同时，雷锋精神也是一种追求率先垂范、确立行为规则的精神，它所倡导的为人民服务、大公无私、诚实守信、善待他人、爱岗敬业、公平竞争等精神，不断促进社会人际关系和谐、推进社会主义和谐社会建设，有效地从实践角度整合多样化的思想观念，成功地应对西方社会思潮的挑战，从而牢牢地把握住了社会主义先进文化的前进方向。雷锋精神为当代中国确立了一个道德标杆、一种价值追求、一种精神状态，巩固了社会主义核心价值体系的主导地位。

三、弘扬雷锋精神能有效提高社会主义核心价值体系的育人功能

社会主义核心价值体系的根本功能就在于其育人功能，雷锋精神与社会主义核心价值体系相融合，则进一步提高了社会主义核心价值体系的育人功能。雷锋精神把社会主义核心价值体系的价值引导与人民利益结合起来，倡导“把有限的生命投入到无限的社会主义事业和为人民

服务之中去”，使人们在学雷锋活动中和实践工作中深刻地感受到，社会主义核心价值体系所倡导的价值就是人民的价值，就是要每一个人都去做一个对人民有利、有益、有用的人。雷锋精神传播得越广，就越能实现社会主义核心价值体系对社会大众的价值引导，帮助人们树立社会主义理想信念，坚定马克思主义思想的指导，坚定走中国特色社会主义道路的信心。雷锋精神体现出来的伟大起于平凡、高尚出于平凡，在平凡的岗位上追求卓越，实现理想，把社会主义核心价值体系的远大理想与职业道德相联系，启迪人们要胸怀社会主义、共产主义远大理想，脚踏实地地去学习和工作。雷锋精神的广泛性特点使得人们感觉雷锋精神就在我们身边，人人都可以成为雷锋，为中国特色社会主义共同理想的实现增砖添瓦，以此增强人们对于中国特色社会主义共同理想的认同，自觉树立正确的人生观、价值观和理想目标，提高人们的工作积极性、职业道德和业务素质。雷锋精神把中华民族的传统美德、中国革命的光辉品质、时代发展的改革创新意识与社会主义道德规范相结合，使中国几千年来积淀的传统美德深深地渗入到新世纪中国社会的文化心理、伦理观念和交往规则之中，影响和熏陶着社会主义代代新人。因此，雷锋精神是社会主义核心价值体系发挥育人功能的重要途径。弘扬雷锋精神，其实质就是把社会主义核心价值体系的科学理念、主流价值、精神追求和道德取向，传递给人们、传导给社会，实现全体社会主义成员的协调发展和全面进步。

雷锋精神是在共产主义理想的激励与社会主义事业的召唤下产生的，体现了社会主义一代新人心系人类未来的远大理想和脚踏实地的务实态度。无论是社会主义革命、建设和改革开放新时期，我们党都始终把实现共产主义作为自己的崇高理想和最终目标，强调所有共产党员都要为之奋斗终生。我们党还特别指出，只有在社会主义社会充分发展和高度发达的基础上才能实现共产主义；这是一个漫长历史过程，每一名共产党员都要立足现实奋力建设社会主义。雷锋精神是社会主义制度的产物，雷锋身上所具有的共产主义远大理想和建设社会主义的巨大热情，是党长期理想信念教育的必然结果，是社会主义伟大事业的热切召唤。捍卫理想，艰苦创业，勤俭奋斗，做一颗永不生锈的“螺丝钉”，已经成为新时代“风流人物”的共同特质。

雷锋精神是在马克思主义及其中国化成果的武装下产生的，体现了社会主义一代新人勇于探索真理的价值取向和坚定信仰真理的思想觉悟。我们党作为马克思主义政党，善于并长期坚持用发展着的马克思主义武装全党、教育人民。雷锋精神就是我们党高度重视理论武装，推动全体人民努力掌握科学理论，朝着自由而全面发展方向迈进的结晶。在党的领导下，雷锋长期认真钻研毛泽东思想，阅读报纸和政治书籍，按时参加部队各种会议和学习，努力掌握马克思主义的根本立场、观点和方法。雷锋精神，充分展示了社会主义一代新人以马克思主义为指导，长期孜孜以求社会主义建设规律和人类社会发展规律的高度自觉。

雷锋精神是在中华民族传统美德和中国革命精神的滋养中产生的，体现了社会主义一代新人珍视优良传统的优秀品质和奋不顾身的革命斗志。我们党一贯主张继承和发扬中华民族优秀传统文化，使之与当代社会相适应，同时又大力倡导在革命战争年代形成的伟大的革命精神，使之与现代文明相协调。在党的领导下，雷锋出色地传承中华民族传统美德，凝结成严于律己、宽以待人，勤劳简朴、戒骄戒躁，尊老爱幼、助人为乐的优秀品质；发扬董存瑞、黄继光、张思德等革命先烈大无畏英雄气概，锻造了为国家、民族和人民的利益百折不挠、视死如归、奋勇前进的革命斗志。这种优良品质与革命斗志，正是雷锋精神激发人们于平凡之中见伟大、细微之处见精神，在和平年代争当模范先进的力量所在。

雷锋精神是在党和人民关心哺育下产生的，体现了社会主义一代新人一心一意跟党走的执著追求和全心全意为人民服务的忘我境界。党的人民利益高于一切的宗旨、关心爱护每一名同志的作风，表扬先进鞭策落后的做法，以及全社会的热情呼唤和人民群众的积极鼓励，是雷锋精神形成的重要条件。翻看雷锋成长记录我们不难发现，尽管雷锋从心底里想做无名英雄，但他思想上的每一个进步，行动上的每一处闪光，党和人民都看在眼里，给予了热情鼓励和积极赞扬。这激励他更加满腔热情地实践党的宗旨，热血沸腾地为人民服务。江泽民同志指出："雷锋精神的实质，是全心全意为人民服务，为了人民的事业无私奉献。"雷锋精神的这种为了党和人民的事业鞠躬尽瘁、死而后已的境界，是党和人民悉心哺育社会主义一代新人的丰硕果实。

四、弘扬雷锋精神有效增强了人民群众对社会主义核心价值体系的认知

社会主义核心价值体系作为科学理论体系，是马克思主义中国化的最新成果，是社会主义精神文明建设的智慧结晶，唯有实现社会主义核心价值体系的大众化，才能发挥其实践价值。社会主义核心价值体系大众化就是社会主义核心价值体系由抽象到具体、由深奥到通俗、由被少数人理解掌握到被广大人民群众理解掌握的过程；就是社会主义核心价值体系为人民大众所了解、理解、认同，使人民群众自觉掌握和运用的过程；就是社会主义核心价值体系获得社会大众的支持、成为人们言行的指导思想、成为大众的日常话语的一部分①。雷锋精神作为社会主义核心价值体系的宝贵资源，是社会主义核心价值体系的人格化形象，已经成为一个具有浓厚的影响力、感召力和亲和力的光辉形象，他身上所体现出来的理想信念、优秀品质以及革命精神，正是社会主义核心价值体系大众化的内在要求和追求目标。充分发挥雷锋精神的引领、榜样和凝聚作用，能够触发人民群众的心灵感知，从而在思想上形成共鸣，在行动上形成效仿，以此推动社会主义核心价值体系接近人民大众，贴近社会生活。同时，学雷锋活动是中国社会文明进步过程中的特色活动，也是社会主义核心价值体系大众化的重要载体。学雷锋活动注重从小事做起，贴近实际、贴近生活、贴近大众，可以让广大人民群众参与其中，这样的形式使社会主义核心价值体系更容易推广，并显现其实践效果。而且，学雷锋活动、弘扬雷锋精神涉及爱国主义教育、职业道德教

---

① 邱柏生：《推进当代中国马克思主义大众化的途径和过程》，《思想政治教育》2008 年第 5 期。

育、社会公德教育、个人品德教育等等，具有很强的广泛性、层次性和全面性，能够使群众认知和实践社会主义核心价值体系。

雷锋精神的丰富内涵集中反映了社会主义核心价值体系的“四大内涵”。一是，“服务人民、助人为乐”的奉献精神。雷锋平凡而伟大的一生，就是为党和人民无私奉献的一生。雷锋以对党的无限忠诚、对人民的深厚感情，以“燃烧自己、照亮他人”的实际行动，有力回答了一个个关于人生价值的重要命题。他无论干什么工作，总是把火一样的激情倾注其中；他无论走到哪里，总是将春天般的温暖带向哪里。“以服务人民为荣，以背离人民为耻”、“以团结互助为荣，以损人利己为耻”，是社会主义核心价值体系对思想道德建设的基本要求。雷锋精神虽与社会主义核心价值体系产生的时代不同，但在人类社会共同追求的价值理念上，实现了跨越时空的精神对接。二是，“干一行爱一行、专一行精一行”的敬业精神。雷锋是爱岗敬业、尽忠职守的标兵。“以辛勤劳动为荣，以好逸恶劳为耻”，是中华民族的传统美德，是社会主义核心价值体系所倡导的社会风尚。这与雷锋“干一行爱一行、专一行精一行”的“螺丝钉”精神，具有高度的吻合性。二者的吻合不仅具有内在逻辑性，而且具有客观规律性。三是，“锐意进取、自强不息”的创新精神。在雷锋身上，充分体现了永不自满的谦虚品格和永不停歇的奋进意志。他坚持把学习当成一种人生追求，无论时间再紧、任务再重，总是如饥似渴地刻苦学习，并把所学知识充分地运用于本职工作，在创新中谋实招、出绝活。弘扬以改革创新为核心的伟大时代精神，更需要锐意进取、自强不息。有了这种精神，就能在工作中常为常新、在困难面前愈挫愈勇。四是，“艰苦奋斗、勤俭节约”的创业精神。雷锋自觉发扬艰苦奋斗、勤俭节约的传统美德，注意节约每一分钱、干好每一件事。经过 30 多年的改革开放，我国经济总量已跃居世界第二，全国人民已健步迈入小康社会。但物质生活越富有，精神越不能颓废。正是基于此，我们党把“以艰苦奋斗为荣，以骄奢淫逸为耻”作为社会主义核心价值体系的重要内容来提倡和追求。这更进一步说明，雷锋“艰苦奋斗、勤俭节约”的美德和崇高精神，具有鲜明的时代性和广泛的传承性。

因此，在新的历史条件下，应用全面、发展的观点看待雷锋精神，赋予雷锋精神新的时代内涵，深入领会和探索雷锋精神在社会主义核心价值体系建设中的重要作用，不断推进社会主义核心价值体系和雷锋精神的协调、全面发展。

第三节　弘扬雷锋精神是构建社会主义核心价值体系的本质要求

雷锋精神是在特定的时代条件下形成的，其源于马克思主义的根本指导思想、基于社会主义建设的伟大理想、充分体现民族精神和时代精神、始终践行社会主义荣辱观。胡锦涛总书记在党的十七大报告中指出："建设社会主义核心价值体系，增强社会主义意识形态的吸引力和凝聚力。"同时又提出："积极探索用社会主义核心价值体系引领社会思潮的有效途径。"[①] 雷锋精神是在我国特定的文化土壤中形成的，继承了中国共产党的优良传统和作风，它是中华民族崛起的精神支柱，是社会主义核心价值体系的重要内容。因此，弘扬雷锋精神是构建社会主义核心价值体系的本质要求。

一、弘扬雷锋精神，是增强社会主义核心价值体系理论支撑权威性的要求

"雷锋"这个词在当时已经不只是雷锋同志的名字，而是具有了更加丰富的内容。"雷锋"代表了一种精神，它是共产主义精神与中国优秀传统美德的代名词。"一个民族想要站在科学的最高峰，就一刻也

① 胡锦涛：《高举中国特色社会主义伟大旗帜　为夺取全面建设小康社会新胜利而奋斗》，见《十七大报告辅导读本》，人民出版社2007年版，第33页。

不能没有理论思维。”① 坚持用科学理论指导实践，是我们党的一贯作风。而坚持理论创新是我们党最突出也是最富有成果的特点之一。雷锋精神虽然是社会主义核心价值体系的重要内容，但是现阶段我们要建设社会主义核心价值体系，最关键的是坚持理论创新，所以要弘扬雷锋精神，深入挖掘雷锋精神的当代价值，以此来增强理论支撑的权威性。

雷锋精神是社会主义核心价值体系观念时代内容的直观表达。雷锋精神也是人们对雷锋的思想和行为进行考察，对其中体现社会主义价值原则和中华民族传统美德的部分进行概括和总结而抽象出来的一种思想内核。雷锋精神的实质和核心是全心全意为人民服务。雷锋精神的内涵集合了共产主义道德和中国传统文化的优秀因素。具体体现在以下几点：

1. 大公无私的共产主义精神和集体主义原则。出生在旧社会的雷锋，亲眼目睹了旧社会吃人的本质，对以公有制为主体的社会主义制度有着无限的热爱，在无产阶级思想教育下，集体主义思想与观念打动了他，成为其行动准则。“毫不利己，专门利人”、“对待个人主义要像秋风扫落叶一样”这些都成为雷锋的行为做事准则。

2. 爱党、爱国、爱社会主义的坚定政治立场。雷锋是个孤儿，出生在旧社会，成长于新中国。解放前，雷锋是个苦孩子，受尽了旧社会的苦。解放后，在中国共产党和政府的帮助下，雷锋才得以入学并健康成长。所以，雷锋对党、对社会主义新中国是充满了感激的。毕业后，雷锋放弃了继续升学的机会，响应国家号召，到最需要人才的农村去，支援农村建设，在一个农场做记工员。50 年代末，在“以钢为纲”大炼钢铁的时代要求下，雷锋毅然辞去了公务员的职务来到鞍钢，成为一名钢铁工人。1960 年，雷锋积极入伍。所以，从农民到公务员到钢铁工人再到士兵，雷锋这一系列身份的变化从来都不是为自己利益的考虑，他一直是把国家的需要放在首位的。哪里需要他，他就去往哪里，积极为社会主义建设贡献自己的力量。雷锋曾经在日记里写过：“我是

---

① 《马克思恩格斯选集》第 3 卷，人民出版社 1972 年版，第 467 页。

党的儿子，人民的勤务员。我走到哪里，哪里就是我的家，我就在哪里工作。”① 雷锋后来曾经做过一篇报告，题目就叫《我的母亲就是党》。学雷锋运动则把雷锋的这种爱党、爱国、爱社会主义的理想信念推向全中国。

3. 全心全意为人民服务的思想。雷锋是大公无私的，他总是尽力做事而不求回报。他曾说过：“如果你是一滴水，你是否滋润了一寸土地？如果你是一线阳光，你是否照亮了一分黑暗？如果你是一颗粮食，你是否哺育了有用的生命？如果你是一颗最小的螺丝钉，你是否永远坚守在你生活的岗位上？在生活的仓库里，我们不应该只是个无穷尽的支付者。”② 他的这种大公无私的共产主义精神表现在生活中就是全心全意为人民服务。

4. 爱岗敬业、忠于职守的职业道德和艰苦奋斗、勤俭节约的优良传统。雷锋在生活上非常简朴。雷锋曾经说过：“在工作上，要向积极性最高的同志看齐；在生活上，要向水平最低的同志看齐。”③

雷锋刚进部队不久就自制一个“节约箱”，平时捡到的螺丝帽、用过的牙膏皮等废旧东西都放到节约箱里，以期废物再利用。部队发放夏天的服装，每人两套军服、两双胶鞋，但雷锋只领了一套单军服，一双新胶鞋，其他用品也少领了。穿破了的衣服补好了再穿。

基于雷锋在节约方面的优秀表现，他在刚进部队不久就被评为“节约标兵”。这个称号一方面是对雷锋的表彰，另一方面也可以向全社会昭示，节约是受到社会认可的，是值得奖励的行为，以此来号召全国人民增产节约。

雷锋精神的四个方面从观念和行为两个层次体现了社会主义核心价值体系的时代内容。雷锋精神首先是从思想认识上建立起来的对共产主义的信仰、对国家的忠诚、对中国共产党的热爱，反映了他高度的政治

① 《雷锋日记》，吉林文史出版社 2008 年版，第 72 页。

② 《雷锋日记》，吉林文史出版社 2008 年版，第 72 页。

③ 《雷锋日记》，吉林文史出版社 2008 年版，第 72 页。

觉悟，在观念层次上体现了社会主义核心价值体系的内容。与此同时，雷锋同志积极响应国家号召、爱岗敬业、勤俭节约、乐于助人，以自己的切身行动践行着共产主义精神和传统道德的要求。所以，可以说雷锋精神以一种通俗的、直观的方式诠释了社会主义核心价值体系的时代内容，促使学习雷锋精神就与普及社会主义核心价值体系取得了同一性。

雷锋精神是诞生于特定历史时期的精神瑰宝。随着社会的发展和时代主题的转换，必定会有一些人对雷锋精神的当代价值产生困惑。因此我们在发掘雷锋精神的当代价值时，一定要找准切入点。首先，应当先从理论上搞清楚雷锋精神中所蕴含的价值与社会主义核心价值体系的内在联系，这也是我们研究、弘扬雷锋精神，建设社会主义核心价值体系，必须首先解决的一个理论前提问题。其次，雷锋精神毕竟诞生于20世纪60年代，有许多理论观点经过实践的检验是正确的，但也有一些观点在当时特定的历史条件下提出的，是适应当时特定时期。所以，我们必须立足当代，贴近现实生活，进行认真研究，科学分析。揭示当代中国社会发展与诞生于20世纪60年代的雷锋精神有什么关联，充分发掘雷锋精神的当代价值，以便更好地建设我们的社会主义核心价值体系。

二、弘扬雷锋精神，是打好社会主义核心价值体系思想基础的要求

党的十六届六中全会明确提出建设社会主义核心价值体系，这是我们党在思想理论建设上的又一个重大创新。马克思主义指导思想、中国特色社会主义共同理想、以爱国主义为核心的民族精神和以改革创新为核心的时代精神以及社会主义荣辱观，构成社会主义核心价值体系的基本内容。这四个方面的内容各有其特有含义和实践要求，它们相互联系、相互贯通，构成一个有机统一的整体。其中，社会主义荣辱观旗帜鲜明地指出了在社会主义市场经济条件下，应当坚持和提倡什么，反对和抵制什么，为全体社会成员判断是非得失，做出道德选择，确定价值取向，提供了基本的价值准则和行为规范，是社会主义核心价值体系的

思想基础。

共产党人的一系列伟大实践活动所孕育的依靠群众思想、团结思想和优良作风，成为中国革命取得胜利的思想保障。在新中国时期，毛泽东运用历史唯物主义基本原理，从实际出发，解决中国社会的改造问题，吸收其民主精华，抛弃其把“惠民”当成手段的唯心史观，提出了全心全意为人民服务的崭新思想，赋予人民群众崇高的历史地位，高度重视榜样的道德感召作用，要求全党以白求恩、柯棣华、张思德等为榜样，塑造中国共产党人的理想人格，从而形成了“两个务必”的深厚的思想基础。把“两个务必”为核心的雷锋精神建立在共产党人“为人民服务”的根本宗旨上，赋予其新的理论内涵，使之成为共产党人价值观的有机组成部分，历史证明，党在革命和社会主义建设时期继承和弘扬中华民族精神，始终把“两个务必”的要求同革命成败、国家兴衰和执政党能否继续地保持同人民群众的血肉联系这一关系人心向背的重大政治问题相联系，保持着强烈的忧患意识，为中国革命的胜利、新中国的建立、人民的幸福进行不懈奋斗，并取得了伟大胜利。

任何社会都有其核心价值体系。社会主义也有自己的核心价值体系。“社会主义核心价值体系是社会主义制度的内在精神和生命之魂，在我国整体社会价值体系中处于支配地位，发挥着主导作用，是建设社会主义和谐文化的根本。”① 它代表了人民的根本利益，作用于我国的经济、政治、文化和社会生活的各个方面，对人们的思维方式、思想品德和行为规范都有着深刻的影响。“建设社会主义核心价值体系是中国共产党在思想文化建设上的重大理论创新和重大战略任务。”②

当今国际社会，世界多极化和经济全球化的趋势深入发展，科学技术日新月异，国际局势出现了一些新情况和新特点。面对错综复杂的国际局势和国内多变的发展环境，如何使我们广大党员干部能够准确地把握世界格局的新变化，科学和准确地判断形势变化，坚定共产主义的信

① 梁琴：《中外政治制度比较》，商务印书馆 2000 年版，第 103 页。

② 刘木春：《科学发展观研究与实践》，中国人事出版社 2008 年版。

念，如何提高他们应对国际上各种风险和考验、自觉地为建设中国特色社会主义而奋斗的精神，尤其是面对西方资产阶级的一些腐朽的思想观念和奢靡的生活方式侵蚀，如何提高我们党员的先进性、保持其纯洁性，是关系建设社会主义核心价值体系成败的思想基础。

从国内来看，改革开放三十多年来，我国的经济和社会发展进入了持续、健康、快速发展的新阶段，综合国力大大增强，人民生活水平总体上已经达到了小康水平。但也必须看到，期间出现了一些波折，改革发展的道路不平坦，面临的任务仍十分繁重。在这新形势下如何推动我国生产力继续发展，如何在多种社会思潮共存和多种思想意识冲突的情况下，还能使我们的党员队伍在思想上政治上始终保持其纯洁性，如何在我国经济体制变革和利益格局调整变化的情况下，正确处理各种社会矛盾和利益关系，以人为本协调不同群体之间的关系，这些都是中国共产党在现阶段面临的新课题。从以上国际国内的形势表明，在现阶段开创中国特色社会主义事业新局面，面临前所未有的发展机遇和前所未有的严峻挑战，我们要紧紧抓住和充分利用这个重要的战略机遇期，树立社会主义荣辱观，实现中国特色社会主义共同理想，顺利推进改革开放和社会主义现代化建设的进程。以勤俭节约、艰苦奋斗为内容的雷锋精神是中国革命实践和历史积淀的精华，其丰富的内涵蕴含了社会主义荣辱观的深刻内涵，在爱国主义、宗旨观念、艰苦奋斗、民主团结等方面具有一致性，成为共产党人共同追求的优秀品格。其所蕴含的科学世界观和方法论，以及中国特色革命道路和革命胜利后走中国特色建设道路所形成的理论和经验，为社会主义核心价值体系提供了思想理论基础。所以我们要大力倡导和弘扬雷锋精神。

三、弘扬雷锋精神，是奠定社会主义核心价值体系利益基础的要求

雷锋精神和社会主义核心价值体系作为不同时期马克思主义同中国实际和时代特征相结合的两大理论经典，有着极深的思想渊源。坚持马克思主义历史唯物论以人为本的基本原理，坚持人是社会发展的主体，

人的解放和自由全面发展是社会进步的最高目标，既是中国共产党全心全意为人民服务根本宗旨的集中体现，也贯穿于两大理论经典。

雷锋精神的核心内容是“全心全意为人民服务”、“团结友爱、爱岗敬业，诚信向善、助人为乐、艰苦奋斗、勤俭节约”的道德范例。雷锋精神无疑是中华民族传统美德的一种积淀，是一种随着时代进步而不断发展的与时俱进的精神。雷锋那种“把有限的生命，投入到无限的为人民服务之中去”的无私奉献精神，那种干一行、爱一行、钻一行，立足岗位艰苦奋斗的爱岗敬业精神，那种对同志、对群众像春天般温暖，舍己为人、助人为乐的团结友善精神，都是我们新时期构建社会主义核心价值体系必须大力发扬和倡导的。

以人为本，全心全意为人民服务一直是中国共产党执政的根本理念。胡锦涛指出：“我们坚持以人为本，就是要坚持发展为了人民、发展依靠人民、发展成果由人民共享，关注人的价值、权益和自由，关注人的生活质量、发展潜能和幸福指数，最终实现人的全面发展。”① 那么坚持发展为了人民，就是要实现好、维护好最广大人民的根本利益。要坚持做到这一点，关键是要解决民生问题。现阶段，我们坚持改革开放，搞现代化建设更需把民生问题放在我们党和政府工作的重要位置，真正使人民群众看得见、摸得到、享有实实在在的物质利益，努力使全体人民共同享受到经济社会发展的成果，而且使广大人民群众乐意、满意，提高安全感和幸福感。否则就会失去人民群众这一基础，影响社会主义核心价值体系的建立，阻碍特色社会主义发展的进程。

在改革开放取得辉煌成就的同时，也必须清醒地看到，由于一些党员领导干部放松对自身的要求，崇尚金钱、思想不纯、作风不正的问题十分严重。主要表现在：有的同志对社会主义信念不坚定，对建设有中国特色社会主义的前途产生了动摇，辨别不清真假马克思主义的界限；有些同志任由党纪松懈，没有监督意识，滥用权力；有的同志官僚主义严重，群众观念淡漠，忘记了党的宗旨，在实际工作中，只注重自己享

① 转引自姜小川：《科学发展观与和谐社会》，山东人民出版社 2009 年版。

受，不关心群众疾苦，有的不仅不为群众解决实际问题，甚至还以权谋私欺压群众，这些现象在人民群众中造成了极坏的影响，严重损害国家和人民利益，同时也非常严重地损害了党的形象，所有这一切都对党的自身建设提出了严峻挑战，对社会主义核心价值体系的建设提出严峻的挑战。

综上所述，现阶段要想使我们的广大党员干部做到不辜负党和人民的殷切期望，牢记党的使命和人民的重托，就必须大力弘扬雷锋精神，也就是弘扬谦虚谨慎、艰苦奋斗的“赶考精神”；坚持依靠群众、立党为公的“创业精神”；发扬民主、团结统一的“民主精神”；保持与时俱进、科学创新的“进取精神”。时刻牢记和践行雷锋精神，提高自身素质和能力，牢记党的宗旨，增强应对各种消极腐败因素的免疫力，才能完成国家和人民交给的历史重任。

全心全意为人民服务是党的根本宗旨，党的一切奋斗和工作都是为了造福人民。胡锦涛指出：“马克思主义政党的理论路线和方针政策以及全部工作，只有顺民意、谋民利、得民心，才能得到人民群众的支持和拥护，才能永远立于不败之地。”

近年来，从党的多个重要会议文献中强调人民群众的根本利益问题，从中国特色社会主义的终极价值目标来看，就是要最大限度地满足人民群众日益增长的物质文化生活水平的需要，实现人的全面发展。这些都反映出我们党把实现最广大人民的根本利益作为核心价值标准，把推进改善民生作为重点的政策导向。发展依靠人民，发展为了人民，最终都要落实到发展成果由人民共享上。如果发展的成果没有或很少被最广大人民享受到，发展为了人民就会落空，发展依靠人民就没有基础；社会主义核心价值体系的建立就成了空中楼阁。因此，大力弘扬雷锋精神，是奠定核心价值体系利益基础的要求。

四、弘扬雷锋精神，是夯实社会主义核心价值体系关键主体基础的要求

发扬雷锋精神，建设社会主义核心价值体系，是每个社会成员的共

同责任，每个人都有义务推进社会主义核心价值体系建设，但最突出的是夯实社会主义核心价值体系的关键主体基础。什么是关键主体呢？即我们的党员领导干部和青少年两大群体。原因是由这两大群体在社会主义核心价值体系的传播、传承中的特殊地位和特殊作用所决定的。

党员领导干部之所以也是社会主义核心价值体系的关键主体，具体分析来看，在社会主义核心价值体系建设中，党员领导干部既是领导主体，也是关键性客体。那么，首先，作为社会主义核心价值体系建设的领导主体，在建设社会主义核心价值体系中的积极性和责任感的强弱，会直接影响到社会主义核心价值体系建设的成效。其次，党员领导干部作为关键性客体。他们的先锋模范作用，对于社会主义核心价值体系的建设至关重要。目前我们党内一部分干部丢掉了艰苦奋斗的作风，忘记了“两个务必”，贪图享乐，脱离群众，甚至腐化堕落，引起人民群众的强烈不满。要化解这种不和谐因素，首先，要用雷锋精神教育全党同志牢记全心全意为人民服务的宗旨，始终不渝地为最广大人民谋利益，艰苦奋斗，执政为民，唯其如此，才能加强党的执政能力建设，永葆共产党执政地位。中国共产党夺取政权不容易，执掌好政权，尤其是长期执掌好政权更不容易。因此，我们在建立完善科学发展的干部考核评价机制时，不仅要从制度上保证各级领导干部抓硬实力建设，同时也要主动积极地抓好包含价值观在内的软实力建设。

青少年之所以也是社会主义核心价值体系的关键主体，是因为青少年这一群体是学习和传承社会主义核心价值体系的基础性群体。具体原因：从青少年这一群体的特性来看，青少年时期是人生发展过程的重要阶段，在整个人生中处于一个承上启下、继往开来的特殊阶段，也是一个人的人生观、价值观由不成熟走向成熟的关键时期；从宏观社会这一角度来看，青少年是祖国的未来，他们在社会中承载着沟通历史和未来的重任。所以，加强对青少年进行正确的世界观、人生观、价值观以及革命传统的教育，有着重要意义。随着改革开放的不断深入，我们大多数青少年对革命传统、社会主义核心价值体系等在总体上是认同的。但是，近年来，我国在社会思潮方面的宽松政策，使得各种当代西方思潮

的研究也呈现出繁荣的趋势，青少年自身可塑易变，再加上缺乏艰苦生活的历练、更缺乏对历史的切肤之感等特点，就致使一部分青少年出现不同程度的理想缺失。一部分青少年不仅对一些道德观念淡漠，对历史上的一些优秀精神传统包括雷锋精神有距离感，甚至对社会主义核心价值体系的认同度也不高。因此，在全社会广泛开展社会主义核心价值体系建设活动时，我们要采取多种多样的形式向他们宣传雷锋精神所蕴含的核心价值理念，引导他们不断地趋近、认同并最终内化于自己的心灵世界，成为理想远大、信念坚定、品德高尚、意志顽强的新一代，成为视野开阔、知识丰富、开拓进取、艰苦奋斗的新一代。

发扬雷锋精神，抓好党员领导干部和青少年两大群体，是构筑和夯实社会主义核心价值体系的主体基础的关键，是建设好社会主义核心价值体系的重中之重。我们研究和弘扬雷锋精神的勤俭节约、艰苦奋斗精神，建设社会主义核心价值体系是一项具有鲜明政治意义和社会意义的实践活动。对于加强党的建设，对于在改革开放和发展市场经济条件下经受住新的考验；对于落实科学发展观，构建社会主义核心价值体系，推进有中国特色的社会主义伟大事业，都具有重大的现实意义和深远的历史意义。

第四节　雷锋精神是社会主义核心价值体系建设的丰厚资源

社会主义核心价值体系是社会主义意识形态的本质体现，是指引社会前进方向的精神旗帜，是社会主义精神文明的精髓所在。胡锦涛同志指出：“雷锋这个光辉的名字和他崇高的精神品格，在历史发展中始终焕发着光彩。”一个重要的原因就在于，随着时空流转而不断与时俱进的雷锋精神，正是社会主义核心价值体系建设的重要资源，正是社会主义核心价值体系中的精彩篇章，赋予了社会主义核心价值体系以鲜活的精神力量和人格魅力，推动着社会主义核心价值体系的构建和实现。

一、雷锋精神是建设社会主义核心价值体系的丰厚精神资源

历史唯物主义认为，社会存在决定社会意识。任何崇高的精神，都是它所处时代的产物。道德这一社会意识形态作为上层建筑，是由一定经济关系决定并为其服务的行为准则。社会主义道德既产生于社会主义经济基础之上，是社会主义经济关系的反映，又为社会主义经济基础服务，是广大人民群众意志和利益的体现。1956 年，我国走上社会主义道路，进入了全面建设社会主义的新的发展时期。公有制为主体的社会主义基本经济制度的建立，为全社会打下了共同利益的坚实基础，使为人民服务成为社会主义道德的核心内容，使集体主义成为社会主义道德的基本原则。这是中国道德发展史上最深刻的大变革，是先进文化的重要内容。随着社会主义社会的建立，建设社会主义道德新任务的提出，雷锋脱颖而出，成为实践社会主义道德的楷模。雷锋精神应运而生，集中体现了我们的时代精神，成为社会主义核心价值体系的重要组成部分，是党和人民极为宝贵的精神财富。近半个世纪以来，我们党顺应时代潮流和人民愿望，高度重视开展学雷锋活动。在毛泽东、邓小平、江泽民、胡锦涛等中央领导同志的亲切关怀和大力倡导下，学雷锋活动在神州大地蓬勃开展、长盛不衰，雷锋精神在大江南北广为传扬、深入人心，为建设中国特色社会主义提供了强大的精神动力和重要的思想保证。在实行改革开放的今天，雷锋精神非但没有淡化，人们反而感到社会发展越来越离不开雷锋精神。

当代中国的改革，是社会主义制度的自我完善和发展。我国由传统的计划经济向社会主义市场经济体制的转变，只是一种经济体制的转变，并不是社会主义制度的转型，我们为之奋斗的共同理想和目标矢志不渝。我们所实行的市场经济，必须受到社会主义的政治制度、经济制度和思想道德的制约，在道德建设中必须始终坚持为人民服务的方向和集体主义的原则。社会主义精神文明是社会主义社会的重要特征，社会主义核心价值体系是兴国之魂，加强社会主义道德建设是保障社会主义前途的必要条件。况且，在当前随着世界多极化、经济全球化深入发展

和全球思想文化交流交融交锋不断增强，意识形态领域的情况更加复杂；随着我国经济体制深刻变革、社会结构深刻变动、利益格局深刻调整，人们的思想观念深刻变化，社会意识日益多样化。在这种情况下更要正确处理价值取向和价值导向的关系，切实抓好思想道德建设，牢固树立社会主义核心价值观。而雷锋精神凝结着中华民族的传统美德，闪烁着社会主义的道德光辉，体现着中国共产党人的崇高品质，反映了广大人民群众对建设美好社会、创造美好生活的迫切愿望，依然代表着社会主义社会的道德理想，是建设社会主义核心价值体系的着力点。因为雷锋把马列主义、毛泽东思想比做“粮食”、“武器”和“方向盘”，如饥似渴地学习并运用，始终坚信马克思主义；他把党比做母亲，对党、对人民、对社会主义事业无比热爱，拥有共产主义的远大理想；他助人为乐、爱岗敬业、艰苦奋斗、发愤图强，体现了民族精神与时代精神，都是社会主义荣辱观所大力倡导的。历史证明，雷锋精神中所蕴涵的理想、信念、价值、品格，为社会主义核心价值体系建设提供了丰富而生动的资源。深入开展学雷锋活动，就是要把社会主义核心价值体系更好地传递给社会。因此，雷锋精神绝不会过时。只有大力弘扬雷锋精神，才能有利于巩固马克思主义的指导地位，推进用中国特色社会主义理论体系武装全党、教育人民；有利于用中国特色社会主义共同理想凝聚力量，引导人们更加自觉地投身改革开放和社会主义现代化建设；有利于用以爱国主义为核心的民族精神和以改革创新为核心的时代精神鼓舞斗志，增强中华民族的凝聚力和创造力；有利于用社会主义荣辱观引领风尚，切实解决当前一些领域道德失范的问题，进一步提高全社会的道德水准。

二、雷锋精神是社会主义核心价值体系中的精彩篇章

党的十六届六中全会提出社会主义核心价值体系包括四个方面的内容，即马克思主义指导思想、中国特色社会主义共同理想、以爱国主义为核心的民族精神和以改革创新为核心的时代精神、社会主义荣辱观。这四个方面相互联系、层层递进、彼此贯通、有机统一。其中，坚持马

克思主义指导思想是灵魂，树立共同理想是主题，培育民族精神和时代精神是精髓，践行社会主义荣辱观是基础。雷锋精神是社会主义核心价值体系的重要内容，也是社会主义核心价值体系的重要诠释。雷锋精神坚持并继承了马克思主义指导思想。在长期的革命和建设中，中国共产党坚持把马克思主义基本原理同中国具体国情相结合，先后形成了毛泽东思想、中国特色社会主义理论体系两大马克思主义中国化的理论成果，充分显示了马克思主义的真理性力量。雷锋长期坚持学习马克思主义理论，潜心研读毛泽东著作，雷锋精神鲜活揭示了马克思主义的科学理性和指导作用；雷锋精神的目标所指就是中国特色社会主义共同理想。雷锋热爱社会主义，决心为共产主义崇高理想奋斗终生。在他的言论中，“党”、“祖国”、“社会主义”、“事业”、“忠诚”、“坚强”、“敬业”、“奉献”是用得最多的字眼儿，这些字眼儿就是他人生追求的价值理想、不懈奋斗的目标所指，与中国特色社会主义共同理想是完全一致的；雷锋精神是对以爱国主义为核心的民族精神和以改革创新为核心的时代精神的继承、升华和弘扬。在雷锋的精神世界中，自强不息、艰苦奋斗、见义勇为、严守纪律、敢于牺牲、淡泊名利等民族精神和革命精神占据着非常重要的位置，激励他成为和平年代、社会主义建设时期的道德楷模。改革开放以来，社会的发展又为雷锋精神增添了解放思想、求真务实、锐意进取、开拓创新等鲜明的时代内涵，使雷锋形象更加光辉，雷锋精神更加丰满，使民族精神和时代精神更加深入人心；以“八荣八耻”为主要内容的社会主义荣辱观，是我们这样一个社会主义发展中大国的人们所需要确立的价值准则和道德规范。雷锋精神中所展示的那种大公无私、助人为乐、无私奉献、献身人类等道德内容与社会主义荣辱观是完全一致的。在雷锋精神的指引下，全体国民践行社会主义荣辱观必将取得更大成效。

三、学雷锋活动是建设社会主义核心价值体系的重要载体

弘扬雷锋精神、学习雷锋活动可以发挥思想导向作用，有利于巩固马克思主义的指导地位，推进用中国特色社会主义理论体系武装全党、

教育人民。雷锋善于在繁忙的工作中用钉子般的“挤”劲和“钻”劲学习马列主义、毛泽东思想。而且他的学习不是简单地背诵词句，而是努力掌握立场、观点、方法，用科学理论武装头脑、指导实践，不断改造主观世界和客观世界。弘扬、学习雷锋的这种精神就会坚持社会主义先进文化的前进方向，巩固马克思主义在意识形态领域的指导地位，使马克思主义成为社会主义核心价值体系建设的灵魂；弘扬雷锋精神、学习雷锋活动可以发挥信念塑造作用，有利于用中国特色社会主义共同理想凝聚力量，引导人们更加自觉地投身改革开放和社会主义现代化建设之中。中国特色社会主义是中国共产党领导人民长期奋斗的伟大实践，是引领中华民族实现伟大复兴的必由之路。坚定中国特色社会主义共同理想，就能使全国人民、全体中华儿女汇成振兴中华的滚滚洪流，使中华民族伟大复兴的道路越走越宽阔。雷锋精神的产生源于对党和人民的无限热爱，源于对社会主义和共产主义的坚定信念。学习雷锋精神可以引导干部群众深刻认识中国共产党领导和中国特色社会主义制度的历史必然性和优越性，深刻认识中国特色社会主义道路既是实现社会主义现代化和中华民族伟大复兴的必由之路，也是创造人民美好生活的必由之路，从而自觉地在中国共产党领导下，走中国特色社会主义道路，实现中华民族的伟大复兴；弘扬雷锋精神、学习雷锋活动可以发挥价值引领作用，有利于用以爱国主义为核心的民族精神和以改革创新为核心的时代精神鼓舞斗志，增强中华民族的凝聚力和全国人民的创造力。雷锋精神是在中华民族传统美德和中国革命精神的滋养中产生的，体现了社会主义一代新人珍视优良民族传统的优秀品质和奋不顾身的革命斗志。我们党一贯主张继承和发扬中华民族优秀传统文化，同时又大力倡导在改革开放年代形成的崭新时代精神，使之与现代社会发展相协调、相适应。在现时代，大力弘扬雷锋精神中所蕴含的民族精神和时代精神，最能感召中华儿女团结奋斗，激励中华儿女锐意进取；弘扬雷锋精神、学习雷锋活动可以发挥道德规范作用，有利于用社会主义荣辱观引领风尚，提高全社会的道德水平。20 世纪，雷锋精神创造了社会主义中国良好的道德风尚，在当今时代，雷锋精神的价值丝毫没有降低。我们现在的社会并不是没有差异和矛盾的社会，雷锋的助人为乐、无私奉献精神有利于化解矛盾、凝聚人心、沟通感情，形成团结友爱、和睦相处的氛围；雷锋的艰苦奋斗、勤俭节约的精神，有利于抵制和消除拜金主义、享乐主义、极端个人主义的不良影响和危害；雷锋言行一致、甘做人民“傻子”的精神，有利于在全社会形成实事求是、诚实守信的良好风气，等等。可以说，经济越发展，社会越变革，越要学习雷锋精神，越要倡导和培育社会主义核心价值体系所要求的道德规范，在全社会形成知荣辱、讲道德、守法纪、促和谐的文明风尚。

四、雷锋精神是广大干部群众构建社会主义核心价值体系的重要资源

雷锋是中华民族的道德标杆和精神旗帜。半个世纪以来，雷锋精神在不断发展深化中，已成为一种文化现象、大众行为、道德规范，具有广泛的群众基础和社会示范引领效应。新时期，深入开展学雷锋活动，有利于广大干部群众进一步坚定理想信念、深化创新意识、升华道德境界，对社会主义核心价值体系建设具有重大推动作用。

（一）弘扬雷锋精神有利于坚定广大干部群众的理想信念，进一步增强社会发展力

历史与实践反复证明，共同的思想基础是一个党、一个国家、一个民族赖以生存和发展的根本前提。当前，我国各类社会思潮不断涌现、多元并存、复杂多变。新时期大力弘扬雷锋精神，对于引导广大干部群众坚持马克思主义指导地位，坚定走中国特色社会主义道路，推动经济社会各项事业又好又快发展具有重大意义。

1. 坚定马克思主义理论信仰。用马克思主义武装全党，是我们党永葆先进性的根本保证。随着我国经济的不断发展，一些西方国家试图通过传播其文化和意识形态来控制我国，以达到颠覆我国社会制度的目的。大力弘扬雷锋精神，有助于广大干部群众始终坚定马克思主义在意识形态的指导地位，自觉用马克思主义中国化的最新理论成果武装头脑、指导实践、推动工作，为实现共产主义理想奋斗终生。

2. 坚定社会主义理想信念。理想的动摇是最根本的动摇，信念的滑坡是最危险的滑坡。随着经济全球化进程加快，少数干部群众看不清时代的主流，对社会主义存有疑问。大力弘扬雷锋精神，有助于广大干部群众始终坚持中国特色社会主义道路、中国特色社会主义理论体系和中国特色社会主义制度，促使只有中国特色社会主义才能发展中国、富强中国的思想进一步深入人心。

3. 坚定社会事业发展信心。“信心比黄金更重要。”由于我国仍处于社会主义初级阶段，社会生产力总体水平低、区域发展不平衡等系列问题依然突出，导致部分干部群众对社会事业发展丧失信心。大力弘扬雷锋精神，有助于广大干部群众坚定对改革开放和社会主义现代化建设事业的信心，克难攻坚、奋发进取，从而推动我国经济社会各项事业又好又快发展。

（二）弘扬雷锋精神有利于培育广大干部群众的爱国情感，进一步增强社会凝聚力

爱国主义是中华民族继往开来的精神支柱。雷锋精神集中体现了处处以国家、民族、集体利益为重，充分表现了国家主人翁精神。新时期大力弘扬雷锋精神，对于激发广大人民群众热爱祖国、建设祖国的热情，树立民族自尊心、自信心和自豪感，增强民族凝聚力、向心力，积极投身中国特色社会主义事业具有重大意义。

1. 培育热爱伟大祖国和骨肉同胞情感。当前，在市场经济的利欲驱动下，自私自利、以我为主等不良作风日益生成，严重削弱了社会主义凝聚力、向心力。大力弘扬雷锋精神，有助于广大干部群众正确处理好个人与国家、个人与集体之间的关系，从而为祖国的繁荣富强、人民的安定生活而奉献一切。

2. 培育维护祖国统一和民族团结情感。当前，我国和平统一和民族团结形势不容乐观，如台湾回归任重道远，南海主权扑朔迷离。大力弘扬雷锋精神，有助于广大干部群众紧密团结在党中央周围，自觉以实际行动维护国家统一，有助于各个民族团结友爱、和睦相处，从而实现国家长治久安。

3. 培育强烈民族自信和投身建设情感。虽然现在我国综合国力大幅提高，国际地位大幅提升，但是不能忘了历史的惨痛教训。大力弘扬雷锋精神，有助于广大干部群众进一步树立民族自信心、自尊心和自豪感，增强民族凝聚力、向心力，立足岗位，积极投身社会主义现代化事业建设。

（三）弘扬雷锋精神有利于深化广大干部群众的创新意识，进一步增强社会创造力

创新是一个民族进步的灵魂。雷锋精神体现了勇于创造、追求进步、锐意进取、自强不息的创新精神。新时期大力弘扬雷锋精神，对于引导广大干部群众转变陈旧观念，积极进取，坚持用科学理论武装自己、提高自己、完善自己，主动应对各种风险挑战，努力解决社会发展中的矛盾问题，不断开创社会事业发展新局面具有重大意义。

1. 创新思想，进一步优化工作作风。思想的创新是其他一切创新、发展的开端。人民群众是历史的创造者，是推动社会历史发展的真正动力。大力弘扬雷锋精神，有助于转变党员干部故步自封、闭门造车现状，增强创新意识，提高创新能力，坚持“从群众中来，到群众中去”的群众路线，充分相信和尊重人民群众的首创精神，善于汲取人民群众的智慧和力量。

2. 创新理论，进一步推动科学发展。理论的创新是国家实现科学发展、长期发展的主要动力。人类的文明发展史，就是一部人类不断创新、不断进步的历史。面对国内日益艰巨复杂的改革攻坚任务，大力弘扬雷锋精神，有助于广大干部群众坚定马克思主义指导地位，并不断探索其中国化成果，积极创新、探索适合我国国情的理论体系，从而有力推动我国经济社会各方面科学发展。

3. 创新实践，进一步增强综合国力。当前，创新越来越成为经济社会发展的重要引擎，越来越成为综合国力竞争的关键。大力弘扬雷锋精神，有助于引导广大干部群众在实践工作中勇于探索、勇于突破，在知识创新、技术创新、制度创新、管理创新和其他各方面创新中发挥聪明才智，成为知识型社会主义建设者，从而达到提高自主创新能力、增

强综合国力的目的。

（四）弘扬雷锋精神有利于升华广大干部群众的道德境界，进一步增强社会和谐力

“人无德不立，国无德不兴”。雷锋精神集中体现了助人为乐的奉献精神，集中体现了顾全大局的主人翁态度，集中体现了和谐融洽的良好风尚。新时期大力弘扬雷锋精神，有助于激发广大干部群众倡导文明新风、匡正道德失范、引导人们做中华民族传统美德的传承者、社会主义道德规范的实践者、良好社会风尚的创造者。

1. 提升社会价值观念。随着社会结构的深刻变动及利益格局的深刻调整，我国价值观念领域存在多元并存，拜金主义、享乐主义、个人主义不断滋生。大力弘扬雷锋精神，有助于引导广大干部群众树立正确的世界观、人生观，正确处理好物质与精神、个人与集体之间的关系，引导其以自己的行动积极成为和谐社会的建设者。

2. 提升社会文明程度。一个社会的正常运转，既离不开法律法规等硬性规范，同样离不开道德的软性约束。当前，我国道德失落、诚信缺失、见利忘义等问题仍比较突出。大力弘扬雷锋精神，对于推进公民道德建设，在全社会倡导爱国守法、明礼诚信、敬业奉献，培育知荣辱、讲正气、促和谐的社会风尚，具有重要促进作用。

3. 提升社会和谐程度。与人为善、助人为乐、真心待人是构建社会主义和谐社会的第一要素。当前，我国崇高理想遇蔑视、乐于助人遭质疑等问题甚为堪忧。大力弘扬雷锋精神，有助于广大干部群众建立真诚待人、平等待人、宽容待人的和谐人际关系，从而实现民主法治、公平正义、诚信友爱、安定有序、人与自然和谐相处的社会。

第八章

用雷锋精神推动社会主义核心价值体系建设的有效途径

在刚刚谢幕的党的十八大上，我党对社会主义核心价值体系建设提出了新部署新要求，强调“要深入开展社会主义核心价值体系学习教育，用社会主义核心价值体系引领社会思潮、凝聚社会共识”，“倡导富强、民主、文明、和谐，倡导自由、平等、公正、法治，倡导爱国、敬业、诚信、友善，积极培育社会主义核心价值观”等。在推进社会主义核心价值体系建设的途径中，提出了以雷锋精神推进社会主义核心价值体系的建设，将雷锋精神有效地融入到社会主义核心价值体系的建设中。本章节主要就用雷锋精神推动社会主义核心价值体系建设的有效途径的相关内容进行系统论述。

第一节　建设社会主义核心价值体系必须发扬雷锋的敬业奉献精神

敬业总是和“爱岗”、“奉献”联系在一起的。爱岗是敬业和奉献的前提，敬业是爱岗情感的进一步升华，是对职业责任、职业荣誉的进一步深刻理解和认识。敬业奉献是精神文明建设和社会主义核心价值体系建设中的一个重要内容，是中华民族的传统美德，是实现人生价值的重要途径，并对社会的道德导向和经济建设起着重要作用。建设社会主义核心价值体系，必须发扬雷锋敬业奉献精神。

一、敬业奉献精神的内涵

敬业是中华民族的优良道德传统。早在我国《礼记·学记》中古人就已提出“敬业”的概念。宋朝朱熹就曾指出“敬业”就是“专心致志以事其业”。敬，原是儒家哲学的一个基本范畴，孔子就主张人在一生中始终要勤奋、刻苦，为事业尽心尽力。他说过“执事敬”、“事思敬”、“修己以敬”等语。北宋程颐更进一步说：“所谓敬者，主之一谓敬；所谓一者，无适（心不外向）之谓一。”可见，敬是指一种思想专一、不涣散的精神状态。敬业，作为一种对待事业的态度和行为规范，其含义有以下几个方面。第一，对某种职业和事业全力投入，专心致志。第二，对所做的事情诚心诚意，严肃认真。第三，对所从事事业勤勉努力，坚持不懈，始终如一，不怠慢，不放荡。敬业，是一种美德，是不讲条件的敬业，是劳动者的一种精神境界。

敬业，就是尊重自己的职业，对自己从事的工作认真负责、尽心尽责。敬业的前提是对社会职业分工有一个正确的认识。各种不同的职业是社会分工的产物，是社会生产力发展的结果，也是社会进步的象征，不同的分工各自有各自的存在价值，没有高低贵贱之分，都是社会所需要的，彼此不可替代。分工与协作密切联系在一起。只有正确认识自己从事职业的重要性，才能尊重并热爱自己的职业，进而认真负责地做好本职工作。

“奉”，即“捧”，意思是“给、献给”；“献”，原意为“献祭”，指“把实物或意见等恭敬庄严地送给集体或尊敬的人”。两个字合起来，奉献，就是“恭敬的交付、呈献”。奉献其实就是甘愿为别人、为社会和国家做出一种没有回报的壮举。它可以小到点滴琐屑，大到国家乃至世界的事情。奉献，就是一心为他人、为人民、为社会、为民族、为国家作贡献。奉献是自古以来就受到提倡的崇高精神和品德，奉献精神是一种道德的完美，是一种道德精神的升华。奉献精神一直是中国人所大力提倡的。

敬业和奉献是紧密联系在一起的。奉献是在自始至终贯穿着敬业等优良职业道德品质长期积累的基础上产生的。奉献以敬业为前提，敬业的结果必然是奉献。

二、雷锋敬业奉献精神的内涵

“一个人的作用，对于革命事业来说，就如一架机器上的一颗螺丝钉。机器由于有许许多多的螺丝钉的连接和固定，才成了一个坚实的整体，才能够运转自如，发挥它巨大的工作能力。螺丝钉虽小，其作用是不可估量的。我愿永远做一颗螺丝钉。”这是雷锋对事业之爱、对岗位之爱和敬业奉献精神的深刻表达。雷锋把敬业奉献作为自己的人生信条，自觉服从社会主义建设事业的需要，立足本职，在平凡的岗位上创造了不平凡的业绩。雷锋一生不愧为一颗永不生锈的螺丝钉。党把它放到哪里，他就在哪里闪闪发光。无论在何种岗位，他总是干一行爱一行。雷锋早年在县里当通信员，就是模范工作者；到农场开拖拉机，他是优秀拖拉机手；到了鞍钢当工人，他又是先进工作者；到了部队，他是先进战士；入了党，他是优秀党员；当了班长，他又是模范班长。无论是在农村、工厂和部队，无论是当通讯员、推土机手和班长，不管在什么岗位，不管从事什么工作，他都以一颗对事业高度负责、对岗位无限热爱的赤子之心，脚踏实地、爱岗敬业、勤奋努力，一丝不苟、埋头苦干，出色地完成每一项工作任务。无时无刻，雷锋都充满了真诚之情、上进之心、奉献之意，工作在哪里，就在哪里发光发热，总是竭尽所能，为党的事业多作贡献，为人民群众多做好事。

“生为人民生，死为人民死”、“一滴水只有放进大海里才永远不会干涸，一个人只有当他把自己和集体事业融合在一起的时候才能最有力量。”雷锋认为，人生的价值在于奉献，应当全心全意为人民服务。雷锋坚持，人民的困难就是他的困难，帮助人民克服困难，解决问题，贡献自己的一点力量，是他应尽的责任，也是最幸福的事情。雷锋热爱人民，在日常工作生活中始终坚持扶老携幼、扶危济困，助人为乐，用自己的实际行动践行了为了人民的事业而无私奉献的神圣誓言：“人的生命是有限的，可是，为人民服务是无限的，要把有限的生命投入到无限的为人民服务之中去。”“一个共产党员是人民的勤务员，应当把别人的困难当成自己的困难，把同志的愉快看成是自己的幸福。”雷锋从思想到行动都体现出这种服务人民的奉献意识。雷锋走到里，好事就做到哪里，怀着感恩的心，攥着“做好人好事”的劲，时刻把个人的利益同人民的利益、他人的利益联系起来，把自己的一切无私奉献给社会、奉献给他人。雷锋平凡而伟大的一生，就是为党和人民无私奉献的一生。无论是在自己的工作岗位上还是在自己的日常生活中，他都始终坚持把无私奉献作为自己毕生的人生信条。雷锋以对党的无限忠诚，对人民的深厚感情，以“燃烧自己、照亮他人”的实际行动，有力回答了一个个关于人生价值的重要命题。他无论干什么工作，总是把火一样的激情倾注其中。他无论走到哪里，总是将春天般的温暖带向哪里。

雷锋奉献精神的实质在于全心全意为人民服务，为了人民的事业无私奉献。作为雷锋精神实质的表现，无私奉献的精神主要体现在：对人民群众朴素的阶级感情，憎爱分明的阶级立场，先人后己的集体观念，乐于助人的团结友善风格，不计较个人得失的大公无私精神。而先人后己，助人为乐，诚实守信，与人为善，则是雷锋精神高尚道德行为的具体体现。它既发扬了中华民族的传统美德，又体现着社会主义的道德规范。正是因为这样，雷锋精神才能穿越时空，至今仍具有震撼人心的力量。

三、建设社会主义核心价值体系必须发扬雷锋的敬业奉献精神

智慧源于勤奋，伟大出自平凡。雷锋在平凡的岗位上，爱岗敬业、无私奉献，让平凡的人生同样焕发出亮丽的光彩。任何人都有追求荣誉的天性，都希望最大限度地实现自我价值，而要把这种理想变成现实，靠的是什么？靠的就是爱岗敬业，无私奉献。爱岗敬业是一种精神，一种态度。爱岗敬业同样是一种境界。目前，建设社会主义核心价值体系是重要的时代课题，建设社会主义核心价值体系需要发扬雷锋的敬业奉献精神。

1. 时代的发展要求我们必须发扬雷锋敬业奉献精神。在新中国成立以后的相当一段时间里，由于长期实行计划经济，责、权、利的结合还不甚紧密，在相当程度上压抑了人们的劳动积极性与敬业精神，甚至在部分人中还形成了与敬业精神相反的消极的混世事伦理态度。对职业劳动缺乏创业的热情，缺少严肃认真、恪尽职守的职业责任感。这种消极的从业和人生态度如果仍然任其存在必将阻碍我国市场经济的发展。

我们今天所处的时代是经济全球化不断深入发展的时代。伴随着经济全球化的进程，人们思想活动的独立性、选择性、多样性、差异性明显增强，一些人的社会责任意识、集体意识、团队意识有所弱化，错误地理解和对待个人自由与自我发展，放纵主观意志和自我意识，甚至将追求个性解放误解为以自我为中心。市场经济的发展激发了人们追求物质利益的欲望，也导致现实的利益主体呈现出多元化的态势，利益关系渐趋复杂，利益矛盾不断出现。这些利益矛盾能否得到合理的处理直接关系到社会的稳定发展、关系到集体和个人利益的维护。我们这个时代是迫切需要道德或充分唤起道德的力量的时代。毫无疑问，在现实中道德从总体趋势上是不断发展、进步的，但是生活中也存在着许多不尽如人意的地方，整个社会的道德状况呈现出明显的“过渡性”征候，即社会从传统到现代的过渡，从单一僵化的计划经济到多元竞争的市场经济的过渡，从高度集中的行政主导到民主法治的过渡会导致一个真和假、善和美、丑和恶同生共长的现实世界。真、善、美和假、恶、丑都有其存在和发展的土壤，它们并存和共生在一个统一体内，相互矛盾冲突，此消彼长，此起彼伏，使社会的整个精神结构呈现出一个错综复杂、多维交织的动态图景。基于这样的时代背景，要建设社会主义核心价值体系，发扬雷锋敬业奉献精神是非常必要和迫切的。雷锋精神既是时代精神的体现，又是民族精神的彰显，是民族精神和时代精神的结晶，是对中华民族传统美德的继承和发展。一是像雷锋那样“对待工作要像夏天一样的火热”，干一行爱一行、专一行精一行，立足本职，在平凡的岗位上创造不平凡的业绩。二是学习雷锋的创新精神，像雷锋那样锐意进取、自强不息，不断地充实自己、提高自己、完善自己，不断创造工作新业绩。三是要像雷锋那样，从自己做起，从现在做起，从点滴做起，把对祖国、对人民深沉的爱，化作励志图强、报效祖国、服务人民的实际行动。

2. 社会主义各项建设事业的推动，要求我们必须发扬雷锋敬业奉献精神。雷锋在党和国家的培育下，一步步提高了政治觉悟，牢固地树立了全心全意为人民服务的思想和为共产主义奋斗终身的远大目标。他懂得“怎样做人，为谁活”，雷锋在他短暂的生命里，坚持以他积极向上的人生观，以春天般的温暖关心战友，关心群众，这些都体现了他“为人民服务”的社会主义道德修养，也昭示了共产主义道德信仰。

工作对于我们每一个人来说，不仅是谋生的手段和生活的组成部分，也是发挥自身才能、实现人生价值的平台。祖国的富强、民族的繁荣，需要每一位社会成员尽其才、奋其志。把简单的事做好就不简单，把平凡的事做好就不平凡。在新时期，改革开放为人才的健康成长和合理流动创造了良好环境，为个人施展才华和抱负提供了广阔天地。我们应弘扬雷锋的敬业奉献精神，把个人理想同国家的前途、民族的命运有机结合起来，把个人的选择和社会的需要、人民的需要有机结合起来，在具体工作岗位上尽职尽责、发挥积极作用，才能不负人民、不负时代。敬业奉献的高尚情操是激励我们服务人民、奉献社会的精神支柱。我们要大力弘扬雷锋精神，引导人们深入学习雷锋的敬业精神，学习雷锋淡泊名利、无私忘我的奉献精神，立足岗位、尽职尽责，把智慧和力量凝聚到全面建设小康社会的伟大事业上，在奋力推进社会主义现代化的进程中建功立业。

雷锋敬业奉献精神体现了他服务人民、助人为乐的无私奉献精神，是雷锋精神的群众基础和道德方向。同时也体现了雷锋一心向着集体主义、向着社会主义、向着共产主义的坚定信念，是雷锋精神的政治基础和政治方向。如果没有远大的理想和信念，没有为国家富强、人民富裕、民族振兴而拼搏奋斗的使命感和献身精神，就不可能做到全心全意为人民服务。建设富强、民主、文明、和谐的社会主义现代化国家，实

现中华民族的伟大复兴，建设社会主义核心价值体系需要我们继续弘扬雷锋的敬业奉献精神，做好自己的工作，就是为建设中国特色社会主义添砖加瓦，就是为实现中华民族伟大复兴铺路搭桥，就是为推动社会主义政治、经济、文化建设贡献心力，就是为社会主义现代化建设事业贡献力量。

3. 妥善处理个人和集体之间的关系，必须发扬雷锋敬业奉献精神。集体主义是社会主义道德的原则，同时也是雷锋精神的灵魂。集体主义道德原则认为，国家利益、集体利益、个人利益根本上是一致的，三者相辅相成，辩证发展。个人与集体之间的关系是互为目的与手段的关系，集体利益的增进需要所有个人的共同努力，个人利益正是在这种努力的过程中实现的。之所以把集体主义作为社会主义社会处理国家利益、集体利益、个人利益的道德原则，是因为它是维系社会主义新型人际关系的要求。它体现了无产阶级的政治目标，体现了党在现阶段的基本纲领要求。

我国市场经济体制建立后，有的人否定个人与集体之间的真实关系，认为个人相对于集体而言更为重要，只有个人才是目的，集体只是个人达到其目的的手段，并在现实生活中将其目光聚焦于自己身上，以自身利益作为衡量一切行为的尺度。其实，个人和集体的关系，正像细胞和人的整个身体的关系一样。当人的身体受到损害的时候，身上的细胞就不可避免也要受到损害。

不怕苦、不怕累，干一行爱一行、专一行精一行的敬业精神，是雷锋精神在事业上的具体体现。其核心是把个人融于集体和人民的事业之中，具有服从性、平凡性的特点，主要表现是服从组织分配，热爱本职工作、甘居平凡岗位。因此，今天的“螺丝钉”精神体现着服从性和选择性的统一，它要求人们把个人的自主择业与服从社会和人民的需要有机结合起来，切实做到甘居平凡岗位而又不安于现状、甘于平庸，提倡岗位竞争而不能忘记勤勉敬业、乐于奉献。

我国是实行社会主义制度的国家，其根本价值取向和道德使命不是为了谋求少数人甚至某个人的利益，而是为了实现人民的根本利益。要实现人民的根本利益，就必须以解决我国的社会主要矛盾即人民日益增长的物质文化需要同落后的社会生产之间的矛盾为前提，就需要创造可以解决这一社会主要矛盾的条件，为此就需要人们奉献，具有奉献意识。当代人应有的奉献意识的主要内容，就是雷锋精神中所内含的为公意识、责任意识。为公意识要求人们不损公肥私，自觉地把人民的根本利益和社会的整体利益摆在第一位，“事事大公无私，处处从党和人民的利益出发，全心全意为人民服务”，尽其所能地提高我国的综合国力，更好地满足人民的物质文化生活需要；责任意识要求人们具有强烈的角色意识，积极地做社会主义国家的主人，成为中国特色社会主义事业的建设者。为了实现祖国利益和人民利益、建立美好社会需要提高相应的各种素质，充分地调动自身的物质力量和精神力量，并明白“一个人只有当他把自己和集体融合一起的时候才能有力量”、“力量从团结来”的道理，以增强整个中华民族的凝聚力和向心力。其实，一个人能干出什么名堂、创造什么业绩，关键在于其是否具有立足本职、勤勉敬业、精益求精的“螺丝钉”精神。从这个角度来看，做人就要甘做永不生锈的“螺丝钉”，牢固树立服从分工、爱岗敬业的职业观，始终脚踏实地，矢志追求卓越，争创一流业绩。自觉服从党和人民的需要，到基层去，到艰苦的环境中去，到祖国最需要的地方去，无论走到哪里都如金子一般闪闪发光。

如今，雷锋已经成为了“做好事”的代名词，成为一种精神的象征，一个道德的标杆。这种道德行为所表现出的做好人好事不留名、舍己救人不求回报的“傻子”精神，对于当下全社会形成平等互助的良好道德风尚起了极好的示范和引导作用。

不管时代怎样变化、社会怎样发展、环境如何不同，善良和高尚总归是人心所向。在市场经济的背景下，人们的物质利益观念强化了、价值观念强化了、竞争观念强化了，无私奉献精神淡化了、助人为乐的精神淡化了、个人主义思想膨胀了等等，特别是在这个多元的时代和多元的社会，一切向钱看的人并不少，他们把功利放在第一位，在很多事情面前暴露出人性的冷漠和无情。如果真要听任“老人摔倒无人敢扶”

的现象泛滥成灾，那既是一种悲哀，更是一个悲剧。只有树立为人民服务的人生观，发扬服务人民、助人为乐的奉献精神，人们才能对人生的目的有更深刻的理解，切实把人民利益放在首位，在服务人民、奉献社会的实践中创造人生价值。把雷锋这种大爱无疆、甘于奉献的精神传承下来，有助于营造良好社会风尚，并根植于自己的血液之中、灵魂深处。

4. 社会主义荣辱观的建设需要我们必须发扬雷锋敬业奉献精神。“以服务人民为荣，以背离人民为耻”、“以团结互助为荣，以损人利己为耻”，是社会主义核心价值体系对思想道德建设的基本要求。雷锋精神虽与社会主义核心价值体系产生的时代不同，但在人类社会共同追求的价值理念上，实现了跨越时空的精神对接。

社会主义荣辱观体现了社会主义价值体系的根本要求，也是雷锋精神的境界所系。荣辱观是世界观、人生观、价值观的重要内容。要深入开展社会主义荣辱观宣传教育，弘扬中华传统美德，推进公民道德建设工程。为此，必须发扬雷锋敬业奉献精神。需要特别指出，发扬光大雷锋敬业奉献精神关键在于像雷锋那样把有限的生命投入到无限的为人民服务中去。全心全意为人民服务仍然是我们必须遵循的根本宗旨，仍然是我们这个社会所需要大力倡导的价值观念和道德风尚。社会主义市场经济越发展，就越要求我们牢固地树立为人民服务的思想，养成高尚的职业道德。社会主义社会是一个全面发展的社会，物质文明和精神文明都搞好，才是中国特色的社会主义。广大人民群众在物质生活水平不断提高的同时，希望我们的社会风气越来越好，希望不正之风和腐败现象得到纠正，希望团结友爱、助人为乐、见义勇为在全社会蔚然成风。这就要求我们大力弘扬雷锋敬业奉献精神，进一步树立社会主义的价值观念和道德风尚。

雷锋精神不仅与中华传统美德相契合，而且与社会主流价值相一致，是构建社会主义核心价值体系的内在元素，彰显着社会主义核心价值体系的精髓要义，是社会主义核心价值体系的生动展现，二者本质上是一致的、内涵上是相通的。

第二节　建设社会主义核心价值体系必须发扬雷锋忠于职守与刻苦钻研精神

忠于职守与刻苦钻研自古以来就是一种美德，是优秀的品质，是一个人的立身之本，成就事业之基。忠于职守与刻苦钻研的本质是对事业的忠诚意识，是对事业的一种责任感和使命感，是一种良好的工作态度和刻苦钻研的精神。"忠于职守与刻苦钻研"的优秀品格体现在"忠诚于事业"的具体行动中，立足本职岗位，忠于职守、勇担责任、刻苦钻研。

一、忠于职守与刻苦钻研精神的内涵

忠于职守是从事各种职业活动的人们，在自己的工作和劳动中首先应当遵守的行为规范和道德准则，是从事任何职业都需要具备的不可缺少的职业道德的主要内容。它要求从事任何职业的人都能自觉地意识到自己所从事的职业对社会所承担的责任和应当履行的义务，具有高度的责任感，做到对工作兢兢业业、尽职尽责。

华罗庚说："聪明在于学习，天才在于积累。"这句话正是他一生的真实写照。天才不是与生俱来的，而是经过后天的努力与刻苦钻研产生的。在上海中华职业中学一年半的时间里，华罗庚就读完了两年的课程。15岁那年，华罗庚迫于家境困难而辍学。返回家乡后，他一面帮着父亲记账，一面钻研数学，他用六年半的时间，自学了初中到大学的数学课程。正是凭着这种刻苦钻研的精神，华罗庚终于成为举世公认的大数学家。

刻苦钻研，是我们掌握知识、增加学问的唯一通道。学习是思维的逻辑推理过程，需要我们从了解、记忆到熟练把握，会耗费我们庞大的精力和时间。而要做到精通和专业，则需要付出更多的努力。刻苦钻研，才能有所收获，才能使我们离预期的目标更靠近。

人们形容读书学习，常常用“十年寒窗苦读”，是非常贴切的。读书学习是一个苦差事，要求人们忍受寂寞、苦思，乃至忍受恶劣的生活环境。少年匡衡凿壁偷光，借书苦读，为我们展现了刻苦钻研的另一面。今天，人们的生活条件有了很大改善，可以在优裕的物质环境中学习知识，但是想要获得成功，钻研的精神不能丢弃，需要我们发扬光大、不断传承。

古今中外，凡在科学或事业上有所建树的伟大人物，大都克服了重重困难，刻苦钻研，毕生追求，矢志不渝，终成大器。俗话说：“吃得苦中苦，方为人上人。”要有所作为有远大的抱负，就要养成刻苦钻研的习惯。无论工作还是学习，无论从事哪个行业，都要励精图治，搭好坚实的知识框架，丰富自己充实自己，勉励自己。

忠于职守与刻苦钻研，一要敬重自己所从事的工作，并能引以自豪；二要深入钻研努力，并能精益求精。在实际工作中，还必须认真贯彻党和国家的有关路线、方针、政策，严格执行岗位责任制，遵守各项规章制度和劳动纪律，保质保量地完成工作和劳动任务；绝不能玩忽职守、得过且过、敷衍塞责。

在我们的党史上，关于忠于职守与刻苦钻研的典范不乏其人，有愿做“螺丝钉”的雷锋，有甘做“烧炭工”的张思德，有宁肯一人脏换来万户净的时传祥。他们没有惊天动地的英雄壮举，却赢得了一代又一代人的敬仰，凭的是什么？凭的是忠于职守、刻苦钻研，凭的是爱岗敬业。

忠于职守与刻苦钻研作为各种职业道德的基本要求，这是因为社会上各种正当职业，都是历史发展的必然产物，都是为了满足人类社会物质生活和精神生活需要不可缺少的组成部分。如果某种职业，因为从事这一职业的人们不能做到忠于职守与刻苦钻研而使其正常的活动遭到破坏甚至停止，那就会不同程度地影响社会生活和人民群众的利益，从而也会影响各种不同职业集团本身的利益。因此，为了维护社会和各种不同职业集团自身的利益，各行各业就自然地会向自己的从业人员提出要热爱本职工作并做到忠于职守与刻苦钻研的职业道德要求。

二、雷锋忠于职守、刻苦钻研精神的内涵

雷锋自觉把个人的前途命运与国家、民族，与社会主义的前途命运紧紧联系在一起，处处以国家、民族和集体利益为重。他忠于党、热爱社会主义的坚定信念，并非只停留在口头上、日记里，而是体现在坚决听党的话，照党的指示办事，为党的事业努力奋斗的具体行动上。党号召大办农业，雷锋就主动申请从县委机关下到农业生产第一线，当一名新式农民；党需要加强工业建设，他就离开自己的家乡，从南方来到北方当一名好工人；党号召青年应征服役，他又经过多次恳求，参军到部队。党要他干啥他就干啥，干啥就一定要干好啥。有人说雷锋是个“傻子”，在雷锋看来，当这样的“傻子”是光荣的。他说：“我要做一个有利于人民、有利于国家的人。如果说这是‘傻子’，那我是甘心愿意做这样的‘傻子’的。革命需要这样的‘傻子’。建设也需要这样的‘傻子’。”雷锋的这种“傻子”精神，充分体现了一位伟大共产主义战士的博大胸怀和为人民服务的执著追求。这是雷锋爱党、爱国、爱人民的忠诚精神，也是雷锋精神最值得学习的灵魂所在。

雷锋在日记中写道：“有些人说工作忙，没有时间学习。我认为问题不在工作忙，而在于你愿不愿意学习，会不会挤时间。要学习的时间会有的，问题是我们善不善于挤，愿不愿意钻。一块好好的木板，上面一个眼也没有，但钉子为什么能钉进去呢？这就是靠压力硬挤进去的、硬钻进去的。由此看来，钉子有两个长处：一个是挤劲，一个是钻劲。我们在学习上，也要提倡这种钉子精神，善于挤和善于钻。”人们熟知的是雷锋做了很多好事，但对雷锋的文学功底了解的可能不是很多。雷锋从一个只有小学文化程度的人提高到能够深刻领会毛主席著作，并能写出富有哲理的日记、诗歌、散文，他写的诗不仅感情充沛、文笔流畅还讲究韵律、韵脚；他写的散文、小说，真切、细腻；雷锋的讲话、报告、发言，逻辑性强、语言生动感人，这些都是与他的刻苦钻研分不开的。同时，雷锋能很快地学会各种专业技术，就在于他孜孜不倦地学习的态度和刻苦学习的精神。正是凭着这种可贵的“钉子”精神，雷锋

掌握了科学的世界观和方法论，练就了一身过硬的本领。“学会学习”已经被雷锋所实践。他刻苦钻研业务，对技术精益求精的精神，是我国人民宝贵的精神财富。

雷锋在学习方面的“挤”劲，挤的是时间，在学习方面的“钻”劲，钻的是业务。钻是学以致用、钻是研究问题、钻是创新思维。1958年春天，领导选派雷锋学开拖拉机，雷锋以超凡的热情投入工作，仅仅学了一星期就能独立操作了。雷锋并没有满足，他一边工作、一边学习，把拖拉机的性能、驾驶规则一条一条记到笔记本上，有空便学。很快，雷锋不仅能开拖拉机，而且能修理拖拉机。入伍后，雷锋被分配到运输连，雷锋驾驶的汽车车况较差，各部件磨损严重，耗油量很大。雷锋为了保养好这台车，花费了很多心血。他把大部分业余时间都用到了维修保养这辆车上。经过雷锋细心的照料，“耗油大王”的耗油量降了下来，汽车运行状况也逐渐好了起来。雷锋不但业务精通，而且善于总结规律性的东西，提出了行车安全的“四勤”、“三先”、“五不超”、“六不走”、“九慢”等等。雷锋善于发现问题、研究问题并最终解决问题，靠的是学习、钻研。

雷锋不仅是一个脚踏实地的实干家，而且是一个勇于探索的创造者。在雷锋身上，充分体现了永不自满的谦虚品格和永不停歇的奋进意志。他坚持把学习当成一种人生追求，无论时间再紧、任务再重，总是如饥似渴地刻苦学习，并把所学知识充分地运用于本职工作，在创新中谋实招、出绝活。雷锋用“挤”和“钻”的“钉子”精神，努力学习革命理论，刻苦钻研业务和技术，苦练为人民服务的本领。

“钉子”精神所具有的时代内涵，集中体现在勤奋学习马克思主义，努力掌握现代科学文化知识，刻苦钻研本职业务，大胆吸收和借鉴世界各国的一切优秀文化成果以及先进的经营方式和管理方法。雷锋在学习和工作上永不满足、永不懈怠，体现了一种锐意进取、自强不息的创新精神。雷锋忠于职守与刻苦钻研精神，就是要珍爱岗位、立足岗位、有所作为；就是要立志做大事，不忘做小事，做好身边事；就是要正确认识自己，准确定位自己，充分展示自己。

三、建设社会主义核心价值体系必须发扬雷锋的忠于职守与刻苦钻研精神

建设社会主义核心价值体系必须发扬雷锋忠于职守与刻苦钻研精神。每个人都要致力于在平凡的岗位上，为党为国家为人民做出不平凡的业绩。雷锋精神的伟大之处就在于雷锋干一行、爱一行，立足本职，忠于职守，刻苦钻研，艰苦奋斗。处于和平年代发展时期，虽然我们每个人未必都能够经历生死考验，但绝大多数人都身处平凡岗位从事着平凡的工作。因此，在这样的社会环境下，我们每个人都应该踏踏实实，一步一个脚印地走好自己的人生之路，为祖国的发展与富强尽自己的一份责任。同时，还要发扬“钉子”精神，用马克思主义中国化的最新成果武装头脑、指导实践。

（一）巩固马克思主义在意识形态领域的指导地位

建设社会主义核心价值体系必须发扬雷锋忠于职守与刻苦钻研精神，而在实践中，需要我们坚持不懈地用马克思主义中国化最新成果武装全党、教育人民，巩固马克思主义在意识形态领域的指导地位

马克思主义深刻揭示了人类社会发展规律，坚定维护和发展最广大人民的根本利益，是指引人民推动社会进步、创造美好生活的科学理论。雷锋刻苦钻研精神就是在马克思主义及其中国化成果的指导下产生的，体现了社会主义一代新人勇于探索真理的价值取向和坚定信仰真理的思想觉悟。雷锋认真钻研毛泽东思想，努力掌握马克思主义的根本立场、观点和方法。雷锋刻苦钻研精神充分展示了社会主义一代新人以马克思主义为指导，长期孜孜以求社会主义建设规律和人类社会发展规律的高度自觉。

中国特色社会主义共同理想是建立在马克思主义揭示人类社会发展规律基础上的科学理想信念，只有不断加强学习修养，掌握科学理论，才能坚定共同理想。只有善于挤时间钻进书本中去，深入实践之中，不断用理论学习的成果坚定中国特色社会主义共同理想，与时俱进地发扬雷锋忠于职守与刻苦钻研精神，自觉用中国特色社会主义理论体系指导

客观世界和主观世界的改造，才能提高马克思主义理论水平，提高运用科学理论解决实际问题的能力。

当今世界竞争的实质是经济和科技实力的较量，最根本的是取决于劳动者的素质。现代科学技术的进步，社会市场经济的发展，信息交流日益广泛，知识更新日新月异，我们不懂得、不熟悉的东西很多，需要我们努力地去学习和掌握。学习既是急需的、重要的，更是全面的、广泛的。学习首先要学好先进经验，特别是马克思主义思想，这是我们的行动指南，是“粮食”、“武器”、“方向盘”，没有先进理论指导，我们就会迷失方向，就会走弯路。

建设社会主义核心价值体系，必须毫不动摇地坚持马克思主义基本原理，紧密结合中国实际、时代特征、人民愿望，用发展着的马克思主义指导新的实践。坚持不懈地用中国特色社会主义理论体系武装全党、教育人民，推动学习实践科学发展观向深度和广度拓展，引导党员、干部深入学习贯彻党的基本理论、基本路线、基本纲领、基本经验，学习马克思主义经典著作，努力掌握蕴含其中的马克思主义立场、观点、方法，深刻理解中国特色社会主义理论体系的强大生命力、创造力、感召力，中国特色社会主义理论体系不断把党带领人民创造的成功经验上升为理论，不断赋予当代中国马克思主义以鲜明的实践特色、民族特色、时代特色。要向雷锋那样做到理论联系实际，学以致用，实现学与用、知与行、说与做的统一。在改革开放的伟大进程中边学边用，学中用，用中学，用学习的成果指导实践，用实践的成果滋润理论。

我们要向雷锋那样，通过学习，深入领会中国特色社会主义理论体系的科学内涵，深入挖掘其真理性内容，真学真信，武装头脑，树立正确的世界观、人生观、价值观，坚定对马克思的信仰、坚定对社会主义的信念、增强对改革开放和现代化建设的信心、增强对党和政府的信任，自觉抵制各种腐朽思想的影响，保持坚定的政治立场。我们要在科学信仰的指导下更新旧观念、创造新理论，探索推进中国特色社会主义事业的新思路、新方法、新举措，在更高的水准上坚定我们党的信仰、践行我们党的理论、实现我们党的目标。

（二）将雷锋忠诚于党和国家的爱国精神大力发扬

建设社会主义核心价值体系必须发扬雷锋忠于职守与刻苦钻研精神，而在实践中，要将雷锋忠诚于党和国家的爱国精神大力发扬。

雷锋对党、对祖国的无比忠诚精神，是克服理想信念淡漠的有力思想武器。在我们国家实现新旧体制转换的社会变革中，尤其需要雷锋那种“永远跟党走”的坚定立场，“一心向着社会主义”的坚定信心。建设社会主义核心价值体系必须发扬他努力学习，刻苦钻研马列主义、毛泽东思想，坚持用马克思主义的理论、观点武装自己头脑的精神。雷锋同志的生命之火之所以燃烧得那样旺盛，一个重要的原因就是他善于不断学习，用加“油”点亮自己的生命之“灯”。

当前，深化、完善社会主义市场经济体制，许多政策的制定、实施，需要全国人民像雷锋那样“无限信任党”，与党同心同德。改革的进程不可能一帆风顺，需要全国各族人民以雷锋的高度主人翁责任感，主动为党分忧，为民解愁。社会主义市场经济体制健康运转的前提是政治稳定，而雷锋精神恰恰是实现与党中央保持一致的凝聚力量。

爱国主义是全国各族人民共同的精神支柱，是国家、民族自强不息的强大凝聚力和生命力的根本体现，是实现中华民族伟大复兴的动力，是中国特色社会主义伟大实践的智力支持。雷锋在爱国主义的指引下，把他的一切乃至生命都献给了党和国家。对待党和国家，他愿意在党和人民需要他时奉献出一切。对待人民群众，他坚持永远做群众的小学生，做人民的勤务员，以实际行动珍爱人民和尊敬人民。对待工作，他始终坚持以集体的利益为重，始终以部队的纪律严格要求自己。他对党的无限忠诚，对社会主义、共产主义的坚定信仰，表现了他对祖国和人民的无限热爱。雷锋在平凡工作岗位上的不平凡事迹又体现了他勤劳勇敢、自强不息的民族精神。

雷锋是热爱党和人民、热爱国家、热爱社会主义的典范。雷锋的忠诚精神，体现着社会主义核心价值体系的本质要求。雷锋强调，“每个共产党员和共青团员时时刻刻都要以马克思列宁主义、毛泽东思想来作为自己思想行动的指导”，这同社会主义核心价值体系关于要坚持马克

思主义为指导的要求是完全一致的。

（三）结合实际，发扬雷锋的“钉子”精神

建设社会主义核心价值体系必须发扬雷锋忠于职守与刻苦钻研精神，结合现今实际，更要发扬“钉子”精神。中华民族近百年的屈辱经历使一些人失去了民族自豪感，崇洋媚外，妄自菲薄。改革开放三十多年来我国经济社会发展取得的一系列成就，又可能使一些人盲目自大，心态失衡。在世界经济一体化趋势日益明显，中国不断加强经济、思想、文化等领域的对外开放过程中，这两种片面的心态都没有真正结合我国的具体国情，因此，要学习雷锋忠于职守与刻苦钻研精神，增强民族自信心和自豪感，树立正确的爱国主义信念和坚定的共产主义信仰，坚持走中国特色社会主义道路，在改革开放和社会主义现代化建设的伟大事业中发挥自身才能，实现人生价值。

可见，社会主义建设过程中面临的种种矛盾和问题需要我们弘扬雷锋精神，每个怀揣爱国热情的青年人都应该积极发扬雷锋的忠于职守与刻苦钻研精神，深入学习党的各项纲领和政策，坚持用马克思主义的理论、观点看待分析各种社会热点问题，提高自身的理论素质，积极探索中国特色社会主义事业的发展规律，担当起发展中国特色社会主义的重要任务，为继续推进改革开放和社会主义现代化建设事业贡献力量，为建设富强、民主、文明、和谐的社会主义现代化国家而奋斗。学习是一个艰苦的过程，必须要有“挤”和“钻”的刻苦钻研的“钉子”精神，用在理论和实践的不断创新上，刻苦钻研业务和技术，学好先进科学文化知识，苦练为人民服务的本领，自觉地提高自身的综合素质和创新能力，是雷锋精神所具有的优秀品质的突出写照。他所高度肯定的“钉子”的“挤劲”和“钻劲”以及“敢想敢做”、勇于“创造发明”的精神，同社会主义核心价值体系所提倡的时代精神，都是一致的。弘扬以改革创新为核心的伟大时代精神，更需要锐意进取、自强不息。有了这种精神，就能在工作中常为常新、在困难面前愈挫愈勇。

当今世界正处于大发展大变革大调整时期，知识创造、知识更新大大加快，加强学习比以往任何时候都更加重要。在新形势下，做人就要发扬“钉子”精神，把握时代特征、顺应时代潮流，积极树立重视学习、善于学习、终身学习的理念，争做学习型党员干部、学习型公民；下苦功、花大气力，切实掌握马克思主义基本原理，掌握中国特色社会主义理论体系，掌握党执政和社会主义现代化建设所需要的科学知识；加强主观世界改造，实现信仰与责任、价值与追求、认识与行动的统一；联系实际、学以致用，做好工作、促进发展，为党分忧、为国尽责、为民奉献。

第三节　建设社会主义核心价值体系必须加强雷锋精神的社会宣传力度

建设社会主义核心价值体系还必须加强雷锋精神的社会宣传力度。树立典型、塑造偶像，是推进社会主义核心价值体系建设中行之有效的方法。任何一种价值观念要深入人心，除了本身的魅力之外，还要有形象化的宣传和展示。社会发展需要典型来推动，时代发展需要典型来引领。伟大的事业需要伟大的精神，而伟大的精神则要通过典型人物、模范人物来集中体现。几十年来，党和国家历代领导人都一以贯之地高度评价雷锋精神，持续发出学习雷锋的号召；人民群众也一如既往地讲雷锋的故事，读雷锋的日记，看雷锋的电影，学雷锋的精神，做雷锋做的事。像雷锋那样做人做事，永远充满着吸引力；以实际行动践行雷锋精神，永远充满感染力。这充分表明，随着时代进步和社会发展，雷锋精神不但没有过时、没有褪色，而且不断与中华民族传统美德相承接、与时代进步潮流相契合、与党的先进本色相融会，越来越焕发出引领时代风气之先的独特魅力，成为全党全社会共有的宝贵精神财富。

一、加强雷锋精神的社会宣传力度有助于推动社会主义核心价值体系建设

加强雷锋精神的社会宣传力度，有助于推动社会主义核心价值体系

建设，其成效主要有以下几个方面：

（一）爱党、爱国、走社会主义道路的政治立场更加坚定

通过加强雷锋精神的社会宣传力度，人民群众爱党、爱国、走社会主义道路的政治立场更加坚定。爱党、爱国与爱社会主义是统一的。爱国主义是中华民族精神的核心，中华民族一直以来都有爱国主义的优良传统。无论是面对新疆、西藏的分裂势力还是面对香港、澳门的回归，全国人民都表现出了强烈的爱国主义情感，坚决拥护祖国统一，反对一切分裂国家的言论和行为。在社会主义建设中，全国人民也是表现出了极大的热情，积极拥护党的路线、方针、政策，一切以国家利益、人民利益为重，积极投身社会主义建设。“我是社会主义一块砖，哪里需要哪里搬”就形象地说明了广大人民群众为社会主义建设增砖添瓦的热情。首先。通过加强雷锋精神的社会宣传力度，使人民群众进一步认识社会主义，增强对执政的无产阶级政党中国共产党的信任，从而使全国人民团结一致、同舟共济共同度过社会主义建设的困难时期，这是加强雷锋精神的社会宣传力度的重要目的。其次，从加强雷锋精神的社会宣传力度的整个开展过程来看，加强雷锋精神的社会宣传力度的重要内容就是宣传并号召全国人民学习雷锋的全心全意为人民服务、一心为集体的共产主义信念和大公无私、为社会主义增产节约，支援社会主义建设的强烈的爱国主义情怀。再次，从加强雷锋精神的社会宣传力度开展的效果来看，通过宣传，人们普遍增强了对社会主义的信仰，增强了广大群众的社会主义国家主人翁的积极性和主动性，从而巩固了社会主义制度并推动了社会主义核心价值体系走向大众化的进程，雷锋精神宣传的深入人心，使得人民群众爱党、爱国、走社会主义道路的政治立场更加坚定。

（二）共产主义理想信念和全心全意为人民服务的思想深入人心

通过加强雷锋精神的社会宣传力度，共产主义理想信念和全心全意为人民服务的思想深入人心。共产主义理想不仅是共产党员的理想，也是全中国绝大多数人的理想。因为，全心全意为人民服务是我们党的唯一宗旨，这个宗旨就体现了群众致上、群众第一的思想。我们党始终是

代表最广大人民的根本利益，以人民的利益为重，一切从人民群众的利益出发，而没有自己的私利，一切依靠群众，一切为了群众这是我们党的出发点和归宿点，这也是我们党的诞生和发展壮大的力量源泉。

雷锋曾经在日记中写过："人的生命是有限的，可是，为人民服务是无限的，我要把有限的生命，投入到无限的为人民服务之中去……"他是这样想的，也是这样做的。在雷锋的有生之年，他总是把大家的困难当做自己的困难，热情帮助需要帮助的人。雷锋精神不仅渗透进人们的思想意识之中，而且对人们的行动也产生了深刻的影响。以孔繁森、徐洪刚为代表的先进模范人物成千上万，他们虽然来自不同的行业，但是他们却都用自己的实际行动践行着同样的价值观念，那就是全心全意为人民服务。

如果没有共产主义理想信念和全心全意为人民服务的精神作支撑，就不会有抗洪精神、抗非典精神、青藏铁路精神、航天精神，就不会有我国今天在社会主义政治、经济和科学文化方面取得的巨大成就。通过加强雷锋精神的社会宣传力度，共产主义理想信念和全心全意为人民服务的思想将会深入人心。

(三) 勤俭节约、艰苦奋斗的传统美德得到弘扬

通过加强雷锋精神的社会宣传力度，勤俭节约、艰苦奋斗的传统美德得到弘扬。《朱子家训》曾有："一粥一饭，当思来处不易；半丝半缕，恒念物力维艰。"陆游也曾经说过："天下之事，常成于勤俭而败于奢靡。"勤劳节俭、艰苦朴素是中华民族的传统美德，是我们推进事业发展的强大精神力量。党员干部必须弘扬勤俭节约、艰苦奋斗的优良传统。在学雷锋运动中，这一传统美德得到进一步弘扬。20 世纪 60 年代由于天灾人祸的原因，社会物资极度匮乏，生产资料不足、生活物品短缺。在这种情况下，增产节约成为社会风尚。节约本来就是中华民族优秀传统美德的重要组成部分，在这种社会环境下，它更加作为替国家节省资源支援社会主义建设的有效途径而备受全社会的推崇。

随着雷锋精神的社会宣传力度的加强，学雷锋运动深入人心活动的不断推进，越来越多的群众加入到节俭的队伍中来，于是，节俭之风在

全社会普遍盛行起来。在全中国，上自国家领导人，下至平民百姓，都厉行节俭。

烤羊肉串的“慈善家”，设立金额最小而分量最重的助学金——“阿里木助学金”的新疆汉子阿里木，曾牵着马沿着陡峭的斜坡，给山坳里的孩子送去新书包和文具；曾只身前往玉树地震灾区救灾；在毕节学院、贵州大学他设立了这些学校金额最小而分量最重的助学金“阿里木助学金”。一件15元的粗线毛衣，这个身材壮实的新疆汉子一穿就是4年多，在毕节生活的9年多时间里，他大约卖了30万串羊肉串，而挣来的钱大部分用于资助贫困学生上学了，资助金额达10万元以上。正是因为加强了雷锋精神的社会宣传力度，才会出现阿里木这样勤俭节约、艰苦奋斗、乐于助人的模范。

（四）爱一行钻一行的爱岗敬业态度普遍形成

通过加强雷锋精神的社会宣传力度，干一行爱一行钻一行的爱岗敬业态度普遍形成。爱岗敬业本来就是中华民族的传统美德之一，“在其位，谋其政”，“学而不厌，诲人不倦”等这些古语都是对爱岗敬业态度的精彩阐释。在加强雷锋精神的社会宣传力度，将学雷锋运动深入人心的活动中，雷锋的干一行爱一行钻一行的爱岗敬业品质成为大家学习的重要内容之一。不论在什么岗位上，大家都学习雷锋的“螺丝钉”精神，爱岗敬业，无私奉献，很多人在平凡的岗位上做出了不平凡的成绩。

仅有初中学历的工人孔祥瑞有着“蓝领专家”的美誉，他是当代学习雷锋忠于职守、刻苦钻研精神的杰出代表。他以“当代工人，只有有知识、有技能，才能有力量”为座右铭，坚持学习，坚持实践，坚持创新，他认为只要努力钻研、刻苦学习、勇于实践，工人同样有施展才华的空间。他常带着笔记本，上面密密麻麻记录着他发现的问题和解决问题的思路。为尽快掌握从国外引进的设备性能与操作技术，他每天把有关资料装在书包里，有空就背，背完再到设备前对比了解。功夫不负有心人。孔祥瑞对所在岗位的各项设备了如指掌，对操作技术参数烂熟于心，成为有名的“门机大王”和“排障能手”。他始终坚持在实践中学习，将工作岗位当成课堂，把生产实践作为教材，将设备故障当做课题，把身边怀有一技之长的工友视为老师，努力攻克了一个又一个技术难关，赢得了“蓝领专家”的美誉。2001 年，他主持创新“门机主令器星形操作法”，使门机每一次作业可节省时间 15.8 秒，当年创效 1600 万元；2003 年，他主持的“门座式起重机中心集电器”技改项目，被授予国家级实用型发明专利。他先后主持开展技术革新项目 150 多个，获多项国家专利，为企业创效近 9600 万元，成为人人敬佩的“知识型产业工人”。

“新时期当之无愧的活雷锋”高玉宝，仅上过一个月的学，却先后写出了总计 200 多万字的几部长篇小说。短篇小说《我要读书》和《半夜鸡叫》曾被选入小学语文课本；《半夜鸡叫》被拍成木偶电影，1995 年被选入《共和国文学作品经典丛书》。长篇小说《高玉宝》在国内用 7 种民族文字出版，并被 10 多个国家和地区用 15 种外文翻译出版，仅汉文出版的就达 450 多万册，并被改编为 24 种连环画。被周恩来总理称为“战士作家”。正是因为雷锋忠于职守、刻苦钻研的“钉子”精神的深入人心，才会有一个个像孔祥瑞、高玉宝一样的人物前赴后继地出现，像钉子般地积极进取，创先争优，走在了时代前列。

（五）助人为乐、团结友爱的社会风气得到提升

通过加强雷锋精神的社会宣传力度，助人为乐、团结友爱的社会风气得到提升。雷锋做过很多的好人好事，他的热情和无私使得很多受过他帮助的人都能感觉到人间真情的存在。他把春天般的温暖给予同志，给予需要帮助的人。

雷锋做过的很多不留名的好事都通过他的日记被广大群众所了解，这不仅深化了群众对雷锋的认识与了解，还激起了群众向雷锋学习，做好事回报他人回报社会的热情。社会上涌现出像杨善洲、阿里木、吴菊萍、丛飞、李明素等一批又一批助人为乐的模范人物。随着越来越多的人加入到学习雷锋做好事的队伍中来，全社会开始形成一种助人为乐、团结友爱的社会风气。人与人之间形成一种和谐而融洽的关系，真正体现了社会主义大家庭的人情与温暖。所以，从这个方面来看，加强雷锋

精神的社会宣传力度，不仅有利于改善社会关系，还有利于社会主义制度的巩固。

二、加强雷锋精神的社会宣传力度，需要全社会上下多方位共同努力

随着世界多极化、经济全球化发展和全球思想文化交流交融交锋的不断增强，意识形态领域的情况更为复杂，伴随着我国经济体制深刻变革、社会结构深刻变动、利益格局深刻调整，人们的思想观念深刻变化，社会意识日益多样化。在这样的情况下，加强雷锋精神的社会宣传力度，推进社会主义核心价值体系建设，需要全社会上下多方位共同努力。

（一）加强雷锋精神的社会宣传力度，推进社会主义核心价值体系建设，需要社会认同

要让人们认同雷锋精神，崇敬道德楷模，让雷锋等道德榜样的形象和精神在全社会产生积极广泛的影响，这个社会首先得有赞扬、崇尚道德榜样的舆论风气环境。如果这个社会的舆论环境让人们感到“做好人难”，做了善事往往还受到各种质疑和讥讽的“围观”，一般普通人怎么会再积极踊跃学雷锋做好事？所以说，道德的舆论环境在弘扬雷锋精神社会行为中扮演着重要角色。今天我们想要切实弘扬和践行雷锋精神，就必须在整个社会舆论的扬荣贬耻氛围上下工夫。我们进行社会主义核心价值观建设，树立“道德楷模”，宣传“身边的好人”，都是在营造社会舆论环境。社会心理学中的“社会认同原理”告诉我们：人们通常会根据他人行动的特征取向来决定自己应该怎样办，就是人们常说的“从众效应”或“行为模仿”。不管意识到没有，社会中总会有相当多的从众行为，人们往往会参考周围人的行为来决定自己应做些什么，事实上我们的行为自觉不自觉地常常接受着他人行为的暗示和影响。因此，我们应该让社会更多些关爱和礼让氛围，让更多的好人好事“影响”更多人的行为选择。大力宣传雷锋精神，让雷锋精神“穿越”时代回到我们今天的社会吧，让它扎根在我们这个时代。

雷锋精神体现的不是一个人的精神，在雷锋精神中，集蕴着可贵的中国精神。公众媒体和公共机构要更多地宣传社会道德楷模，赞扬身边的好人，让好人感动中国，感动我们。感动本身就是道德培育的一种有效方式。感动不是说教而是默默地打动你，人在被打动的同时，主体性也就被诉诸出来了。现在道德教育的一个最大问题就是没有把对象当做主体，如此教育效果必然不佳。社会去发现感动、传递感动，在心灵和情感之间进行社会传播，将非常有助于在社会中营造起道德、阳光、积极向上的社会风尚。因此，“感动”正是道德良知和社会风气的储备，“被高尚感动的人，将与高尚同行”。虽不能期望人人都成为道德楷模，但社会必须歌颂高尚，引导人们向善而行——“虽不能至，心向往之”。人心向善，认同并影响，社会道德才能蔚然成风。

（二）加强雷锋精神的社会宣传力度，推进社会主义核心价值体系建设，需要公众媒体聚焦放大良性事件

在信息化时代，媒体因其公共话语权和特有的社会影响力，在社会舆论营造中、在对社会公众的影响中，其功能和责任都首当其冲。按照美国媒体文化研究者波兹曼的说法，“公共媒体的意义和能量，有时候超出了人们的想象”，信息时代“人们已经被媒体控制”。如何理性规导社会舆论之场，如何减少恶性事件渲染引起的负面影响对公众心灵的“二次损害”，都是媒体应认真思考和践行的问题。目前社会舆论一方面是高扬主旋律文化，雷锋精神也一直在主旋律中飘扬；但另一方面不利于道德健康生长的消极舆论氛围也在一些领域不同程度地存在。在社会弘扬道德和雷锋精神的同时，质疑雷锋精神、嘲笑或排斥道德的声音不绝于耳。“小悦悦事件”中陈阿婆的行为表现了广大百姓身上的道德良知本能，也受到一些人声称“想出名”的质疑。事实上对许多慈善、良知行为以及雷锋精神的无意或恶意的质疑，已成为我们社会舆论中的一种明显的声音。

这些声音经过一些媒体的聚焦放大，客观上对社会舆论起了一种不利于雷锋精神以及道德普及的负面作用。许多人不是不愿学雷锋做好事，但做了好事反被嘲笑或质疑的后果，让他们对选择行为心存疑虑。

此外，种种质疑还会引发公众对道德良知的更多“不信”。专家曾断言：“恶性事件过多渲染易加剧公众恶劣感受”，也有网民曾留言建议，“加强网络舆论监督，不要让那些为了提高关注度而丧失道德标准的文章在社会上任意漫延”。在这个意义上，负有独特道德舆论责任的公众媒体要“看透”纷乱社会现象后的本质，能把握局部、角落和全局、主流的区别，理性掌握舆论宣传的效果分寸，在积极的、阳光的社会舆论营造中发挥广大作为。从目前看，各媒体在社会扬荣贬耻的力度、权重还要有所加大，尤其是新型媒体，必须改变“收视率”、“点击率”为主导的市场化取向，清楚社会价值文化产品和其他产品不同，如何定位“文化事业”和“文化产业”的性质和分寸，都应从长计议，而公共媒体在雷锋精神的弘扬和社会践行中，在社会价值文化建设中，任重而道远。

（三）加强雷锋精神的社会宣传力度，推进社会主义核心价值体系建设，需要加强扬善抑恶的“刚性”规导

加强雷锋精神的社会宣传力度，建立一个人心向善的道德的社会，不仅要靠教育、宣传和文化影响，还要靠法律和制度的刚性规导。扬善同时也必须抑恶，仅靠道德本身的力量，还无法从根本上杜绝道德缺失和良知淡化问题的发生。相对来说，西方许多国家的良好社会秩序和道德风气是建立在法规、制度及社会管理基础上的。反思起来，中国传统文化资源一定程度上是把社会道德寄于“人性本善”的期望上。西方传统文化较多强调“人性恶”，注重诉诸法规强制管制的力量。比如对于见死不救和见义勇为，许多国家都有具体法律用于相关规制。《法国刑法典》有“怠于给予救助罪”，美国有《救援责任法》和《善行法案》，加拿大有《见义勇为法》。其他如新加坡、德国、意大利、瑞典等国法律中，都有关于救助危难的责任规定。在美国、加拿大等一些西方国家，还有《好撒马利亚人法》，是给救助者免除责任的法律，目的在于防止见义勇为者因被救者出现意外而担责，使人做好事无后顾之忧。当社会制度安排不能有效维护道德取向时，当学习雷锋做好事变成一件有可能被讥讽、质疑的事时，当救人风险成本太高时，“道德冷

漠”和不道德现象就会普遍出现。社会法制管理一定要有利于社会中的扬善抑恶，之前社会中出现“彭宇案”，法律判定后经过一些媒体的渲染，让当事人做好事寒心之余，也“教育”更多人对于扶老人等救助行为的“后怕”。小悦悦事件引发的社会讨论中，问题之一就是对于“立法”的制度呼唤。如果一个社会让救助者或学习雷锋的奉献者吃亏，导致德行与幸福的二律背反，同时做缺德事得不到社会的抑恶责罚，久之在社会道德生活中就一定会形成一种“劣币驱逐良币”的恶性循环状态。

我们今天对人们的普遍道德期待，一方面可以建立在学习道德榜样和良知自律的内在引导上，但同时另一方面也一定要诉诸社会法律和机制的外在规导。如果我们的社会一方面弘扬雷锋精神，宣传“道德楷模”和“身边的好人”；另一方面又有社会法律制度的刚性制止，使好人做好事不再有其他负重之忧，那么社会中的坏人坏事一定会越来越少，而向雷锋学习的好人好事将会越来越多。

（四）加强雷锋精神的社会宣传力度，推进社会主义核心价值体系建设，需要提升每个人的道德责任和影响力

无论如何，一个有精神、有希望的社会是应该崇尚美德、向往真善美的，一个真正的人应该具有道德良知，期望做一个“好人”。应该像雷锋那样，从自我做起，从身边的小事和平常事做起，有一分光就发出一分热。在雷锋精神中，我们领悟到了古人所说的“勿以善小而不为，勿以恶小而为之”的哲理。此外，不要因为社会中还存在着无良之人和缺德现象，就放弃自己的道德取向和道德责任，只有人人都从自我做起，不去归因他人的责任、群体的责任，社会才不会受“恶”的侵蚀和破坏。如果每个人都注意并发挥了自我的道德影响力——事实上道德总会这样那样地感动、感染他人和社会的，每个人都发挥一点好人好事的积极影响力，每个人都献出一点爱，这个世界就一定会变得更加美好。

（五）加强雷锋精神的社会宣传力度，推进社会主义核心价值体系建设，需要我们丰富与扩展雷锋的思想特质

雷锋精神可能带有个体风格，但我们向雷锋学习，不是要求简单模

仿他的事迹举动，不是纠结于他的行为细节，更不要把学习雷锋精神作形式化甚至庸俗化的理解，而是要学习雷锋精神中蕴含的美德和品质，或者说，像雷锋那样，有一颗崇尚真善美的心灵取向。中国古人所说的"虽不能至，心向往之"，就包含了对人所应有的向善精神取向的肯定。古人还说：知之者不如好之者，好之者不如乐之者（孔子语）。仅有道德认知不够，还得"好之"，有"偏好"（康德语）；最好是"乐之"，到乐之——则达知情意统一境界了。没有情感取向，人就可能知而不行。社会应该存在道德理想的期望和真善美取向的激励，但"一个人能力有大小，但只要有这点神，就是一个高尚的人，一个纯粹的人，一个脱离了低级趣味的人"（毛泽东语）。

雷锋精神以雷锋的名字命名，但雷锋精神体现的是中华民族传统美德与时代精神，是社会主义核心价值原则和价值取向，彰显着由为人民服务、勤俭奋斗、爱岗敬业、爱心奉献、快乐向上、积极进取等精神凝聚而成的社会品质。这些精神品质抽象出来就是中国社会主义核心价值体系的内容，而这些社会主义核心价值中的美德内容，又应该落实在千千万万个社会个体身上，在当今中国社会涌现出的无数个郭明义式的"道德楷模"、"身边的好人"身上，在千千万万个志愿者身上，我们都能看到雷锋的影子。

三、加强雷锋精神的社会宣传力度，对社会主义核心价值体系建设的启示

党的十八大报告对社会主义核心价值体系建设提出了新部署新要求，强调"要深入开展社会主义核心价值体系学习教育，用社会主义核心价值体系引领社会思潮、凝聚社会共识"，"倡导富强、民主、文明、和谐，倡导自由、平等、公正、法治，倡导爱国、敬业、诚信、友善，积极培育社会主义核心价值观"，"社会主义核心价值体系是兴国之魂。"

今天，前人期待了百年的现代化之梦正在实现，对精神家园、共同理想的呼唤更加强烈。简短的"三个倡导"如同一面旗帜，鲜明亮出

了国家和民族的“精气神”。有理由相信，在这样的价值观引领下，必将凝聚起最广泛的社会力量，实现国家和民族的伟大复兴。

那么在当前如何通过加强雷锋精神的宣传力度，有效推进社会主义核心价值体系建设呢？在全国范围内开展学雷锋运动，是一个很好的方法。

（一）榜样示范是加强雷锋精神的社会宣传力度，推进社会主义核心价值体系建设的有效方式

学雷锋运动就是典型的以榜样示范作用推进社会主义核心价值体系建设的例子。雷锋作为践行社会主义核心价值观念的榜样人物被发现以后，首先是在雷锋所在部队被树为典型并进行广泛宣传，要求广大官兵学习雷锋勤俭节约、艰苦朴素的作风。之后，随着雷锋影响的逐渐扩大，开始在全国范围内宣传雷锋，要求广大人民群众向雷锋学习，学习雷锋爱党、爱社会主义的坚定政治立场，大公无私的无产阶级情感、全心全意为人民服务的思想及勤勉敬业的“螺丝钉”精神。之后，随着雷锋精神的社会宣传力度和学雷锋运动的逐步开展，一些在学雷锋运动中表现突出的个人被树立为典型人物，也成为学习榜样。

学雷锋运动的成功开展启示我们，在社会主义核心价值体系建设过程中，发挥榜样的模范示范作用是非常重要的。所以，在我们当前的社会主义核心价值体系建设中，也应该善于发现榜样，树立典型。

（二）学习与践行紧密结合是加强雷锋精神的社会宣传力度，推进社会主义核心价值体系建设的重要途径

社会主义核心价值观念对于普通民众来说是个比较抽象的概念，到底什么是社会主义核心价值观念，其原则、要求是什么，这是比较模糊的概念。然而，雷锋这个典型的树立，却使得社会主义核心价值观念由意识形态走向了实践，从雷锋身上人们可以很容易地看出社会主义核心价值观念所要求和倡导的东西是什么。这个学习雷锋的过程也正是人民群众认识、了解社会主义核心价值观念的过程。雷锋作为践行社会主义核心价值观念的榜样人物被宣传、被授予各种荣誉称号，这也使得人民群众认识到这是受到社会认可与奖励的，于是就更加增强了社会主义核

心价值观念对人民群众的吸引力和影响力。在这种影响下，人民群众就会有意地去学习、模仿雷锋，例如，在不同的行业都进行学雷锋评比活动，评选出行业内思想先进、业务精通的优秀个人；通过这种活动激发了广大群众向雷锋同志学习，争优秀评先进的热情，力争在自己的本职工作中作出优异成绩，积极为社会主义建设贡献力量，这是社会主义社会所倡导的；比如，学校经常在少先队员中评选雷锋式好少年，这种评选活动以荣誉刺激的方式使得学生们懂得向雷锋叔叔学习，助人为乐、热爱集体是值得赞扬的行为，这比单纯的道德说教生动形象。同时，也可以使学生把课堂上学到的社会主义道德价值观念应用到日常的行为实践中，这对学生的道德养成教育来说具有重要意义，此外，学生们是社会主义事业的接班人，对他们从小进行社会主义道德教育对社会主义核心价值观念在社会的普及与巩固具有重要作用。这些活动的开展推动了学雷锋运动的发展。

通过这些学雷锋的活动，使得雷锋由一个变多个，社会上多了很多雷锋式人物，这对社会主义核心价值观念的成功普及与实践起了举足轻重的作用。这些学习活动使社会主义核心价值观念在潜移默化中内化成为一种行为规则。在这种自觉的行为实践中，又加深了人民群众对社会主义核心价值观念的认识与理解。

社会主义核心价值体系建设就是通过各种途径使得社会主义核心价值体系所倡导的基本原则被人民群众从思想上认识并接受然后付诸行动，在实践中落实的过程。所以，在社会主义核心价值体系建设的过程中，学习与实践必须紧密结合。要想使雷锋精神深入人们的思想，使人们在思想中牢固树立起社会主义核心价值体系，就要把通过学习建立起来的有关社会主义核心价值体系的思想和原则落实到具体行动中，从而使社会主义核心价值体系实现由思想认识到行为习惯的转变。

（三）充分调动和运用各种媒体是加强雷锋精神的社会宣传力度，推进社会主义核心价值体系建设的重要手段

社会主义核心价值体系建设需要在社会广大群众中的传播，所以，应当充分重视大众媒体在社会主义核心价值体系宣传中的作用。媒体是

信息传播的中介，大众媒体在信息传播中具有速度快、跨地域广等优点。在学雷锋运动中，新闻媒体对雷锋的宣传起了重要的作用。这些新闻媒体主要包括报纸杂志、电视、广播、电影、网络等。这些媒体的宣传对于学雷锋运动的促进作用是不可小觑的。它一方面扩大了雷锋的影响，使得雷锋走出一个地区，被更多的人所认识，这是单纯的人们口口相传所不能达到的效果；另一方面，它在介绍宣传雷锋的同时会有侧重、有选择地选择有关雷锋的不同侧面进行报道，这就为通过雷锋这个典型宣传社会主义核心价值观念提供了便利。

学雷锋运动的成功开展提醒我们，在社会主义核心价值体系的传播过程中应该充分调动各种媒体，为社会主义核心价值体系建设服务。随着社会的不断发展和技术的不断进步，新的传播媒体不断出现，使得信息传播途径更加多样化，也更加方便。当前，网络作为一种新的传播媒体在信息传播的过程中发挥着愈来愈重要的作用。因此，在社会主义核心价值体系建设中应该在调动报刊、电视等各种传统大众媒体的同时，更加充分重视网络在推进社会主义核心价值体系建设中的作用。因为网络具有参与主体广泛而复杂，信息量大且真伪并存的特点，所以，在利用网络进行社会主义核心价值体系建设时，有关部门应该做好监管工作，为社会主义核心价值体系建设提供好的信息环境。

（四）以全民动员为特征的群众性运动是加强雷锋精神的社会宣传力度，推进社会主义核心价值体系建设的重要形式

学雷锋运动是一场以全民动员为特征的群众性运动。从学雷锋运动开展的目的来看，学雷锋运动是在20世纪六七十年代，为了实现全国人民在政治上的团结一致和提高经济上的干劲而组织发动起来的一场运动；从其参加的主体来看，可以说学雷锋运动是一场广泛发动社会各阶层参与的一场运动。工人、农民、学生、官兵都被发动并参与到运动中来。从学雷锋运动的宣传内容来看，学习的主要是社会主义社会政治原则和道德观念以及中国传统文化的优秀成分。从学雷锋运动的效果来看，通过这场运动的开展，社会主义价值原则得到认可，中国优秀传统道德和文化也得到弘扬，极大地促进了社会主义核心价值观念的宣传和

普及。

通过学雷锋运动在社会主义核心价值体系建设上取得的明显成效可以看出，以全民动员为特征的群众性运动对促进社会主义核心价值体系建设具有重要作用，是推进社会主义核心价值体系建设的重要形式。

群众性运动是以实现群众的利益为目的的。这就为运动的开展指明了方向，运动是保护人民利益的，因此能够得到群众的拥护和支持。只有维护人民利益的运动才是具有生命力的，所以，以群众运动的方式推进社会主义核心价值体系建设就为社会主义核心价值体系建设最大限度地掌握群众，拥有更多的受众奠定了群众基础。群众性运动具有一定的规模和声势，所以，通过群众性运动的方式进行社会主义核心价值体系建设就可以提高社会主义核心价值体系在全社会的影响力，营造一种热烈的学习氛围，对全社会的广大群众形成一种强大的向心力，从而取得规模效益。群众性运动具有持续性，因此，有效地利用群众性运动的方式能够为社会主义核心价值体系建设较长时间地持续进行提供有效的保证。社会主义核心价值体系建设是一个长期的过程，只有持续进行才能对群众的思想形成一种潜移默化的影响，才能具有比较好的效果。

雷锋精神是推进社会主义核心价值体系建设的重要切入点，而推进社会主义核心价值体系建设的有效路径之一便是弘扬雷锋精神。这两者在本质上一脉相承，具有高度的一致性，我们需要也相信，雷锋的事迹和精神依然会有持久的生命力、感召力与推动力，会在我们国家的未来社会主义核心价值体系建设中发挥核心和引领的功能。

第四节　探索学雷锋活动常态化机制推动社会主义核心价值体系建设

党的十八大要求：深化群众性精神文明创建活动，广泛开展志愿服务，推动学雷锋活动、学习宣传道德模范常态化。但是，实际情况是，“雷锋叔叔没户口，三月里来四月走”，这句流行语反映了人民群众对学雷锋活动临时化、形式化的不满。之所以出现这一现象，主要是以前没有从经常化、长效化的高度来规划和部署学雷锋活动。如何理解学雷锋活动常态化？为何要推动学习活动常态化？怎样推动学习活动常态化？我们就这些问题进行探讨，旨在对加强雷锋精神的社会宣传力度，探索推动学雷锋活动常态化有所帮助。

一、建设社会主义核心价值体系推动学雷锋活动常态化的必然性

按百度百科词条的解释，常态是指正常的状态，常态化就是指趋向正常的状态，或是使某事物更趋近于合情合理的状态。依此理解，“学雷锋活动常态化”一方面是指学雷锋活动要经常化、长期化和长效化，另一方面也是指学雷锋活动要平常化、日常化和生活化。这也就是说，要把学雷锋融入人民群众的日常工作、学习和生活中，使学雷锋变成一种行为习惯和生活常态，经常不断地和深入持久地开展下去，引导人们自觉传承中华民族传统美德、努力践行社会主义道德规范。

半个世纪以来，雷锋形象始终留存于人们心底，人们从未遗忘雷锋这位家喻户晓、全心全意为人民服务的道德楷模。在当代中国，雷锋仍是一个闪亮的道德符号，他身上所体现出的爱党爱国、助人为乐、敬业奉献、锐意创新、忠于职守、刻苦钻研、艰苦奋斗的崇高精神和高尚品格，继承了中华民族的传统美德，体现着社会主义道德的本质要求和现代社会对公民素质的基本要求，具有跨时代的普遍意义。所以，在当前深入开展学雷锋活动、推动学习活动常态化，不仅合乎时宜，而且也有其客观必然性。

（一）学雷锋活动常态化是解决当前道德建设所面临问题的迫切需要

近年来，我国人民群众的道德状况总体是健康的，但也存在局部领域道德失范的严重问题。例如，幼童被汽车碾压，过往行人“见死不救”；老人摔倒路上，因怕惹祸上身而没人敢扶；个别商贩唯利是图，制假售假，坑蒙拐骗消费者等等。这说明当今社会部分成员丢失了爱心、责任心、助人为乐和诚实守信的良好品德，也说明了当经济飞速发

展、物质不断丰富的时候，更需要提升我们的“灵魂世界”。

如何解决“小悦悦事件”、“扶老难题”、“地沟油”、“毒胶囊”等道德困扰的问题？如何凝聚社会共识、激发道德力量？在道德践行日益成为普遍社会自觉的今天，有识之士纷纷从雷锋精神中寻找可以挖掘的道德资源。这是因为对全国人民来说，雷锋是中国的一座精神丰碑，哺育和激励了一代又一代人成长。所以，在加强道德建设、培育良好风尚的社会期许中，雷锋的名字再次成为时代的呼唤。置身利益分化、价值多元的当代社会，人们越来越意识到学习和弘扬雷锋精神的社会意义。当前我国局部领域道德失范成因复杂，影响广泛，不可能在短期内化解，需要我们耐心地打“持久战”。对全国人民来说，雷锋并不陌生，他是人人可学习、人人能效仿的道德楷模。通过推动学雷锋活动常态化，可以激扬人们心中蕴藏的美好思想品德，激发人们参与思想道德建设的热情，自觉地从我做起，从身边事做起，进而逐渐在全社会形成共同的道德理想和价值遵循。

（二）学雷锋活动常态化是构建社会主义核心价值体系的实际举措和有效载体

建设社会主义核心价值体系是一项长期的战略任务。推进社会主义核心价值体系建设，必须坚持重在建设、贵在践行的原则。雷锋是实践社会主义、共产主义道德的楷模，雷锋精神是党和人民极为宝贵的精神财富，是以爱国主义为核心的民族精神和以改革开放为核心的时代精神的重要组成部分，是建设社会主义核心价值体系的丰厚精神资源。在努力构建社会主义核心价值体系的今天，我们不仅要把雷锋精神作为社会主义核心价值体系的重要内容和有机组成部分，而且要通过推动学雷锋活动常态化，使其成为社会主义核心价值体系建设不断向广度和深度发展的重要途径和有效载体，在深入推进公民道德建设和社会主义精神文明建设方面发挥其应有的作用，引导人们做民族传统美德、良好社会风尚的传承者、实践者和创造者。

（三）学雷锋活动常态化是保证经济社会顺利发展的重要动力

改革开放以来，我国经济社会发展取得了巨大成就，极大振奋了中华民族的民族精神，但一些不利于改革发展的深层次矛盾和和社会问题也日益凸显。如在市场经济的大背景下，一些社会成员的人生观、价值观扭曲，个人意识被推向极端，对他人漠不关心，造成人与人之间的冷漠与疏离；一些社会成员越来越关注自身的利益得失，造假欺诈、见利忘义、损人利己、以权谋私等丑恶现象屡有发生。所有这些都让道德领域呈现复杂图景，让人们面临艰难选择，极不利于改革开放和社会主义市场经济的发展。

有效地解决和预防这些问题，固然需要制度的改进、法治的昌明，同样也需要道德诚信的社会环境。雷锋乐于助人，勇于承担责任，恪守“自己活着，就是为了使别人生活得更美好”的格言，并言行一致，表里如一。雷锋精神无疑是匡正当前道德失范、诚信缺失现象的一剂良药，在人类迈向现代化的变迁和观念碰撞中，雷锋精神所焕发出的人类良知的恒久魅力正在为越来越多的世人所向往、所仰慕，当然也是今天我国建设社会主义市场经济所必须倡导和坚持的。在我国这些年的经济快速增长中，人们已逐渐意识到仅有物质的丰富和欲望的满足，社会就不可能良性发展。所以，推动学雷锋活动常态化，大力弘扬雷锋精神，为人们提供判断是非、善恶、美丑的基本准则，有助于人们处理好个人与他人、个人与社会的竞争与合作关系，从而有力地推动我国改革开放和社会主义市场经济的健康发展。

二、建设社会主义核心价值体系要积极探索学雷锋活动常态化保障机制

弘扬雷锋精神是一项长期工程，必须强化教育引导，增进社会共识，创新方式方法，健全制度保障，要在引领、认知、践行上下工夫，深入开展学雷锋活动，采取多种措施推动宣传教育学习实践活动常态化，做到实事求是、扎扎实实、讲求实效。

（一）完善组织领导机制是推动学雷锋活动常态化的组织保证

深入持久地开展学雷锋活动，关键在于组织领导。要充分认识新形势下开展学雷锋活动的重要意义，切实加强统筹协调，把学雷锋活动摆

上重要日程，周密安排部署，精心组织实施，确保取得实实在在的效果。学雷锋活动的组织领导机制是长效机制中的指挥、控制系统，通过决策、计划、指导与协调，实施对学雷锋活动的科学合理管理。这是推动学雷锋活动常态化的组织保证。建立各级精神文明建设委员会统一领导、党委宣传部门牵头，且每年要总结推广一批学雷锋活动的先进典型和先进经验。形成有关部门各负其责，各级工会、妇联、共青团等群众组织积极配合、各方面广泛参与的组织领导机制。

在具体落实推动学雷锋活动常态化工作中，应做到以下几点：

1. 强化领导，精心组织。要充分认识学习雷锋精神的重要意义，精心组织开展学习雷锋活动，有计划、早部署，要以求真务实的精神，安排好活动，组织动员人民群众积极参与学习雷锋活动。

2. 围绕主题，突出重点。要紧密结合实际工作，有步骤、分层次地推进，要在组织开展好活动的同时，引导人民群众以雷锋为榜样，立足岗位，创造一流业绩，为社会主义事业发展作出新的贡献。

3. 挖掘典型，做好总结。要注意发现、总结活动开展过程中涌现出的典型事例、先进人物、好的经验和做法，注意收集整理活动开展的图片、视频及文字资料，做好活动总结，积累经验，推动学雷锋活动常态化的开展。

（二）建立健全宣传机制，营造学雷锋活动常态化的良好氛围

“宣传”就好比是播种机播下的种子。只有土地里有了种子，然后才能够发芽生长，也即是只有先播下雷锋精神这颗种子，雷锋精神才能被继承和发扬。

1. 要把学雷锋活动进一步引向深入，就必须强化舆论引导机制。要紧紧围绕“学雷锋，树新风”的主题，充分发挥报纸、杂志、电影、电视、广播、网络、宣传橱窗、板报等大众媒体的宣传鼓动和舆论导向功能，要高度重视学雷锋活动的宣传报道，精心制定新闻宣传方案，建立长效机制，拿出报纸期刊重要版面和广播电视重要时段，通过新闻报道、言论评论、嘉宾访谈、专题节目、公益广告等多种形式，大力宣传党中央关于开展学雷锋活动的安排部署和总体要求，广泛报道各地区各

部门开展学雷锋活动的进展情况和经验做法。要着力办好思想道德建设的栏目和节目，加大思想道德建设正面宣传力度，唱响道德建设主旋律。要大力宣传道德模范的感人事迹，充分发挥道德模范在学雷锋活动中的引领示范作用，在全社会形成崇尚先进模范、学习先进模范、关爱先进模范的良好风气和践行雷锋精神、争当先进模范的生动局面。另外，还要注重用先进手段传播先进思想，充分发挥互联网等新兴媒体的优势，充分运用博客、微博等新兴传播形式和动漫、手机短片等新兴文化样式，开展富有时代特色的学雷锋活动，扩大活动的覆盖面和影响力。要认真办好雷锋精神网站，开设雷锋精神网上展馆，丰富网上内容，增强对网民的吸引力，使雷锋精神网站成为传播雷锋精神的重要平台。要坚持从实际出发，有针对性地开展工作，力戒形式主义和表面文章，防止走过场、“一阵风”。

2. 要把学雷锋活动进一步引向深入，必须树立一批体现时代精神的学雷锋先进典型。从榜样的感召力来看，人们身边涌现的学雷锋典型对人们更有吸引力、教育意义也更大。所以，在现实中要将学雷锋与学英模相结合，树立一批体现时代精神的学雷锋先进典型，不断展示雷锋精神的时代风采，丰富和深化学雷锋活动的时代内涵，让广大群众学有榜样、赶有目标、见贤思齐，这样才能使雷锋精神得到更好的传承和发扬，也才能使学雷锋活动常学常新、与时俱进。

通过宣传新时代涌现出来的雷锋式的道德模范人物，营造学习先进、弘扬正气、健康向上、催人奋进的舆论氛围，引领社会新风尚。强化舆论引导机制，要坚持贴近群众，贴近生活，贴近实际，让人们感到树立的先进典型的确是可敬可亲可学的时代榜样，正因为雷锋精神的生命力是依靠一个个具有鲜明时代特征的先进典型来延续的，所以，我们要推动学雷锋活动常态化，就要结合时代特点、地区（行业）实际，注重挖掘不同领域、不同类型的学雷锋典型，通过组织发动、媒体发现、社会推荐等方式，不断推出雷锋式的先进人物，并通过报告会、宣讲会、座谈会和图片展等形式，在人民群众中广泛宣传、介绍他们的感人事迹。实践表明，一个社会之所以要不断推出新的学习榜样，其目的在于发挥先进人物的示范效应，表明这个社会的价值导向，而将学雷锋与学身边先进典型结合起来，可以更好地发挥道德榜样的引领和带动作用。广大群众通过身边这些可信可学的好人的所作所为，认识到了只要足够努力，人人都能学好雷锋，这对于促使模范人物的先进事迹转化为大家的共同行动，推动学雷锋活动的大众化、日常化和长期化是有极大促进作用的。

（三）建设社会主义核心价值体系，扎实推进形式多样的雷锋精神宣传实践活动

1. 深化雷锋精神学习教育活动。要大力开展雷锋光辉事迹的宣传教育，让人们广泛了解雷锋的成长经历和感人事迹，从中感受雷锋的高尚品格、崇高境界和人格魅力。要大力开展雷锋精神基本内涵的学习教育，着力阐发雷锋爱党爱国、助人为乐、敬业奉献、锐意创新、艰苦奋斗的崇高精神和高尚品格，在全社会形成崇尚雷锋精神的良好氛围。使人们更深入、更全面、更准确地把握雷锋精神的实质，逐步将雷锋精神转化为个人的内在精神追求，增强人们的社会责任感和奉献社会的自觉性。

2. 要广泛开展形式多样的社会宣传活动，举办公民道德论坛、道德建设网上谈、道德宣传日等活动，编辑出版关于雷锋精神的图书，制作播出雷锋事迹专题片，广泛运用展览展示、座谈报告、征文演讲等方式，推动雷锋事迹和雷锋精神深入人心、植根于群众。要积极创作更多富有时代气息、符合人们审美情趣的优秀文艺作品，生动形象地表现雷锋精神的深刻内涵和时代价值。要大力开展学习“当代雷锋”郭明义同志活动，积极发现和培育先进典型，精心组织道德模范评选表彰，用不断涌现的先进典型展示雷锋精神的时代风采，让人们从中感受崇高、汲取力量、提升境界。

另外，建设社会主义核心价值体系，扎实推进形式多样的学雷锋实践活动，要立足新的实际，精心打造有特色有影响的学雷锋活动平台和品牌，在企业积极开展“岗位学雷锋、争做好员工”活动；在社区积极开展“学习雷锋、奉献爱心”服务活动；在农村积极开展“学习雷

锋精神、建设文明乡风”活动；在军营积极开展“做雷锋式好战士”活动；在服务行业、窗口单位和公共场所广泛开展“学雷锋、树新风”活动；引导人们立足岗位做好本职工作，创造一流业绩。要拓展学雷锋活动的覆盖面，采取更加有效的措施，把学雷锋活动延伸到基层单位，深入到工人、农民、学生、知识分子、军人、干部之中，覆盖离退休人员等群体，使活动深入各行各业、深入千家万户。要把统一组织活动与群众自发开展活动结合起来，把集中活动与日常工作结合起来，形成人人热情参与学雷锋活动、人人自觉践行雷锋精神的生动局面。

三、健全教育和激励机制，全面推动学雷锋活动常态化

要激发人们学雷锋的主动性与积极性，要把学雷锋活动纳入现代国民教育体系，纳入各级党校、行政学院和大中小学教育范畴，使学习雷锋精神成为学校德育的重要组成部分，成为党员干部教育培训的重要内容。要把学雷锋活动与青年志愿者活动、高校研究课题、群众自我教育活动相结合。

（一）用雷锋精神推进社会主义核心价值体系建设，要把学雷锋活动融入国民教育

用雷锋精神推进社会主义核心价值体系建设，让雷锋精神内化为每个人心中的道德律令，离不开持久而有效的养成教育。学校是教育人、培养人的最重要的场所，青少年是祖国的未来、民族的希望，也是开展学雷锋活动的重要群体。深入开展学雷锋活动，有利于净化青少年成长环境、有助于促进青少年健康成长。因此，推动学雷锋活动常态化，学校教育肩负着重要使命。在大中小学生中广泛开展学雷锋活动，第一，必须把弘扬雷锋精神作为加强思想道德教育、推动社会文明进步的一项重要任务融入国民教育全过程，把雷锋精神作为德育课程的重要内容，借助和运用讲座报告、展览展示、主题班会等多种方式，推进雷锋精神进教材、进课堂和进头脑；第二，必须把学雷锋活动作为加强未成年人思想道德建设和大学生思想政治教育的重点课题，借助互联网等技术手段，设计一些青少年乐于接受、愿意参加的实践活动形式，使雷锋精神

真正为青少年所感知、所认同，以充分发挥青少年在学雷锋活动中的骨干作用；第三，必须制定完善考评措施，把学雷锋活动纳入青少年思想道德教育和大学生思想政治教育工作质量评价体系，纳入学生综合素质评价体系，通过持之以恒的养成教育，引导广大青少年自觉养成良好的行为习惯。

（二）把雷锋精神纳入高校课题研究，为推进社会主义核心价值体系建设提供理论支持

雷锋精神是历经几代人传承和丰富发展的高尚精神，体现了中华民族的传统美德，构成了社会主义核心价值体系的有机组成部分。因此，深入开展学雷锋活动，不能仅限于“做好人好事”上，还要把雷锋精神研究纳入高校哲学社会科学规划和全国教育科学研究规划，支持一批重点研究课题，推出一批有质量的研究成果，积极探索构建雷锋精神学术研究体系，充分发挥高校、科研院所、社科研究基地的作用，着力推出一批影响深远的精神食粮，为全社会深入开展学雷锋活动提供有力支撑。目前学雷锋活动中需深入探讨的主要问题有：第一，要将学雷锋作为推动社会主义核心价值体系建设的一项重要活动来谋划，力求把现阶段为何要学雷锋以及如何学好雷锋等问题讲清楚讲明白；同时，积极寻求与市场经济相适应的、有利于构建社会主义和谐社会的学雷锋的载体形式，吸引群众广泛参与。第二，要认真总结以往学雷锋活动的经验教训，为深入开展学习活动提供借鉴和启示；此外，还要积极探索新形势下如何延续雷锋精神，以及如何使学习活动常态化、机制化的模式与方法，力求对策有可行性。第三，要对雷锋精神及学雷锋活动进行系统研究，一是在弘扬雷锋精神方面，应着重探究雷锋精神的本质，深入阐释新时期雷锋精神的时代内涵，不断挖掘雷锋精神的当代价值，避免弘扬雷锋精神的肤浅化、表面化现象；二是在学雷锋活动方面，应对学习活动的具体内容、途径方法，以及如何增强针对性、实效性、综合性、持久性等进行深入研究，力戒学习活动的口号化、阶段化和形式化倾向。第四，要结合时代特征和群众关切，注重研究如何用群众语言说理、用通俗语言说话，深入浅出地宣讲雷锋精神等。可以说，对雷锋精神的深

入探究，必将有力地助推学雷锋活动常态化的发展。

（三）广泛开展社会志愿服务活动，推动学雷锋活动常态化的发展

用雷锋精神推进社会主义核心价值体系建设，广泛开展社会志愿服务活动，教育引导更多人参与到学雷锋活动中，推动学雷锋活动常态化的发展。近年来，各种志愿者活动、义工服务将雷锋精神与现代公益慈善活动相结合，凝结了中华民族的优秀品德，闪烁着社会主义的道德光辉，构成了新时期学雷锋活动的重要载体和有效形式。当前推动学雷锋活动常态化，一方面要与开展各种志愿服务活动结合起来，通过切实发挥志愿服务活动这一载体形式的作用，使传统单一的“做好人好事”形式逐步转变为经常性的社区服务活动，真正使学雷锋活动长效化；另一方面也要以开展各类志愿服务作为重要抓手，推动建立参与广泛、形式多样、活动经常、机制健全的志愿服务体系，以制度化实现学雷锋活动的可持续发展。

志愿服务是学雷锋活动的拓展和创新，是学雷锋活动常态化的重要抓手。要把学雷锋活动与社会志愿服务活动紧密结合起来，打造有中国特色的社会志愿服务组织，动员和引导更多社会成员和社会组织投身志愿服务。要配合党和政府举办的重大活动、重要会议和大型文体赛事，广泛开展秩序维护、咨询联络、文明引导、礼仪规范等志愿服务活动。要贴近人们生产生活需求，广泛开展扶老助残、帮困解难、应急救助、便民利民、环境保护等志愿服务活动，开展针对孤寡老人儿童、残疾人等特殊群体的志愿帮扶活动，开展面向革命老区、民族地区、边疆地区、贫困地区的教育、科技、文化、卫生、体育等志愿服务活动，给人们以实在的帮助和真诚的温暖，给社会以爱的力量和向上的希望。工会、共青团、妇联、科协、残联、红十字会、老龄协会等组织要发挥自身优势，动员和组织各自联系的群众积极参加志愿服务活动，特别是要发挥好老党员、老干部、老战士、老模范、老教师等“五老”的积极作用，在全社会推动形成团结互助、平等友爱、共同前进的良好风气。通过广泛开展社会志愿服务活动，教育引导更多人参与到学雷锋活动中，推动学雷锋活动常态化的发展。

（四）把学雷锋活动作为群众自我教育的大课堂

用雷锋精神推进社会主义核心价值体系建设，要将学雷锋活动纳入群众活动。要把学雷锋活动作为群众自我教育的大课堂。马克思主义认为，人民群众是历史的创造者，是学雷锋活动的主体。在现阶段，我们要把学雷锋融入各种群众性精神文明创建活动中，吸引更多的人加入到学习活动中来，就必须坚持面向基层、面向群众、面向青少年的原则，充分发挥工会、共青团、妇联等群众性组织的作用，借助群众性精神文明创建活动这一平台，广泛开展各类群众性学习实践活动，将学雷锋纳入到创建文明城市乃至文明社区、文明单位的活动中，纳入到争先创优各项活动中，深入开展形式多样、寓教于乐的各种主题实践活动，把统一组织活动与自发开展活动结合起来，把集中活动与日常学习、生活结合起来，在全社会推动人人学雷锋、长期学雷锋，弘扬雷锋助人为乐的奉献精神，努力营造“知荣辱、树正气、促和谐”的社会风尚。

开展学雷锋活动常态化，关键是发动群众、人人参与。几十年来，学雷锋活动之所以能在中国大地上蓬勃开展、不断焕发生机活力，最重要的就在于广大人民群众对雷锋优秀品格始终充满敬意，对学雷锋活动始终保持巨大热情，涌现出无数感人事迹，创造出许多宝贵经验。各地各部门要坚持人民创造历史的唯物史观，尊重人民主体地位，发挥人民首创精神，加强引导、搭建平台、创造条件，进一步调动全社会开展学雷锋活动的积极性、主动性、创造性。要多组织群众乐于参与的活动，多运用群众身边的事例，多采取群众喜闻乐见的形式，吸引群众广泛参与学雷锋活动，使参与的过程成为群众自我学习、自我教育、自我提高的过程。要深入挖掘和大力宣传群众中涌现出的感人事迹，用平凡人的故事展现道德的光芒，激励更多的人从自己做起、从身边做起、从小事做起，把先进典型的精神力量转化为践行雷锋精神的自觉行动。要认真总结和推广人民群众在学雷锋活动中创造的先进经验，引导各地区各部门相互交流、相互学习、相互借鉴，依靠人民群众的智慧和力量推动学雷锋活动不断向前发展，把学雷锋活动作为群众自我教育的大课堂。

（五）通过设立学雷锋基金与评选学雷锋活动先进模范，推动学雷锋活动常态化

要通过设立学雷锋基金与评选学雷锋活动先进模范，以大力表彰与奖励学雷锋活动中涌现出来的先进英模人物，鼓励和引导人们坚持学雷锋，乐于做好事，使全心全意为人民服务、集体主义思想、为国争光、廉洁奉公、助人为乐、勤劳勇敢、勤俭节约、艰苦奋斗等中华民族的传统美德与党的优良传统得到发扬光大，使文明礼貌、团结友爱、尊老爱幼、礼让宽容、拾金不昧、捐款捐物、扶危济困、扶弱助残、无偿献血、志愿服务、见义勇为、舍己救人等良好风尚在全社会蔚然成风。对那些做好人好事的人，社会加大对他们的宣传，使人们认识到做好人好事是十分光荣的事情，这样才能在全社会形成良好的社会风气。政府或单位可以出台相应的政策，规定每人做好人好事的多少与工作业绩挂钩。做好人好事次数多的实行重奖，做得少的少奖，没有的不奖。这样就可推动人人去做好人好事，雷锋精神就不怕不会长期存在了。所以，出台政策来为学习雷锋做保障，让全社会形成学习雷锋的良好氛围是很有必要的。这样的话，一可以消除那些不良言论；二可以推动人们大胆学习雷锋而不会有什么顾虑。这就会在全社会形成学雷锋的良好氛围。

四、发挥党员干部在全面推动学雷锋活动常态化中的作用

注重改进创新，发挥党员干部在学雷锋活动中的示范带动作用，全面推动学雷锋活动常态化。

（一）注重改进创新，增强实际效果

随着时间的推移，外部环境、社会条件都发生了深刻变化。要适应时代发展的新要求，以创新精神推进学雷锋活动，拓展活动内容，创新活动载体，突出活动特色，不断增强学雷锋活动的吸引力和感染力。要适应科学技术日新月异的发展趋势，注重用先进手段传播先进思想，充分发挥互联网等新兴媒体的优势，充分运用博客、微博等新兴传播形式和动漫、手机短片等新兴文化样式，开展富有时代特色的学雷锋活动，扩大活动的覆盖面和影响力。要认真办好雷锋精神网站，开设雷锋精神

网上展馆，丰富网上内容，增强对网民的吸引力，使雷锋精神网站成为传播雷锋精神的重要平台。要坚持从实际出发，有针对性地开展工作，力戒形式主义和表面文章，防止走过场、“一阵风”。

（二）发挥党员干部在学雷锋活动中的示范带动作用

党员干部带头学雷锋，是确保学雷锋活动取得实效的重要保证，是建设社会主义核心价值体系、密切党同人民群众血肉联系的有效途径。干部带头学雷锋是广大群众的热切期望，党员干部理应带头学雷锋，切实将学雷锋融入自己的工作、学习、生活和品德修养的全过程。这是党员干部加强政德涵养的重要途径，也是学雷锋活动取得实效的重要保证，更是推动学雷锋活动常态化的关键举措。可以说，学雷锋活动的普及程度在很大程度上取决于党员干部的示范力度。

首先，党员干部学雷锋不应只是停留在口头号召上，而必须率先垂范。其次，党员干部也不应只是满足于带一时之头、给群众做做样子，而必须坚持不懈地学习、自始至终地践行。广大党员干部要积极投身学雷锋活动，率先垂范、身体力行，凡是要求群众做到的首先自己要做到做好，为全社会开展学雷锋活动树立榜样。要像雷锋那样，自觉学习党的理论和路线方针政策，牢固树立共产主义远大理想和中国特色社会主义坚定信念，树立立党为公、执政为民理念，践行全心全意为人民服务宗旨，带头弘扬艰苦奋斗优良传统，始终保持共产党员的先进性和纯洁性。要像雷锋那样，干一行爱一行、专一行精一行，勤奋学习、忘我工作，兢兢业业、勇攀高峰，立足本职岗位，争创一流业绩；要倾听群众呼声，关心群众疾苦，时刻把群众安危冷暖放在心上，热忱为群众排忧解难，切实维护人民群众根本利益。要像雷锋那样，个人生活勤俭朴素、厉行节约，待人接物诚实守信、公道正派，家庭邻里团结和睦、孝老爱亲，关键时刻挺身而出、见义勇为，以学雷锋的模范行动带动和影响群众。当好“领头羊”，以德修身、以德服众，主动肩负起传承雷锋精神的责任，用实际行动担当雷锋精神“代言人”，带动全社会践行雷锋精神，把广大群众的向善向上之心凝聚起来，促进全社会道德水准的提升。

雷锋精神作为社会主义核心价值体系的结晶，以其简明扼要、特色鲜明、层次突出、易于掌握等特点在全国范围内随时间的延伸不断被大众颂扬、传承和发展，它的受众群体和被认可程度日益增加和扩大。因此，有必要将雷锋精神融入社会主义核心价值体系建设中，这样做，既为雷锋精神寻找到了合理的价值归宿，使雷锋精神以其鲜明的特点承载为社会主义核心价值体系建设引领的道德责任；同时通过雷锋这一典型人物的示范作用，使社会主义核心价值体系被人们广泛认同，进而内化于心外化于行，从而不仅增强了社会主义核心价值体系的建设，而且也顺利达到将学习雷锋活动常态化的目的。

目前，适逢全国上下正在深入学习贯彻党的十八大精神，积极推进社会主义核心价值体系建设，落实党的十七届六中全会决定中提出的将学习雷锋活动常态化的要求，成为一项十分迫切的历史任务，这也提出了将雷锋精神融入社会主义核心价值体系建设的新课题。可以说，雷锋精神是推进社会主义核心价值体系建设的重要切入点，雷锋精神与社会主义核心价值体系具有的紧密的关联会随着时代的前进而不断发展与强化，通过不断挖掘雷锋精神在新时期表现出的新内涵，并加强在全社会对雷锋精神的宣传，社会主义核心价值体系必将得到巩固与完善。

参考文献

宋焕斌:《雷锋精神探索与实践》，人民出版社 2012 年版。

宋焕斌:《雷锋精神概论》，中国石化出版社 2012 年版。

胡锦涛:《高举中国特色社会主义伟大旗帜　为夺取全面建设小康社会新胜利而奋斗》，人民出版社 2004 年版。

《马克思恩格斯选集》第 1 卷，人民出版社 1995 年版。

《马克思恩格斯全集》第 4 卷，人民出版社 1965 年版。

《雷锋日记》，中国人民解放军战士出版社 1977 年版。

《邓小平文选》第 3 卷，人民出版社 1993 年版。

江泽民:《全面建设小康社会，开创中国特色社会主义事业新局面——在中国共产党第十六次全国代表大会上的报告》，人民出版社 2002 年版。

陈章龙、周莉:《价值观研究》，南京师范大学出版社 2004 年版。

《毛泽东选集》第 1 卷，人民出版社 1995 年版。

《毛泽东选集》第 3 卷，人民出版社 1991 年版。

《毛泽东文集》第 6 卷，人民出版社 1999 年版。

《江泽民文选》第 2 卷，人民出版社 2006 年版。

《江泽民文选》第 3 卷，人民出版社 2006 年版。

《邓小平文选》第 1 卷、第 2 卷，人民出版社 1994 年版。

《马克思恩格斯全集》第 2 卷，人民出版社 1957 年版。

《马克思恩格斯全集》第 27 卷，人民出版社 1972 年版。

《列宁选集》第1卷，人民出版社1995年版。

《列宁选集》第4卷，人民出版社1960年版。

包利民：《生命与逻各斯——希腊伦理思想史论》，东方出版社1996年版。

《中共中央关于构建社会主义和谐社会若干重大问题的决定》，人民出版社2006年版。

《马克思恩格斯全集》第3卷，人民出版社2002年版。

张秀琴：《马克思意识形态理论的当代阐释》，中国社会科学出版社2005年版。

马克思：《资本论》第1卷，人民出版社1962年版。

《马克思恩格斯选集》第4卷，人民出版社1995年版。

《列宁全集》第26卷，人民出版社1959年版。

《列宁全集》第34卷，人民出版社1985年版。

《毛泽东选集》第2卷，人民出版社1996年版。

《毛泽东选集》第4卷，人民出版社1991年版。

李德顺：《价值论》，中国人民大学出版社1987年版。

郑杭生：《社会学概论新修》，中国人民大学出版社1994年版。

李德顺：《价值学大词典》，中国人民大学出版社1995年版。

李明华、余少波、叶蓬等：《精神文明建设机制论》，广州出版社1997年版。

教育部社会科学研究与思想政治工作司组：《思想政治教育方法论》，高等教育出版社1999年版。

教育部社会科学研究与思想政治工作司组：《思想政治教育学原理》，高等教育出版社1999年版。

教育部社会科学研究与思想政治工作司组：《马克思主义思想政治教育理论基础》，高等教育出版社2002年版。

李毅：《回顾与前瞻：20世纪中国文化思潮与先进文化的发展》，天津人民出版社2004年版。

张耀灿等：《思想政治教育学前沿》，人民出版社2006年版。

张耀灿：《中国共产党思想政治教育史论》，高等教育出版社 2006 年版。

杨永利：《李建德．社会主义核心价值体系学习读本》，红旗出版社 2007 年版。

陈亚杰：《建设社会主义核心价值体系》，人民出版社 2007 年版。

《雷锋日记选》，中国人民解放军战士出版社 1977 年版。

《马克思恩格斯全集》第 3 卷，人民出版社 1960 年版。

梅荣政：《用马克思主义引领社会思潮》，武汉大学出版社 2008 年版。

评论员：《弘扬雷锋精神引领时代风尚》，《人民日报》2012 年 3 月 5 日。

王易：《雷锋精神的时代内涵》，《人民日报》2012 年 3 月 5 日。

李菡、彭瑚：《志愿者活动是求真务实地弘扬雷锋精神》，《中国集体经济》2011 年第 1 期。

《李长春在全国精神文明建设工作表彰大会上的讲话》，《人民日报》2012 年 1 月 5 日。

宋萌荣：《论雷锋精神与社会主义核心价值体系建设》，《思想政治工作研究》2012 年第 3 期。

陈章梅：《论社会主义核心价值体系的辩证性质》，《前沿》2008 年第 1 期。

程童一、肖光明：《雷锋精神与中国人生哲学》，《社会科学》1990 年第 5 期。

湖南省公民道德研究基地课题组：《论雷锋精神的本质特征、时代意义和实践路径》，《伦理学研究》2012 年第 2 期。

丘有阳：《论社会主义核心价值体系的哲学基础》，《辽宁工程技术大学学报》（社会科学版）2008 年第 6 期。

张育花：《论雷锋精神与社会主义核心价值体系的建构性和开放性》，《畜牧与饲料科学》2012 年第 8 期。

康凤云、张溁麟：《论雷锋精神的本质内涵与时代价值》，《武汉纺织大学学报》2012 年第 2 期。

伏志强：《社会主义核心价值体系哲学基础视域研究综述》，《当代社科视野》2012 年第 6 期。

李君如：《把握建设和谐文化的根本》，《人民日报》2007 年 2 月 12 日。

陈金龙：《社会主义核心价值体系的显著特征》，人民网 2007 年 2 月 7 日。

李春德：《社会主义核心价值体系的基本内容》，《荆楚网·湖北日报》2006 年 12 月 21 日。

胡杨：《试论转型时期社会主义核心价值体系的建构》，《理论界》2007 年第 4 期。

张昌尔：《牢牢把握和谐文化建设的根本》，《政工研究动态》2007 年第 3 期。

王伟凯：《社会主义核心价值体系内涵的哲学诠释》，《理论月刊》2007 年第 6 期。

万俊人：《论价值一元论与价值多元论》，《哲学研究》1990 年第 2 期。

李鹏程：《建设社会主义核心价值体系的重要性和迫切性》，《中国社会科学院院报》2007 年第 2 期。

史守中：《试论当今时代条件变化下马克思主义的科学内涵》，《理论与实践》2000 年第 9 期。

李前：《建设社会主义核心价值体系》，《大连干部学刊》2006 年第 11 期。

李春德、李斌雄：《中国特色社会主义核心价值体系的内容结构和建设路径》，《学习与实践》2006 年第 12 期。

韩庆祥：《论建设社会主义核心价值体系的现实意义》，《中国党政干部论坛》2007 年第 10 期。

徐伯才：《论社会主义核心价值体系在和谐社会建设中的价值》，《社会主义研究》2007 年第 6 期。

张骥、张爱丽：《论社会主义核心价值体系与我国意识形态安全》，《社会主义研究》2007 年第 6 期。

孟庆艳、汪海燕、郑振朝：《社会主义核心价值体系的价值阐释》，《辽宁大学学报》（哲学社会科学版）2007 年第 3 期。

陈莉、王甫明：《诠释和谐社会视角下的雷锋精神》，《中国青年研究》2008 年第 8 期。

吴邦国：《构建社会主义和谐社会的纲领性文件》，《新华文摘（半月刊）》2006 年第 24 期。

李长春：《全面准确理解社会主义核心价值体系的深刻内涵牢牢把握和谐文化建设的正确方向》，《思想工作》2007 年第 1 期。

侯琦：《试论中华民族重思想道德教化的优良传统》，《理论探讨》1997 年第 3 期。

张惠琴：《社会转型期多元价值观的冲突及其调适》，《河海大学学报》（哲学社会科学版）2010 年第 9 期。

王律：《建构现代中国社会的价值认同》，《探索》2006 年第 1 期。

马奇柯：《思想政治教育机制的内涵研究》，《理论探讨》2006 年第 4 期。

雒树刚：《建设社会主义核心价值体系》，《党建研究》2006 年第 11 期。

李国华：《进一步深化对建设社会主义核心价值体系的认识》，《党建》2006 年第 12 期。

陈亚杰：《社会主义核心价值体系的演变和形成过程》，《政工研究动态》2006 年第 21 期。

辛向阳：《构建社会主义和谐社会的两大基础：确定核心价值观加大制度建设投资》，《中国经济周刊》2006 年第 40 期。

吴潜涛：《社会主义核心价值体系的科学内涵》，《道德与文明》2007 年第 1 期。

荣开明：《坚持马克思主义在意识形态领域的指导地位》，《政策》2007 年第 1 期。

赵曜：《浅谈建设社会主义核心价值体系》，《宁波党校学报》2007年第1期。

李忠杰：《论社会发展的动力与平衡机制》，《中国社会科学》2007年第1期。

戴木才、田海舰：《论社会主义核心价值体系与核心价值观》，《中国党政干部论坛》2007年第2期。

李君如：《“核心价值体系”与“和谐文化”关系辨析》，《党建》2007年第3期。

罗国杰、邢久强：《我们党思想上精神上的一面旗帜——关于“建设社会主义核心价值体系”的对话》，《前线》2007年第3期。

荣开明：《论社会主义核心价值体系的第一要义》，《思想政治工作研究》2007年第3期。

汪早容：《社会主义核心价值体系：党思想整合的又一次飞跃》，《社会主义研究》2007年第4期。

杨柳：《试论建设社会主义核心价值体系》，吉林大学硕士学位论文，2007年。

谢晓娟：《从提升软权力的角度看社会主义核心价值体系的构建》，《思想理论教育导刊》2007年第4期。

邹佰峰、王克宁：《社会主义核心价值体系中的以人为本思想研究》，《哈尔滨市委党校学报》2007年第5期。

汪青松：《“四信”教育与社会主义核心价值体系建设》，《党的文献》2007年第5期。

陈少康、王诚安、李根江：《加强社会主义核心价值体系建设的途径思考》，《理论导刊》2007年第5期。

贺新元、邵晓秋：《社会主义核心价值体系构建的路径思考》，《新视野》2007年第5期。

张芳：《以社会主义核心价值体系解读价值观认同》，郑州大学硕士学位论文，2007年。

姚茂军、彭家理：《论社会主义核心价值体系的理论和现实意义》，

《淮海工学院学报》（社会科学版）2007年第6期。

张雪梅：《正义理想与制度成长——中国特色社会主义核心价值体系再造的实质及实现路径》，《求实》2007年第7期。

陈睿：《建设社会主义核心价值体系理论综述》，《前线》2007年第8期。

罗会德：《构筑社会主义核心价值体系的建设机制》，《党政论坛》2007年第11期。

王忠一：《社会主义核心价值体系的实践理念和规律性》，《红旗文稿》2007年第13期。

龚晨：《社会主义核心价值体系问题研究述要》，《红旗文稿》2007年第14期。

张传开：《建设社会主义核心价值体系的方法论思考》，《求是》2007年第20期。

张军：《坚持以社会主义核心价值体系引领社会思潮》，《人民日报》2007年1月19日。

黄力之：《建设社会主义核心价值体系的意义》，《光明日报》2007年1月31日。

宇文利：《建设社会主义核心价值体系的着力点》，《中国教育报》2007年3月8日。

王泽应：《社会主义核心价值观的基本特征》，《光明日报》2007年4月3日。

赵明仁、李后强、胡伟等：《把“雷锋精神”融入社会主义核心价值体系》，《四川日报》2012年2月22日。

公方彬：《论雷锋精神的时代价值》，《党建》2012年第2期。

王珉：《让雷锋精神在历史发展中始终焕发光彩》，《人民日报》2011年6月17日。

颜晓峰：《雷锋精神：社会主义核心价值体系的结晶》，《人民日报》2012年2月21日。

王立仁、吴林龙：《论雷锋精神培育的个体价值》，《思想政治教育研究》第28卷第3期。

庄虔友：《社会主义市场经济与弘扬雷锋精神》，《理论探索》2012年第3期。

后 记

本书系由中国财政经济出版社出版的《中国榜样：永远的雷锋》大型丛书“研究雷锋”系列中的一本。

雷锋精神作为激励人们奋力前行的强大力量以及引领社会风尚的鲜艳旗帜，在社会转型和改革发展的关键时期，伴随着人们思想观念的深刻变化以及人们的价值取向呈现多样化的趋势，用雷锋精神构建社会主义核心价值体系具有典型示范和引领功能，促使雷锋精神得以一代代传承，并且哺育着一代又一代人成长进步，发挥着滋润心灵、涵养道德、激励人民、烛照社会、引领风尚的重要作用，在雷锋精神的感召和鼓舞下，走雷锋式的路、做雷锋式的人成为许许多多人的自觉追求，各行各业相继涌现出一大批雷锋式的先进集体和模范人物，推动学雷锋活动常态化。

在本书的编写过程中，得到了中共辽宁省委宣传部、辽宁省社科联、中共抚顺市委和辽宁石油化工大学等各级领导的亲切关怀和大力支持。辽宁省雷锋研究会承担了本书的编写任务。辽宁省雷锋研究会会长、辽宁石油化工大学党委副书记宋焕斌教授对本书的谋篇布局、章节目的制订，付出了大量的心血，在此表示感谢。参加本书编写的人员有：第一章、第七章：辽宁省雷锋研究会理事、办公室主任、辽宁石油化工大学李新仓博士；第二章、第三章：辽宁省雷锋研究会理事、辽宁石油化工大学副教授鞠凤琴博士；第四章、第五章、第八章：辽宁省雷锋研究会理事、西北大学哲学与社会学学院李建森教授与刘顿、陈琛、王霞、赵瑾同志完成；第六章：辽宁省雷锋研究会理事、辽宁石油化工大学刘志丹博士；全书最后由李新仓博士统稿，为了按时完成本书的编写任务，各位专家学者通宵达旦、夜以继日，非常辛苦，在此一并致谢。

在本书的编写过程中，参考和借鉴了有关著作和相关研究文献，汲取了有关作者的理论研究成果，对本书著明及未著明出处的参考资料，我们在此谨致诚挚的谢意。另外，限于时间和编者的水平有限，不妥之处，敬请有关专家、学者和广大读者批评指正。

编著者

2013 年 1 月

